社会学概論

社会のしくみを1から学ぶ

小林 孝雄

産業能率大学出版部

はじめに

本書は、社会学の入門書です。全15章を通じて、現代社会の構造と機能について、社会学の観点から問い直すことを目指します。社会学の誕生から現代の社会学者たちの学説を学習し、また、身近な社会問題を取り上げて、それらを社会学的な視点で考察することで理解を深めていきます。

読者の皆さんは、これまで「社会科」という科目で歴史や地理、公民、政治経済、現代社会、倫理などを学習したことがあるでしょう。社会学は、これらの科目と関係はとても深いのですが、ちょっと違います。

では、社会学は何を学ぶものなのでしょうか。

名前のままに考えれば、社会学は「社会」を研究対象とする学問です。心をめぐる諸現象について研究する学問を心理学といいます。経済学は経済現象を研究対象とし、政治学は政治（あるいは国家や権力）について研究します。これらにならえば、社会学は名前を見れば何を知るものなのかわかりそうなものです。

しかしながら、多くの方々はこのように説明しても納得しません。なぜでしょうか。

社会学の最初のつまずきはここにあります。そして、この「名前を見てもわからない問題」は、現代日本社会が抱える社会問題でもあります。社会学の具体的な話に入る前に、私が考える現代日本社会の社会問題を1つ挙げておきたいと思います。それは「社会がわからないという問題」です。

私はこれまで「社会学」や「社会学概論」、「社会理論と社会システム」などの名称の授業を担当してきました。さまざまなテキストを採用して、それに準拠したレジュメやパワポなどの教材を作成してみたり、時にはグループワークなども実施しました。受講後、社会学に興味を抱いた人もそうでない人も、「最後の感想」として残していったのは「ところで、社会学って何ですか」というものでした。

熱心な学生は事前にテキストを通読して受講します。ですが、「いくつもおもしろそうなテーマはありましたが、人名と抽象的な用語が多くてあまり理解できませんでした」と……。そのたびに私は、「心理学だって、経営学だって欧米の学者の名前と抽象的な用語であふれているのに」と心の中でつぶやいたものです。

身近な社会学の授業を担当する方々に伺っても、同様の感想が聞かれることがわかりました。なぜ社会学に関する最初の感想が先述のようになるのでしょうか。

テキストを執筆した社会学者に問題があるのではありません。私が採用した社会学のテキストは、どれもわかりやすい記述で初学者の興味を引きつける魅力的なものばかりでした。ただ、授業を担当し、はじめて気がついたこと。それは、「社会学」がわからないのではなく、「社会」がわからないのではないかということでした。

どうやら、「社会学」をわかりやすく説明する前に、「社会」学のガイダンスが必要らしいということです。そしてそれは、受講する学生さんの問題のみならず、現代日本の社会を生きる私たちの問題であると考えるようになりました。これは本書執筆の動機の1つでもあります。

本書の読者として想定しているのは、はじめて社会学にふれる方々です。趣味の読書の1つとして、授業のテキストとして、または公務員試験や社会福祉士、看護師の国家試験受験を前に、社会学の概要を知りたいと思っている方々です。社会学を独りで学びはじめる方々ための1冊目の入門書になりたいと願っています。

私は、通信教育課程の大学で仕事をするようになって20年ほどになります。2022年現在、日本の大学・短大・大学院の通信教育課程の学生数は約20万人（公益財団法人私立大学通信教育協会）。通信教育課程は、通学課程のように必ずしも教員による講義を前提とした勉強ではなく、基本的にはテキストを基にして学ぶ「独学」の時間が多いことがその特徴です。本書は、かつて私の講義を受講してくれた学生、これから受講してくれるであろう学生にも向けて執筆しました。実際、通信教育課程のほかにも、通学課程の大学、専門学校、予備校などで受講していただいた学生の皆さんの質問や反応が本書の所々に反映されています。

本書の基になっているのは、2019年4月に公開されたオンデマンド授業「社会学概論」全15回です。実際の製作は2018年ですから、いわゆるビフォー・コロナです。2020年、大学の講義は通学課程でもオンライン授業に変わりました。幸い、「社会学概論」のオンデマンド授業は外出が難しい、また教室までの移動に不安がある多数の受講生を迎えることができました。

当初、コロナ禍を経験して大幅な加筆・修正も考えましたが、実際には必要ありませんでした。本書で取り上げられているのは、社会学のごくごく基本的なことですが、であるからこそ、ビフォー・コロナもウィズ・コロナも、そしてアフター・コロナにおいても学ぶべきことは変わらないと感じたからです。

この入門書が果たそうとしていることは、心理学でいうところの「心」と同じくらいのリアリティで、社会学が問題とする「社会」をイメージしてもらえるようになることです。志が低いように見えて、これはこれで相当に難儀な課題であると思っています。

本書は時として意図的に複数の繰り返しの記述もありますし、小学校、中学校、高校の「社会科」のリメディアルのような内容も含みます。社会科にあまり良い思い出がない方も、ぜひ最後まで通読してほしいと思います。そして、本書を通読された後は、ご自身で「社会学する」ことを続けてほしいと願っています。それは、社会を発見し、社会を理解しようとし、社会をより善くしようとしてきた社会学の歴史にもつながっていくことでしょう。

冒頭から少し高めのハードルを設定してみました。果たして、これらの試みは成功するのでしょうか。もし、残念ながら失敗したときには、次は皆さんが今回の課題に取り組んでくださることを望んでいます。

目 次

第３章　社会集団と組織 — 33

第４章　地位と役割 — 55

第１章

「社会」学のガイダンス

1．大学で社会学を学ぶ

ドイツのフランクフルト学派を代表する社会学者T．アドルノは、1968年の社会学の第1回の講義冒頭で、社会学専攻者の就職難を心配しています。この背景には、不景気で就職口が少なくなったことに加えて別の問題もありました。社会学を専攻した卒業生は、新聞、ラジオ、テレビなどへの希望者が多かったそうです。しかし、メディア関連の求人が急に増えることはありません。当時のドイツでは社会学専攻者が増えたため、希望先への就職が困難になっていたのでした。

メデイア関連への就職希望者が多いことは、日本の社会学部や社会学科出身の学生にも見られる傾向です。しかし、日本の社会学専攻の学生が「就活」をする際に直面する困難はほかにもあります。採用面接の際、「大学で何を学びましたか？」という人事担当者の質問に対して、「社会学です」と回答するところから、それは明らかになるのです。

「社会学って何ですか？」と、採用担当者の追い質問。「うーん……」とうつむく就活生は、準備してきた「志望動機」も「ガクチカ（学生時代に頑張ったエピソード）」もこの瞬間にすべてが吹き飛び、頭が真っ白になってしまいます。

これが、「心理学を学びました」と回答した場合は違います。「弊社の業務で心理学をどのように生かせますか？」と、面接の定番の会話に難なく移行できるでしょう。経営学でも、民法の家族法でも、公共政策でも、ほかの専攻であっても状況は変わりません。「あなたが大学で専攻したことは、ウチの会社では役に立たないかもしれませんよ」と軽く圧迫されたとしても、「大丈夫です」と前向きな精神を演じれば、さして問題ありません。もしくは、そのような企業は積極的に辞退すれば問題が生じません。しかし、社会学の専攻者は、その前に大きな壁があるのです。

難問山積の少子高齢社会、緊迫する国際社会、そして「社会科は暗記ばかり」という嘆きに至るまで、「社会」という言葉はこれほど使用されているにもかかわらず、全くもって身近な存在ではありません。私たちの社会において、このような位置づけにある「社会」を研究することの難しさがあります。どこかで、「心理学」は多くの人々が身近に感じられていいなあ、という嘆きも聞こえてきそうです。

2．心はどこにありますか？

これまでの人生において、「心」を見たことはありますか？

心とは、心理学が研究対象とするあの「心」というやつです。心理学を勉強したことのある人もそうでない人も、心理学といえば心に関する学問であることは何となくわかります。実際に勉強しはじめてみると、実験結果が多数紹介されており、統計学を学ばないといけないことにも気がつきます。勉強を進めるにつれ、当初思い描いていた心理学とは別世界が広がっているように感じることもあります。

先の質問に戻りますが、「心を見た経験がある」という問いに、ほとんどの人が「ない」と答えるでしょう。「コロナ前はよく街で見かけた」とか、「最近、東京では見かけない」などと答える人に出会ったことがありません。心と心は「ふれあい」とも表現されますが、物理的に触れたことのある人も極めて少ないといえそうです。

それでは質問を変えて、自分の心が傷ついたご経験はありますか。もちろん、それほど鮮明に思い出す必要はありません。

また、他人の心を傷つけたことはありますか。ここでは、それほど反省しなくても大丈夫です。

では、精神的に疲れてしまい、心が弱い状態に陥ったり、誰かに励まされて心強く感じたりしたことはありますか。

これらの質問に対して、おそらく大半の人が「ある」と答えることでしょう。心は、物理的、視覚的に見た経験はなくても、「強い／弱い」という表現を用いてコミュニケーションすることができます。

「強い／弱い」という状態を「経済」や「国家」に当てはめてみるとどうでしょう。「日本の経済が弱い」という分析や、「レーガノミクスで経済を強くする」などの公約、「日本は脆弱《ぜいじゃく》な国家である。そのため、強力な国家を構築しなければならない」などの政治的なスローガンにあるように、「経済」や「国家」にも「強い／弱い」という表現を当てはめることができます。

さらには、「経営を強くする」や「弱い財政基盤」などのように使うことも可能です。経営というと、利益を上げるためだけのものだと思われるかもしれませんが、いわゆる学級崩壊のような事態にならないように管理することを「学級経営」というように、経営はマネジメント全般を意味する言葉です。経済学や政治学、経営学、教育学の中心的な概念は、日常生活においてもコミュニケーションが可能です。

では、「強い／弱い」という表現を「社会」に当てはめてみるとどうでしょうか。「社会が強い状態」、または「社会が弱い状態」。どのような社会かイメージできましたか？「現代の日本の社会問題は、社会が弱いことにある」――この危機意識を共有することができるでしょうか。

ここに、社会学の難しさがあります。実のところ、「社会」という言葉は、私たちにとってイメージすらできない言葉かもしれないということです。

私は、現代日本の社会問題とは、多くの人が、「社会」という言葉をイメージできないことそのものにあるのではないかと考えています。好調な経済、理想的な国家、幸せな家族、将来性のある会社……これらは多くの方が具体的に思い描くことができるため、コミュニケーションが可能です。そして、そうした状態を目標として目指すことができるかもしれません。しかし、「よい社会」を目指そうとしても、どこか曖昧な目標になってしまう可能性があります。社会をよりよい状態に向けようとしても、それがどのようなものであるのか、わからないからです。「前向きになりたい」と思っても、どちらが前方なのかわからない問題と似ています。

3. とりあえず辞書を引いてみる

一般に、「意味がわからない」、「イメージできない」言葉に出くわしたときは、辞書を引きます。まずは「社会学」ではなく、「社会」を調べてみましょう。インターネットで検索して、その一部を紹介します。(コトバンク、2022年6月11日、閲覧確認)

【社会】

人間の共同生活の総称。また、広く、人間の集団としての営みや組織的な営みをいう。(小学館デジタル大辞泉)

複数の人びとが持続的に一つの共同空間に集まっている状態、またはその集まっている人びと自身、ないし彼らのあいだの結びつきを社会という。(平凡社　世界大百科事典 第2版)

人々の集まり。人々がより集まって共同生活をする形態。また、近代の社会学では、自然的であれ人為的であれ、人間が構成する集団生活の総称として用いる。家族、村落、ギルド、教会、階級、国家、政党、会社などは

その主要な形態である。(精選版 日本国語大辞典)

いかがでしょう。「社会って、これだよね」と知識が広がった実感は得られたでしょうか。「人間の共同生活の総称」といわれても、具体的にイメージできる人の方が少ないかもしれません。これだけ日常生活で使用される言葉であるにもかかわらず、辞書を読んでもわかりにくい言葉は、むしろ貴重な存在といえます。

念のため、Wikipedia もどうぞ。

社会は、ある共通項によってくくられ、他から区別される人々の集まり。また、仲間意識をもって、みずからを他と区別する人々の集まり。社会の範囲は非常に幅広く、単一の組織や結社などの部分社会から国民を包括する全体社会までさまざまである。

(2020 年 4 月 28 日閲覧確認)

Google 先生に聞けば、次の 3 点を教えてくれます。

1. (人間が) 集まって生活を営む、その集団。
2. 同類のなかま。
3. 世の中。世間。

(2020 年 4 月 28 日閲覧確認)

もし時間があれば、心や国家、家族、経済、経営なども辞書で調べてみてください。それなりの説明はされていますし、読めば理解できるような気がします。ただしそれは、言葉にまつわるイメージが先にあるからです。「社会」にはそれがありません。

しかしながら、ここでは社会という言葉がイメージとして共有されていないという問題を出発点とすることで、むしろ理解が進むと考えてみましょう。社会学では、イメージとして共有されているものを「集合表象」と呼びます。実質的に現代の社会学を創った社会学者の1人であるE.デュルケームが提案した概念です。今ここで紹介した議論もまた、私たちの集合表象の問題です。

4．対義語から「社会」を理解する

イメージできない言葉を前にした際にはどうしたらよいのか。1つの方法として、対義語を考えてみることがあります。

心や経営、国家と同様に、「社会」という言葉もまた多義的な言葉です。その多様な側面を理解するためにも、「社会」の「対義語」、すなわち「反対の意味」の言葉を考えてみるという方法は有意義です。ここでは、社会の対義語として、「**個人**」「**集団・組織**」「**反社会的**」「**自然**」の4つを検討しましょう。

①個人

「社会と個人との関係を考える」――これは、社会学が扱う古典的で重要な問題ですので、多くの社会学のテキストでは「個人」は最も頻度の高い対義語だろうと思います。

「個人」とは、1人の人間のことを指しています。これに対して、「社会」は多人数のことを指します。この「社会」と「個人」を比較してみることで、社会は「多くの人々の集まりである」ということがイメージできるのではないでしょうか。また、「個人的」な問題とは、プライベートな領域（私的領域）を意味します。対して「社会的」は公的な領域のこととも考えられます。

このほか、個人に関連する言葉である「孤立」や「孤独」も対義語として考えられます。これらと比較するとき、社会は他者との「関係性」という意味になるでしょう。

②集団・組織

辞書を引くと、「会社」、「家族」、「学校」なども社会の対義語として出てくることがあるようです。確かに、「社会」の漢字を反対にすると「会社」になります。「会社」、「家族」、「学校」は、「集団」や「組織」とまとめられます。

「会社」、「家族」、「学校」と一口にいっても内容はさまざまですが、「社会」と比べると、規模が小さいものだと考えられます。このように見ていくと、「社会」は「個人」よりも多数であり、さらに「集団」や「組織」よりも規模が大きいものだということがわかります。

この対比は、「全体」と「部分」だといえます。家族や学校は「小さな社会」と呼ばれることもありますが、「社会」はもっと広い「全体社会」を意味しています。

③反社会的

字面のとおり「社会」の反対です。「反社会的勢力」や「反社会的集団」などは「反社」と呼ばれることもありますが、これらの言葉には私たちを警戒させたり、距離をとらせたりする響きがあります。

「反社会的な存在」が「法律を守らない」、「ルールから逸脱した」、あるいは「暴力的」という意味であれば、対する「社会的存在」あるいは「社会的」とは、ルールに則った「規範的」という意味になります。「規範」は、法律や規則、道徳、倫理などを総称した社会学で最も重要な概念です。

先ほどの「個人」や「集団・組織」が数や規模の大小の比較であるのとは、また違った意味が見えてきます。

④自然

「自然現象」は、「明日の天気」や「地層の構造」、「物理的な法則」、「化学的な結合」、「生命と遺伝」など、いわゆる理科の分野を指します。大変残念ながら、自然災害は私たちが望むと望まざるとにかかわらずやってくるし、予測も簡単ではありません。

社会現象は、自然現象とは異なり、私たち人間の何かしらの行為によって生じるものと考えられます。社会現象にはどのようなものがあるでしょうか。政治学では、人々の投票行動によって新しい大統領が生まれたり、政権が交代したりする現象を観察します。経済学では、産業構造の変化や資本主義に欠かせないイノベーション、または景気の変動などを観察します。経営学では、組織のあり方や戦略によって、どのような変化があるのか観察します。このように、社会学は自然現象ではなく、人間の行為によって生起する社会現象を対象とする社会科学の１分野だといえます。

以上、４つの対義語との比較によって、「社会」のイメージを少し広げられたでしょうか。まだまだわかりやすい言葉とは遠いかもしれません。次章以降、共同体や宗教、国家などさまざまな概念を「社会」と比較していきます。本書は社会学の入門書ですから、学習する皆さんが、心理学でいうところの「心」と同じくらいのレベルで「社会」をイメージし、より社会について考えられるようになることを目指します。

5.「社会」と同義語としての「福祉」

ここで、「福祉」と「社会」を比較してみましょう。結論から述べると、**社会と福祉は同義語**として考えることができます。

例えば、社会福祉の専門職のことをソーシャルワーカーといいます。日本では、社会福祉士や精神保健福祉士が代表的な存在です。病院では、患者の退院支援のほか、幅広く福祉的な観点から活動するのが医療ソーシャルワーカーです。

また、「社会」保障制度といえば福祉のイメージがあるでしょう。「保障」を理念とする制度は、私たちの生活を支えています。1つの例が、**安全保障**です。単に「安全保障」といった場合、それは軍事を意味します。貧困や暴力に脅かされない尊厳を守ることを**人間の安全保障**といいます。

経済的な安全保障とは、個人レベルでは収入や雇用の安定を守ることです。**経済的安全保障**は、国家レベルでは資源や食糧、資本などに関係するものを指しますが、広く軍事的なものに含まれることもあります。

では、社会保障とは何を指しているのでしょうか。社会保障制度はかなり複雑ですが、ここでは代表的な4つ、**社会福祉（児童・老齢・障害など）**、**社会保険（年金、医療、雇用など）**、**公的扶助（生活保護制度など）**、**公衆衛生（健康、感染症対策など）**を挙げましょう。

これと同様に、**福祉国家**とほぼ同義で用いられるのが**社会国家**です。福祉国家に対して、その特殊ドイツ的形態を社会国家と呼ぶこともあります。行政学者の西尾勝は、**生存権の保障、景気の調整、所得の再分配**の3点を福祉国家の要件として挙げています（『行政学　新版』有斐閣、2001年）。

当然のことながら、福祉国家・社会国家といっても各国でその歴史的な経緯は異なります。豊かになるはずの資本主義による格差と貧困の広がり、第1次世界大戦と第2次世界大戦、その戦間期に生じた世界恐慌（1929年）、労働運動の高まりと社会主義の登場など背景はさまざまです。

6.「コロナウイルスが証明したのは、社会はあるということ」

イギリスのボリス・ジョンソン首相（在任2019〜2022）は、保守党政権においてEU離脱を推進した人物として知られています。2020年3

月、彼が新型コロナウイルスに感染した際に発表した「コロナウイルスが証明したのは、社会はあるということ」というコメントに、注目が集まりました。また彼は、医療関係者に深く感謝の意を述べるとともに、「NHS（イギリスの国民保健サービス）」を維持することを主張しました。

これは返歌です。同じく保守党の首相であったマーガレット・サッチャー（1925～2013、在任 1975～1990）は、「社会はない」と述べているからです。サッチャーは、存在するのは「個人」と「家族」だけだと主張します。**サッチャリズム**（Thatcherism、サッチャーの政策）は、福祉国家（大きな政府）を目指す政策とは異なります。福祉国家の１つの特徴は、生存権に基づき社会保障が充実していることです。

働きながら生活を継続することは、サーカスの綱渡りのようなものです。ちょっと足を踏み外しただけで転落してしまうこともあります。疾病、勤務先の倒産のほか、些《さ》細《さい》な出来事の積み重ねなど、たまたま風が吹いた程度のことでも転落の原因となります。サーカスで綱渡り中に落下しても安全を確保する安全網のことを**セーフティ・ネット**といいます。社会保障制度もセーフティ・ネットの１つです。

セーフティ・ネットがあれば、網に支えられるだけではなく、再び経済活動、社会活動に復帰できます。失業しても雇用保険、職業訓練、生活保護などがあれば最低限の生活を維持できます。この権利を生存権といいますが、生存権がなく、社会保障が不十分な状態で資本主義の社会を生きるのは必ずしも合理的な選択ではありません。

サッチャリズムは市場の競争力を重視し、公務員を削減し、民営化を推進する、新自由主義の代表的な存在です。アメリカのロナルド・レーガン大統領（1911～2004、在任 1981～1989）もまた、「小さな政府」を掲げる 1980 年代の新自由主義を推進した政治指導者の１人です。日本においても、1980 年代に３公社民営化（国鉄、専売公社、電電公社）の民営化が進むなど、現代の日本社会にも大きな影響を与えています。

デヴィッド・ハーヴェイは新自由主義の影響によって、社会的連帯ではなく、個人主義や私有財産、自己責任、家族的価値のイデオロギーが強くなったと指摘しました（『ネオリベラリズムとは何か』青土社、2007 年）。

7．残余範疇としての社会

ここでは、**残余範疇《はんちゅう》**から「社会」を考えてみます。残余範疇は、聞きなれない言葉かもしれません。文字どおり「余った残り」のことなのです。では、社会を何の残りものと考えるのでしょうか。

「社会」の話に入る前に、日本国憲法について概観してみましょう。日本国憲法の三大原理は、**国民主権、基本的人権の尊重、平和主義**です。三大義務は、納税・勤労・教育に関するものです。近代憲法は、国民からの統治権力への命令ですから、国民の義務ではなく、三大原理の方がはるかに重要です。統治権力としては、日本は**三権分立**の制度を採用しています。日本では、**立法（国会）**、**行政（内閣）**、**司法（裁判所）**がそれぞれ担っています。

ここで注目するのは、行政です。立法は法律をつくること、司法は裁判をすることが主な役割です。では、行政とは何をすることなのでしょうか。執行機関や執政機関と呼ぶこともありますから、執行や執政という答えもありますし、「行政とは○○である」のように、行政を積極的に定義する行政学者もいます。しかし行政は、軍事、外交、産業振興、福祉、教育、環境、調整、社会資本の整備など多岐にわたることから、一言でまとめる難しさがあります。

そこで、「**国家作用のうち立法と司法を除いたもの**」と定義されます。このような定義の仕方は、**控除説**や**消極説**と呼ばれるものです。「社会」も「行政」と同じように、控除説・消極説で考えることもできます。これが**残余範疇としての社会**です。

日本国憲法を例にしてみましょう。

第14条
すべて国民は、法の下に平等であつて、人種、信条、性別、社会的身分又は門地により、政治的、経済的又は社会的関係において、差別されない

この場合の、**社会的関係**とは、何を指すのでしょうか。人間関係のうち、**政治的関係**（政党や政治団体との関係など）と**経済的関係**（雇用関係や消費者としての関係など）を除いて余った残りすべて、つまり残余範疇を「社会的関係」であると考えます。「残余範疇としての社会」は、社会を消極的に定義する方法です。具体的には、地縁や血縁、友達、趣味のサークル、ボランティア、宗教などの人間関係がここに含まれるでしょう。

皆さんにとって、社会的関係とはどのような人々を想起しますか。仕事上の付き合いは確かに大切ですし、接触する頻度も多いでしょう。一方で、経済的な利害のある関係性でもあります。店員さんが丁寧に接してくれるのは、自分が顧客であるからかもしれません。「社会」がイメージできない理由の１つは、日常生活が経済的関係を中心としているため、実際には社会的関係が少ないことに起因しているのかもしれません。

8．自然権と社会契約説

社会を考える上で憲法に言及しましたが、憲法は社会学を理解する上でとても大事な概念です。近代憲法には、**自然権**や**社会契約説**という背景があります。

自然権とは、「人間が本来的に所有している権利」のことです。生命・自由・財産がその代表例です。「すべての人は生まれながらに人権がある」というのは、自然権の思想です。

「自然権」を人々に保障するために、「社会契約説」はあります。社会契約説は、諸個人が自然権を実現するために相互に契約したことを社会と国家の起源と考える思想です。

このように社会契約説は、国家とは私たち自身がつくったものであることを重視する思想です。私たちの人権を実現するためにつくったのが国家ですから、国家が人権を侵害することはあってはならないことです。

しかしながら、国家は強大な力を持ちますから、放っておくと場合によっては私たちの人権が危うくなります。そこで、国家権力を制限するために憲法があります。

いわゆる非民主的な国家では、国家権力がある一部の人々に集中する現象が見られます。そのため、近代国家は国家権力が集中しないように、権力を分けること、すなわち権力を分立することを重視します。最も有名なのは「三権分立」です。

三権分立とは、立法・行政・司法を分けて権力の集中を防ぐ権力分立論の代表的な考え方です（図 1-1）。この権力分立によって、たとえ内閣総理大臣であっても法を遵守しなければなりませんし、国会が憲法に違反した法律を成立させないよう、裁判所の違憲審査権によって抑制することが期待できるのです。

日本史で勉強した「十七条憲法《じゅうしちじょうけんぽう》」のように、たとえ名前に「憲法」という言葉が入っていても、「人権保障」と「権力分立」の内容が含まれていないものは、憲法、特に近代憲法とは呼びません。このように、三権分立によって、権力が集中することを避けるだけではなく、私たちの人権を実現することが期待されるのです。

もちろん、社会契約説でいうところの、相互に契約したというのはフィクションです。現実には、そのような契約を結んだわけではありません。しかし、この社会契約説以前には**王権神授説**がありました。王権神授説は、王の権力は神が授けたものであるという思想です。これもまたフィクションです。

図1-1　三権分立とは

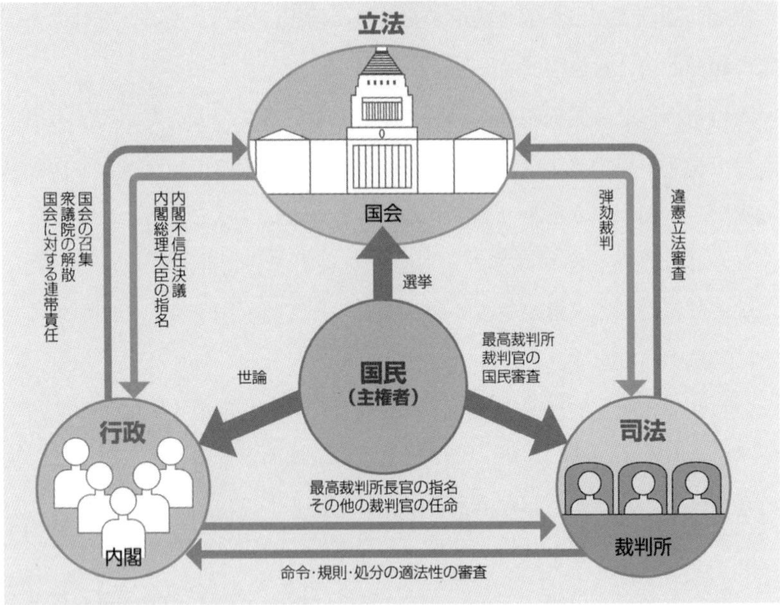

出典：衆議院ホームページ

私たちの社会は、王権神授説ではなく社会契約説を採用し、これに基づいて社会をつくってきたということがとても大切なのです。このように、西欧の思想を受け入れ、憲法を制定し、近代国家をつくったのが今の日本という国家です。

社会契約説は**トマス・ホッブズ**（Thomas Hobbes 1588～1679）、**ジョン・ロック**（John Locke 1632～1704）、**ジャン-ジャック・ルソー**（Jean-Jacques Rousseau 1712～1778）に代表される社会思想です（図1-2）。社会契約説は、その後のイギリス革命やアメリカ独立革命、フランス革命など近代市民革命のほか、ファシズムや全体主義といった政治体制など、その後の個人と社会のあり方に大きく影響しました。

社会契約説では、社会や国家が存在する以前の「自然状態」をどのように考えていたのでしょうか。ホッブズは、社会や政府がない「自然状態」

図1-2　社会契約説

T. ホッブズ　　J. ロック　　J.J. ルソー

においては「**万人の万人に対する闘争**」という争いが絶えない状態となるため、人々の自己の生命を守る権利（自然権）は実現できないと考えました。この「闘争」は、ビヒモスという怪獣が暴れまわっている状態にたとえられます。この状況下では、人々は生命を守るという自然権を実現するためには、自らの自然権を絶対的な権力に譲り渡すことが必要です。これが**リヴァイアサン**と呼ばれる平和の怪獣です。リヴァイアサンによってビヒモスを抑制するのです。こうして国家の主権が正当化されます。

ロックの自然状態は、秩序ある幸福な状態です。万人が平等で、理性ある自由な存在だと考えました。主な自然権として、生命・自由・健康・財産を挙げて、これを侵してはならないものと主張します。ロックは、権力分立論を主張したことでも知られています。

ルソーは、共同体と個人の利益を一致させることを**一般意志**と呼び、これに基づいた統治を論じました。

社会契約論は、社会の始まりを改めて設定し直す思想です。何を出発点とすればよりよい社会となるのか。また、自然権を持っている「自然人」には誰が含まれて、誰が含まれていないのか。そもそも、自然権を実現し、社会を維持していくためにどうしたらよいのか。社会の基本的な成り立ちを論じた自然権や社会契約説の影響を受けつつ、社会学の歴史が始まっていくのです。

第２章
社会秩序はいかにして可能か

１．社会学の最重要キーワード：規範

あいさつから始まる会話、食事の作法、法令の遵守など、私たちの日常生活は「やらなきゃいけないこと」と「やってはいけないこと」であふれています。社会学では、この「やらなきゃいけないこと」と「やってはいけないこと」を**規範**と呼びます。

社会学は社会を研究対象とします。社会がどのように成り立っているのかを考える１つのアイデアとして、「規範」を中心に社会を考えてきた伝統があります。現代の社会学でも規範は最も重要な概念です。

「規範」には、例えばルール（規則）やモラル（道徳）、マナーと呼ばれているものもあれば、暗黙知のように言語化されていないものもあります。これらを総称したものが規範であり、一般に「**……しなければならない**」、または「**……してはならない**」と表現されます。では、規範を２つの視点から見てみましょう。

１つ目の視点は、法規範です。法規範は、憲法や民法や刑法、道路交通法や労働基準法など法律としてなじみがあるものを想起するとわかりやすいかもしれません。憲法９条を改正すべきかどうかは、第２次世界大戦後の日本の政治的な課題の１つです。このように「9条」と名指しできるような条文の形式で制定された法を**成文法**といいます。

法には、条文の形式になっていない法もあります。判例法や慣習法などの**不文法**はその代表的な存在です。慣習法の例に、内縁関係があります。

内縁関係は法律婚ではありませんが、扶養や貞操の義務、財産分与、遺族年金の支給他社会保険などにおいて、法的な保護の対象にもなることがあります。

「イギリスは世界最古の憲法を持っているが、いまだに憲法がない」といわれます。イギリスは不文法の憲法の伝統はありますが、成文法としての憲法は現在も存在しないためです。

もう１つの視点は、法規範ではない規範です。不文法は法規範のうちの１つですが、法規範にも含まれない規範もあります。

例えば、「あいさつ」があります。家庭や幼稚園、保育園などの集団を通じて、朝は「おはよう」、昼は「こんにちは」、夜は「こんばんは」とあいさつするように教えられます。誰かがあいさつをしてきたら、元気にそれに応じること。また、知らない人からあいさつをされても、危険であるためこれに応じてはいけないと教えられることもあります。

また、皆さんは日々どのような方法で食事をとりますか。箸、ナイフやフォークのほか、素手で直接つかむといった方法もあります。箸で食べ物を刺すと眉をひそめられますが、フォークでは問題ありません。フォークは食べ物を刺すための道具だからです。食事の道具ひとつをとっても、社会的に望ましい使い方があり、細かい作法があります。ただ、あいさつや食事の方法は、必ずしも法律によって明文化されているわけではありません。

社会学には、規範をもとに、性差や身体、階級や宗教などさまざまな研究があります。**ジェンダー**または**セクシュアリティ**は、社会的な性に関する規範です。身体の使い方にも規範があります。マルセル・モースは、座り方や泳ぎ方などを例に、これを**身体技法**と呼びました。モースから影響を受けたピエール・ブルデューは、階級に基づく規範を**ハビトゥス**と再定義して階級間の格差を論じました。マックス・ヴェーバーは宗教に関係する規範を**エートス**と呼び、エートスと資本主義のつながりを主著『プロテスタンティズムの倫理と資本主義の精神』で論じています。

ノルベルト・エリアスは、規範が歴史的に変容したことを**文明化の過程**と呼びました。特に注目したのが暴力的なものが規制されるようになったことです。文明化の特徴である礼儀作法や社交の規範は、フランスのルイ14世（在位1643～1715）の絶対王政における宮廷社会が大きな契機であったと指摘しています。代わって、スポーツが国家間の非軍事的な競争としての機能を果たすようになりました。スポーツは肉体的な競争であっても、競技者に負傷を負わせる行為を排除しつつ発展してきました。スポーツは非暴力・非軍事を意味する規範なのです（エリアスほか、1995『スポーツと文明化』、法政大学出版局）。

「規範」は、日常生活の具体的な場面で、私たちがどうするべきなのか、またはどうしてはいけないのかを示しているのです。社会学は、法規範とともに、法規範ではない規範が社会を支えていることを重視して、社会や集団に属する人々が共有する「規範」を社会制度と考えます。このため、社会学は**制度の科学**と呼ばれます。

2．秩序と進歩

それでは、規範はどのように維持され、変動してきたのでしょうか。近代市民革命や産業革命によって、それまでの**規範＝社会制度**を喪失し、新しい規範を再構築したのが近代社会です。日本の歴史でいえば、おおよそ明治時代以降が近代社会と呼ばれます。近代化という大きな社会変動によって、「規範」という社会制度がどう変化してきたかを研究対象としてきたのが「社会学」です。

フランスの思想家オーギュスト・コント（Augste Comte1798～1857・図2-1）は、フランス革命の後に、「**秩序と進歩**」のスローガンを掲げました。1789年に始まったフランス革命では、絶対王政や身分制度のほか、旧体制を打破しようとする試みとともに、自国にも革命が広がる影響を危惧する周辺国との戦争になりました。

内政も対外的にも混乱したフランスの社会を新たに秩序立てて再構築し、また、今後も進歩し続けられる**社会の再組織化**を理念としたのがコントでした。コントは、この「秩序と進歩」を実現するための具体的な方法として、「社会学」という新しい科学を提案したのです。コント以降、「**社会秩序はいかにして可能か**」という問題は、社会学の基本的な問題として、多

図2-1　A.コント

図2-2　ブラジル国旗

くの社会学者に共有されています。

ブラジルの国旗にはコントの思想が反映されています（図2-2)。国旗中央に記された「ORDEM E PROGRESSO」は「秩序と進歩」の意味です。

3.「時間」という規範

日常生活における「時間」について、考えてみましょう。例えば会社員であれば、「時間通りに出社しなければならない」という規範があります。しかしなぜ、私たちは時間通りに出社するのでしょうか。日本の電車は時間通りにきちんと運行するといわれますが、そうでない国はたくさんあります。そう考えると、「時間通りである」ということは、実は**ありそうもないこと（蓋然《がいぜん》性）**であり、貴重な現象であるといえるかもしれません。

皆さんが働いた経験のある会社は、時間に厳格な組織でしょうか。それとも、緩やかな組織でしょうか。日本の社会全体を見渡してみると、「ウチの会社を含めて、日本の会社はとても時間に厳しい」と答える方が多いようです。

勤務時間が9時から17時であった場合、9時より1分でも遅刻すれば、周りの人たちからとても冷たい目で見られたり、上司から叱責されたりするかもしれません。しかしながら、終業時刻が17時と定められているにもかかわらず、それを過ぎて仕事を継続していても、冷ややかな目で見られたり、上司から怒られたりすることはほとんどありません。それどころか、社員の残業が常態化していたり、場合によっては、残業に対して手当が支払われない、いわゆるサービス残業が当たり前になっていたりすることもあります。

こうした現象を見ると、私たちの社会は果たして本当に時間に厳しいのか疑問です。もし時間に厳しいのであれば、始業時刻だけでなく終業時刻も厳守され、また残業代はすべて滞りなく支払われるはずです。

1時間で終わると予定された会議は、必ず1時間後に終了するはずです。「5分前行動」を旨とする人は5分前に始業しても、5分前に終業することはありません。

つまり、開始の時間にはとても厳しいですが、終わりの時間にはとてもルーズなようです。遅刻に厳しい一方で、働きすぎや**過労死**などの問題が社会問題化し、日本企業の特徴を表す言葉として世界に広まっています。時間に関する規範が自覚されにくい中で「働き方改革」を進めても、各所で軋轢《あつれき》が生まれます。

このように、規範と時間の問題は私たちの生活や社会に密着しています。規範を知ることによって、私たちは社会がどのようなしくみなのかを理解することができます。時間意識に関する規範は、法的な規制（例えば、労働基準法など）があったとしても、いつもそれに従うわけではないという事例でもあります。むしろ時として、法律よりも明文化されていないその場で通じている規範の方が優先されることもあるのです。

時間という規範はどのように形成されたのでしょうか。近代社会の時間意識は「時は金なり（time is money)」という、ベンジャミン・フランクリンの言葉に表現されています。M. ヴェーバーは、この格言に「資本主義の精神」を見いだしていました。資本主義の発展は、時間を厳守する規範が支えています。ある意味では、時間厳守の観念がない社会に遅刻という現象はありません（橋本毅彦・栗山茂久編著『遅刻の誕生』三元社、2001年)。

近代日本の時間意識を形成したものは、1873(明治6）年の太陽暦・グレゴリオ暦の採用、「時間・分・秒」単位の導入、鉄道の登場、ラジオでの時報、軍隊での「5分前行動」の徹底などがあります。このほか、F. テイラー（Frederick Winslow Taylor 1856～1915）の科学的管理法では、時間研究・動作研究によって能率（efficiency）的な働き方が目指されます。

日本で「能率」概念を普及させたのは上野陽一（1883～1957）です。

『実験心理学講義』(1909年) などの著作を残した上野は、「ムリ・ムダ・ムラ」を排するものとして能率の理念を表現し、職場の業務改善を担うコンサルティングを実践しました。時間を能率的なものにするとともに、時間研究それ自体が「時間」を意識する規範につながります。ストップウォッチを使用して計測される時間研究を通じて、「秒」という日常的には意識されなかった時間の単位も含めて、近代社会の時間意識が形成されました (西本郁子『時間意識の近代』法政大学出版局、2006年)。

4. 社会化と社会統制

開始時刻に遅刻しないようになったのは教育や躾《しつけ》の成果と考えられますが、時間を超えて残業する慣習もまた、組織など社会生活で学習した結果なのかもしれません。誰かの「当たり前」は、ほかの誰かにとって「当たり前」ではありません。「当たり前」を教えたり、継承したりするのは難しいことです。

規範を維持し、社会秩序を実現するしくみとして、**社会化と社会統制**があります。社会化とは、規範を身につけることです。これは**規範の内面化**と表現されます。

例えば、教育や躾は社会化の代表的な事例です。私たちが教育によってあいさつの仕方や箸の持ち方、遅刻をしてはいけないなどの規範を身につけること、これが社会化です。「おはよう」は朝のあいさつでもありますし、昼夜を問わず使用されることもあります。どのようにあいさつするのかは、その集団によって異なります。

転職したときに同業他社で仕事の内容が似ている場合であっても、仕事の進め方は大きく変わることがあるでしょう。進学、就職、結婚、離婚、退職など、ライフコースの各場面で、新しい関係性に適応して社会化することが不断に求められます。

次に「あいさつ」の社会規範から社会化と社会統制を考えてみましょう。社会統制とは、他者からのコントロールのことです。これは**サンクション（制裁）**を通じてコントロールされます。

否定的なサンクションとは、規範に逸脱した行為に対して非難する、あるいは法に基づいて処罰することです。国際的な関係における経済制裁や軍事制裁などがこれに該当します。国家間のルールを逸脱した国家に対して、ほかの国家や国際機関などが発動します。このように、一般的にサンクションといえば否定的な作用をイメージするかもしれません。

ただ、社会学では否定的なサンクションとともに**肯定的なサンクション**にも規範を維持する機能を見いだします。もし、あなたが「あいさつ」できなかったならば、周囲からは、「あの人は、ろくにあいさつもできない」とマイナスの評価を受けます。これが「否定的なサンクション」です。これに対し、もしあなたが早朝でも爽やかにあいさつすることができれば、「あの人はきちんとあいさつができて、すばらしい」とプラスに評価されます。これが「肯定的なサンクション」です。

あなたがサンクションを体験した場合、それが肯定的であれ否定的であれ、どちらにしても「あいさつするべきである」という社会化の内容を再認識することでしょう。改めて、もともと社会化されていた「あいさつ」を実践するようになります。

このように、周囲の人々のサンクションを通じて、規範に基づいて外面的にコントロールすることを、「社会統制」といいます。社会統制は**公式／非公式**に区別できます（図 2-3）。「公式」は、主に行政、司法など法制度に基づく社会統制です。非公式は家族や友人、職場の関係ほか、世論やマスメディアなどによる社会統制です。

私たちの社会では、たいして面識のない誰かに非難されることもあれば、SNS などで知らない誰かを非難することも珍しくなくなりました。言葉の選び方、食事の仕方、マスクの着用、他人の不倫の是非、その主題は気

図2-3　社会統制の類型

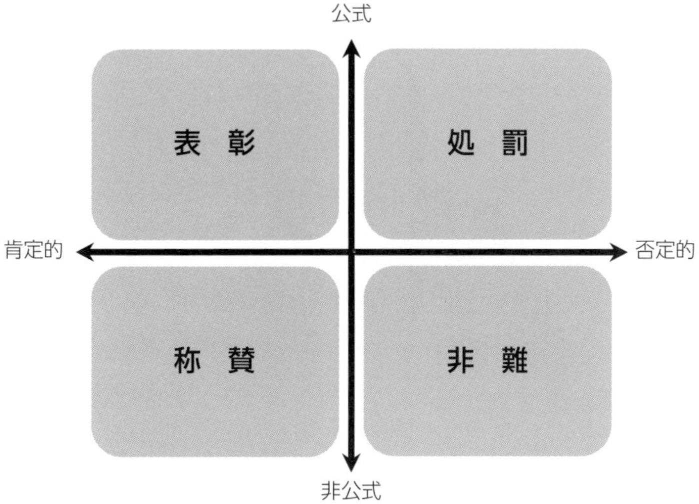

まぐれなほど、さまざまです。

「社会化」という規範の内面化を行う一方、他者に対して「社会統制」を行うことによって、規範が成り立つ社会秩序を維持しているのです。私たちが日常生活で行っている非難や称賛といった他者への評価は、知らず知らずのうちに社会秩序を支える実践となっています。また、何が非難／称賛の対象となっているのか、その内容を通じて、私たちの社会の規範が見えてくることもあるでしょう。

5.「社会秩序はいかにして可能か」

「社会秩序はいかにして可能か」という問いに「ホッブズ的秩序問題」と命名したのがアメリカの社会学者タルコット・パーソンズ（Talcott Parsons 1902～1979・図2-4）です。

図2-4　T.パーソンズ

第２次世界大戦後の一時期、社会学といえばパーソンズの社会学を指していたほど、20世紀を代表する社会学者です。パーソンズは、機能分析や社会システム理論の代表的な存在として、緻密な理論を展開しました。核家族、人種差別、医療、専門職、組織論、共同体論などに、理論研究とともに、現実的な社会問題の解決のため、さまざまな提案をしたことで知られています。

パーソンズは、1929年の世界恐慌による混乱、その後のファシズムの台頭といった社会制度の大きな変動を体験し、新しい社会秩序を実現する必要性を感じていました。人々の関係性を再び回復させるための新しい価値観を模索していたのです。

近代市民革命、世界恐慌、世界大戦など、大きな社会変動を背景にして、社会秩序の再構築が、社会学者のみならず人々の関心事となります。大きな災害や感染症の拡大によって、それまでは自明と思われたことが実はそうではないことに私たちは気づきます。そんな社会全体の秩序を考えるとき、私たちの日々の生活において**自明**と感じられている、または自明であるためにその存在を意識しがたい規範が注目されるのです。

6．契約の非契約的要素

「契約する／契約しない」の選択は、基本的には自由意志に基づいています。デュルケームが『社会分業論』(1893年）で指摘し、パーソンズが『社会的行為の構造』(1937年）で継承し、契約は社会学で古典的な問題とされてきました。個人と個人の関係であれ、組織と組織の関係においても、〈契約〉をお互いに守るべきとの《契約》がなければ、契約は成り立ちません。

契約には２つの種類があります。１つは、契約書に記載される項目など、意識的に明示される〈契約〉です。もう１つの《契約》は、「暗黙の了解」のような隠れた契約です。〈契約〉したことはお互いに遵守するという規範としての《契約》です。

この《契約》はいつ契約されたのでしょうか。契約したらそれをお互い誠実に守るべきものであるとの前提が共有されていなければ、契約を交わす意味がありません。「契約書にサインしてもそんなことは関係ない」と考えないのはなぜかという問題です。《契約》することの規範が共有されていなければ、契約書は単なる紙切れです。〈契約〉以前に《契約》がなければなりません。これを「**契約の非契約的要素**」といいます。契約の非契約的要素は、社会秩序の最も基礎となる規範のことです。

7．主意主義的行為理論

大きな社会変動の時代にあって、強制力ではなく人々が自発的に、そして個々の利害関心を超えて社会秩序を目指す行為者像を、パーソンズは1937年の著書『社会的行為の構造』で描きました。社会の「共通する価値」を人々が内面化し、それぞれ人々が積極的に社会秩序を実現しようとする社会をパーソンズは目指していました。これを**主意主義的行為理論**

(voluntaristic theory of action) といいます。

パーソンズは、社会秩序を実現するにあたっての障壁は2つあると指摘します。第1に、強制力によってのみでは社会秩序は実現できないということです。例えば、ホッブズの「万人の万人に対する闘争」において「リヴァイアサン」と呼ばれる絶対的な**権力**によって社会秩序を実現する方法です。しかしながら、人々がその権力を受け入れなければ社会秩序の実現は難しいとパーソンズは指摘します。実際、ホッブズは絶対主義国家を是認するような理論構成と誤解されることもあります。

第2に、個人的な**利益**の追求だけでは社会秩序は実現できないということです。ロックは人々が平等で自由な存在と考え、個別に利害を追求することで自然と利害が一致すると想定していました。これは功利主義に代表される原子論の発想です。原子論とは、個々人がバラバラに成り立っているという社会観です。個々人が個別の利益を求めて行動しても、それが社会秩序に結びつくことはないでしょう。

ホッブズ的秩序問題は、規範、社会化と社会統制、主意主義的行為理論など、パーソンズによって1つの模範解答が示されました。この問題は、現代社会学が何を考えるべきなのかを改めて明示しました。パーソンズ以降の社会学者において論争的に継承され、共有されています。

8．社会的儀礼

家族関係では、家族以外とは共有できないルールもたくさんあるでしょう。ある家具の呼び名を「ちゃぶ台」と「テーブル」のどちらで呼ぶのか、夕飯は「唐揚げ」か「ザンギ」か、油がついた食器をキッチンのどこに置くべきか、ルームウェアに着替えるべきタイミングは……など、日常生活のルールはさまざまです。些細なものばかりですが、これらが決まらないとコミュニケーションが円滑にとれないのみならず、ライフスタイルが安定しないこともあります。

経済的な利益を追求する会社組織も同じです。どれが正しい仕事のやり方かは、科学的に答えが出ていない問題もたくさんあります。その会社の中でそれまでやってきたことをとりあえず踏まえておくことで、円滑に業務を遂行することができます。

以上のことは、必ずしも科学的な正しさ（真理性）や経済的な利益、論理的な合理性に基づくだけではありません。新たに他人と一緒に暮らしたり、同じ職場で仕事をしたりする場合には、どちらが正しいかという判定ではなく、どこで折り合いをつけるのかという問題になることもしばしばです。

科学的な正しさ、経済的な利益になるかどうかは別として、合意されたルールは守ること自体に意味があることがあります。形式そのものに意味がある行為を、儀礼的な行為といいます。**儀礼的な行為**は、それを遂行することで組織や集団を維持することができます。不合理なルールであってもそれを変えることが難しいのは、1つひとつが組織や集団の成り立ちを支えているからなのかもしれません。日常の何気ない行為に注目することも、社会の秩序の問題につながっていくのです。

ランドル・コリンズは、「契約の非契約的要素」を「**合理性の非合理的な基礎**」の問題として展開しています。コリンズによれば、信頼関係は合理的な計算では成り立たないものです。合理的に利益を追求する組織や社会においても、人間関係の中で人々を結びつける規範がなければ、組織も社会も、そもそも成り立ちません。このような人間関係をつくり出す社会的儀礼を「合理性の非合理的な基礎」と呼びました（『脱常識の社会学』岩波書店、2013年）。

9. エスノメソドロジー

秩序問題に取り組むもう1つの社会学が**エスノメソドロジー**（ethnomethodology）です。エスノメソドロジーとは、人々（ethno）の方法（methodology）を意味します。「当たり前」という自明性について、人々の実践を記述する社会学です。

エスノメソドロジーは、パーソンズのもとで学んだH. ガーフィンケル（Harold Garfinkel 1917～2011）が提案しました。ガーフィンケルは、パーソンズのもとで学びましたが、A. シュッツの現象学的社会学に影響を受けるなど、秩序問題にパーソンズと別のアプローチで取り組みました。

背後期待違背実験は、初期の代表的な実験です。背後期待とは、ある特定の場面で、直接的には明示されたり言及されたりしない規範です。例えば「あいさつ」は、相手からの「あいさつ」が返ってくることを期待した行為です。これをあえて無視したり、定型のあいさつとは異なる応答をしたりする行為によって、隠れた規範を明らかにしようとするものです。

また、ハーヴェイ・サックスらによって、エスノメソドロジーから生まれたのが**会話分析**です。会話は、直接的に言語で表現されるものもあれば、沈黙もあります。ゆっくり話すこともあれば、強調される発話もあります。聞こえないように小さな声で話されることもあるでしょう。会話分析は、会話する人物が順番に交代しながら連鎖する会話を詳細に記録することで、会話の秩序を記述する方法です。

エスノメソドロジーは、状況の中で人々の実践によってどのように秩序が成り立っているのかを観察しますが、状況を超えたところにある要因によって説明することはしません。この点が、パーソンズの主意主義的行為理論とは異なる点です。あくまで人々の実践によって状況が秩序だてられているしくみを重視します。このしくみは**成員カテゴリー化装置**と呼ばれます。

本章で見たように、社会秩序は個々人を超えたところにある規範であると同時に、人々の日々の実践の中で実現している規範でもあります。いずれにしても、社会秩序を考えるとき、日常の実践が社会学の観察対象になるわけですから、すべての行為は社会学につながっているのです。

第３章

社会集団と組織

1．社会と集団

近代社会は組織の時代と呼ばれます。組織の中で生きる私たちにとって、会社や家族も１つの社会です。家族の一員として生まれ育ち、学校の生徒として教育を経験します。学卒後は企業で労働者となり、退職後はボランティアなど、新たに組織活動を始める人もいます。

家事や育児、介護を担うのは、まだまだ家族が中心です。信仰を心の問題ではなく組織活動と考える人もいることでしょう。現代では人生の最終盤は病院にて患者を経験し、死者になります。もちろん、家族や会社員、患者を経験しない人生もあります。しかしながら、組織を経験せずにいることは難しく、組織人である方が社会的に有利に働くことも珍しくありません。例えば、組織が社会の担い手となった状況を**教育の学校化**、**医療の病院化**といいます。近代社会では、学校教育以外の教育の機会が減少し、医療は病院によって担われるようになりました。

組織にも規範があります。組織は、私たちを拘束する存在である一方で、家族や会社、学校の一員であることで「やりがい」「生きがい」を見つけて、それを実現することもあるでしょう。組織の方針に従うことも規範ですが、組織を離れれば規範から自由になれるのかどうかは、甚だ疑問です。何が「自由」なのかも、社会的な規範次第でその内容が異なります。「自由」も規範の１つです。

私たちが日常的に社会の存在を感じながら生活していなくとも、規範は方方に張り巡らされているかのようです。規範をかいくぐって生きていくことは難しいのかもしれません。社会はイメージできないのに規範の存在を日々感じるのには理由があります。その１つが組織の存在です。

本章では最初に、社会集団を組織集団と非組織集団に分類します。非組織集団である群衆・大衆・公衆、組織集団である内集団と外集団、準拠集団、第１次集団と第２次集団を概観します。まだまだ抽象的でわかりにくい「社会」について、もう少し身近な存在である集団・組織から考えてみましょう。

2．社会集団

社会集団とは人々の集まりのことです。ボランティア活動する人々、駅のホームでの人混み、大学のサークル活動など、「集まり」といってもいろいろです。実際、社会集団はクライテリア（分類の基準）によって、実に多くの類型があります（図3-1）。

集合と**集団**を分けることもあります。集合は 「昭和生まれ」「Z世代」

図3-1　社会集団の諸類型

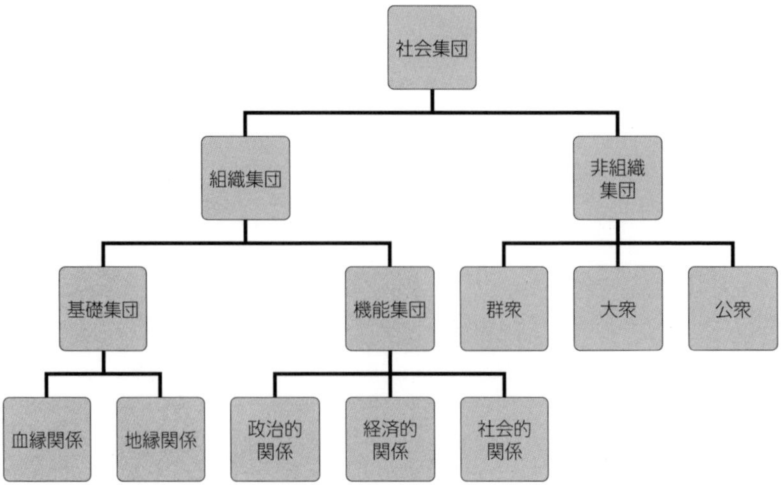

「血液型Ａ型の人」「女性」など、その集まりに名称はあるものの、実際に同じ場所に集まることはなく、人間関係があるわけでもない区別を指します。これを名目的な集団と呼びます。これに対して、集団は人間関係がある場合を指します。会社や学校、家族などは集団です。

集合と集団の区別の仕方に似ていますが、社会学者のP.A.ソローキンは、**組織集団と非組織集団**を区別しました。**組織集団**は、政党などの政治的関係、会社などの経済的関係、家族や学校などの社会的関係に区別することができます。組織集団は、組織内の規範を共有していること、共通の目標の存在、一時的ではなく持続的な関係性、人間関係が地位や役割によって分化していること、同じ組織のメンバーであるという所属意識があることなどが、その特徴です。

非組織集団は、主に群衆、大衆、公衆があります。「駅のホームでの人混み」は、人口密度は高くとも、人間関係はありません。このような人々の集まりが非組織集団です。

社会集団を考える際に、どのような観点で観察するのかによって、見えてくる性質は異なります。例えば家族は組織集団ですが、内集団、基礎集団、機能集団、第１次集団、ゲマインシャフト、準拠集団など、さまざまな社会集団の類型に該当します。本章で概観する社会集団の類型を通じて、「家族は◯◯集団である」などと暗記することは、あまり意味がありません。それよりも、どの観点から家族という社会集団を区別しているのか、その分類の基準に注目してみましょう。

３．非組織集団

非組織集団について、具体的に見ていきましょう。非組織集団は、**群衆**、**大衆**、**公衆**の３つの区別が代表的です。

群衆（群集）とは、駅前、スポーツのスタジアムやライブ会場、事件や事故等が起こる場所などといった、特定の空間に集まる人々のことです。例えば、駅前には大勢の人が集まっていても、人間関係があるとはいえず、むしろ見ず知らずの人ばかりです。このような、「人間関係はないけれども特定の場所に集まっている人々」のことを「群衆」といいます。

群衆は、一時的に、あるいは偶然に集まっているため、お互いに知らない者同士ですので、匿名的な関係です。また、群衆の特徴の１つに**非暗示性**があります。事故現場に集まった人々の間で根拠のない情報が飛び交うなど、うわさ話や流言《りゅうげん》蜚《ひ》語《ご》などに影響されやすいことです。G. ル・ボンは、『群集心理』(1895 年) において、感情的で非合理的な特徴を批判的に指摘しています。

大衆は、現代社会における「一般的な人々」という意味で用いられます。これは、群衆と比較して、特定の場所に限定されない、空間的には散在している「一般的な人々」ということです。大衆には主に２つ意味があります。「一般的な人々」のように中立的な意味とともに、否定的な意味で用いられることもあります。例えば、「大衆社会」といった場合、社会問題や政治的問題に関心が薄く、自らの意見を持たずに、権威ある者やテレビなどのマスメディア、他人の意見に影響されやすい人々が集まった社会を指します。これも非暗示性です。感情に左右されやすく、理性的・合理的な判断ができない、孤立した存在です。

例えば、すべての人々に参政権が実現すれば、直ちに政治は良くなるのでしょうか。「制限選挙から普通選挙へ」と参政権が拡大し、民意が反映されるようになりました。一方で、獲得した権利・人権である投票する権利を放棄する人々もおり、投票率が低いことも問題となっています。政治的無関心の広がりです。オルテガ・イ・ガセットは『大衆の反逆』(1929年) にて、無責任な大衆を批判しました。

制度的には民主主義であったとしても、非民主的な政治状況になりやすいという危惧が大衆社会にはあります。大衆社会論の代表的な存在である

K. マンハイムは、大衆社会で関係性が希薄になった人々を「甲羅のない蟹」にたとえています。

公衆は、群衆や大衆と異なり、理想的な民主主義を支える人々であるという肯定的な意味があります。世界史では、「公衆」は、教養と財産と理性を持つ市民、産業資本家のことですし、理性的な議論を展開することができる人々、近代市民社会の担い手です。

G. タルドはマスメディアと公衆の関係を（『世論と群集』1901年)、またJ. デューイは民主主義の担い手として公衆の役割を論じました（『公衆とその諸問題』1927年)。現代でいえば、公共的な問題に関心を持ち、多様な価値観を認めつつ、自己の考えを理性的に主張し、他者と議論できる存在といえるでしょう。

タルドやルボンの時代には、インターネットもSNSもありませんでした。ただ、SNSの代表的存在であるtwitterなどで、特定の話題でいわゆる「炎上」している様子は、典型的な群衆行動といえそうです。インターネットにより、膨大な情報に多くの人々がアクセスしやすい環境になりましたが、実際にはほとんどの情報にはふれることなく、あくまで個々人の興味のあるものが中心です。情報があっても共通の関心事は生まれにくいこの状況は、大衆社会の性質をよく表しています。

4．組織集団

組織集団で最も重要な区別は**基礎集団**と**機能集団**です。**基礎集団**とは、地縁関係や血縁関係など、**選択することができない**と考えられる関係性によって形成される集団です。生まれた時からすでに決まっているような人間関係を思い浮かべるとよいでしょう。例えば、基本的に親や兄弟姉妹などの血縁関係は選べません。

地縁関係も同様です。横浜が大好きだとしても、横浜で生まれたり育ったりしない限り、横浜市を自分の出身地とはいいません。故郷というのは、自分が生まれたところや育ったところを指すわけですから、選択の余地がないと考えます。このように、「基礎集団」は「自然発生的に形成されたと考えられている集団」のことです。

一方、**機能集団**は**選択することができる集団**のことです。機能集団は、ある特定の目的があり、それを達成するために所属するという特徴があります。会社、学校、趣味のサークル、政党、ボランティア活動など人為的に形成された集団です。例えば、大学では、国内外の複数の大学を比較検討した上でどの大学にするかを選び、試験を突破して学んでいる人々が中心です。このように、自ら目的を持ち、所属するかしないかを選ぶことができるのが機能集団の特徴です。

歴代の社会学者は独自の社会集団論を展開しました（図3-2)。もちろん、それぞれの概念には違いもありますが、基礎集団と機能集団を基本とした区別です。F.テンニースは、**ゲマインシャフト**と**ゲゼルシャフト**に分けました。この２つの違いは「本質意志」と「選択意志」にあると述べています。本質意志は、「本質的に結合」していると考える人間関係、つまり「切っても切れない」と考えられている関係に見られます。選択意志は、目的を共有し利害が一致していても「本質的には分離」している関

図3-2　基礎集団と機能集団

社会学者	基礎集団	機能集団
テンニース	ゲマインシャフト	ゲゼルシャフト
マッキーヴァー	コミュニティ	アソシエーション
ギディングス	生成社会	組成社会
高田保馬	基礎社会	派生社会
クーリー／ヤング	第１次集団	第２次集団

係と考えます。

5．機能集団と現代社会

家族は「基礎集団」でしょうか、それとも「機能集団」でしょうか。血縁関係は選ぶことが難しいものです。「生まれた時から選択の余地なく結婚相手が決まっている」こともありますが、パートナーは選ぶものと考えられます。家族はとても身近な存在ではありますが、「基礎集団」と「機能集団」という２つの側面を持っており、意外と複雑です。G.P. マードックによれば、基礎集団としての家族を**定位家族**、機能集団としての家族を生殖家族といいます。定位家族は子どもの立場から、**生殖家族**は親の立場から分類した家族です。

社会学以外の文化人類学、民俗学などの学問領野においても、実は「家族」というものは学術的に定義することがとても難しい関係性です。ただ、一般的に家族といえば集合表象（イメージ）としては成り立っていますから、イメージが難しい「社会」という言葉とは対称的です。

会社や職場は、基礎集団と機能集団のどちらでしょうか。第 1 次産業に従事する人が少ない社会において、ほとんどの人にとって職場は機能集団に該当するでしょう。ただ、世襲などで家業を継いだ人にとっては、職業も基礎集団かもしれません。

学校も、地域社会に支えられ、地域の住民がそのまま集まる小学校や中学校であれば、基礎集団としての特徴があるでしょう。厳しい受験選抜を経て入学した学校であれば機能集団の特徴が強いかもしれません。**地域コミュニティ**は、選択できない地縁関係（基礎集団）と、ボランティア活動や NPO 活動など場としての機能集団の、両方の特徴を含めた言葉として使用されることもあります。

宗教の分類も考えてみましょう。家族にもしものことがあった際にお世話になっているお寺さんが決まっているのならば、宗教は「基礎集団」かもしれません。あるいは、人生の途中で自ら信仰を選んだのであれば、宗教は機能集団といえるでしょう。戦後の日本は、多くの新宗教が急速に成長しました。新宗教といっても２世や３世、４世の方もいらっしゃいます。そうした人々にとっては、新宗教も家族・親族の宗教ですから基礎集団と考えられるでしょう。

ここまで、学校、家族、宗教を例に、組織集団である基礎集団と機能集団について説明しました。ぜひ、皆さんもご自身が所属している「組織集団」を数えてみてください。いくつありましたか？「基礎集団」と「機能集団」では、どちらが多いでしょうか。その答えに、現代社会の特徴を知る大事なヒントがあります。おそらく、多くの方々にとって「基礎集団」よりも「機能集団」の方が数は多いと思われます。「現代社会を生きる私たち人間関係の多くは機能集団である。」これは、個々人の人間関係の傾向というよりも、現代社会の重要な特徴です。

６．内集団と外集団

内集団と**外集団**は、**われわれ意識**に基づく集団類型です。「われわれ意識」は、「われわれ」または「私たち」と呼ぶとき、そこに含まれる人間関係を特別視する意識です。

例えば、「私たちの会社」や「ウチの会社」といった場合、「内集団」は自分と同じ会社のメンバーを指します。これに対して「外集団」は、同業他社など社外の人々のことです。外集団は、対立、敵対関係の意味も含まれています。

では、「私たちの業界」や「ウチの業界」といった場合には、「内集団」は誰を含むでしょうか。自分の会社はもちろん、同業他社も含めて「私たちの業界」です。競争する同業他社を含めて、業界の利益も守らなければなりません。この場合、業界以外の人々が外集団です。

続いて、「ウチの部署」という場合はどうでしょう。「内集団」は同じ部署の人間を指しているのですから、ここでは同じ会社内でも、他部署が「外集団」になります。組織目標が共有されず、部署間の対立が調整されないことで、縄張り争いや派閥の形成が広がり、結果として思うように会社全体の利益に結びつかないこともあります。組織よりも自部署の利益が優先されることを**セクショナリズム（sectionalism割拠主義）**といいます。

「内集団」と「外集団」は主観的に区別されています。先に紹介した「基礎集団」と「機能集団」を区別するには、「自分自身で選択できる集団か、そうでないか」が１つの基準です。そのため、自分自身のみならず他人の所属する集団についても、それが「基礎集団」なのか「機能集団」なのかを客観的にも区別することができます。しかしながら、「内集団」と「外集団」の概念は、どこからどこまでが「われわれ」なのか、その都度異なります。

１つ例を挙げましょう。日本の主要都市にはプロ野球の球団が本拠地を構えています。ジャイアンツとタイガースはライバル関係にあります。ジャイアンツのファンからすると、「内集団」は同じジャイアンツの選手や監督のほか、ファンを含めた球団全体を意味しており、「外集団」はタイガースやほかの球団ということになります。逆もまたしかりです。

しかしながら、オリンピックやWBC（ワールドベースボールクラシック）などの国際大会になれば、ジャイアンツの選手のみならずタイガースの選手も、その他の球団の選手も同じく、「私たち」の日本のチームとして応援します。そして、「外集団」には、キューバやアメリカ、韓国など野球の強豪国が該当します。

以上のように、「内集団と外集団」は主観的に、時として気まぐれに区別される特徴のある類型です。

7．エスノセントリズム

内集団のメンバーは人格、能力ともに優れていると評価しやすく、外集団のメンバーはいずれも劣ると考える傾向があります。また、内集団のメンバーによる「望ましくない過去の行為」は忘却されやすい一方、外集団のそれは記憶され続けます。

「内集団」と「外集団」の概念を提示したアメリカの社会学者サムナー（William Graham Sumner 1840～1910・図3-3）は、「内集団」と「外集団」の区別によって民族主義、または「民族的なるもの」の対立が先鋭的に強く表れることを「**エスノセントリズム（ethnocentrism 自民族中心主義）**」と呼びました。

世界中の多くの地域で、多くの人々が自分たちの国家や国民についてアイデンティティを持ち、愛着を感じています。しかしながら、自分たちの国民・民族だけが優れており、ほかの集団は劣っていると考えるところに**集団的エゴイズム**があります。国家や国民を単位とすると、外集団への偏見や差別などは、排外主義や人種主義と結びつきます。アイデンティティとエスノセントリズムは、表裏一体の現象であり、これを分けることは容

図3-3　W.G.サムナー

易ではありません。

自民族・自国民だけが至高の存在であるという意識や、ナショナリズムの高揚がもたらした悲惨な事例として、第２次世界大戦での「殲滅戦《せんめつせん》」やナチスドイツによるユダヤ人迫害などが挙げられます。グローバリゼーションによって、人的交流が多様で複雑に広がっているにもかかわらず、このような現象は遠い過去のものではありません。むしろ、グローバリゼーションがナショナリズムを刺激することもあります。

集団が形成されるということは、単に人間関係が深まるということだけを意味しません。時として、集団の形成によって、ほかの集団との対立が生まれることもあります。外国との軋轢を利用して国内の結束を強めることも、時代や社会を超えて広く見られる事例です。社会集団を区別すること自体が人間関係を対立しやすくするのです。

8．中間集団

中間集団とは個人よりも大きく、国家よりも小さい集団のことです。この定義に従えば、ほとんどの社会集団は中間集団となるでしょう。デュルケームは、中間集団の代表的な存在として「同業組合」を挙げています。中世のヨーロッパの諸都市においてギルドと呼ばれた職業別の組織をモデルとしています。

現代社会は、政治参加が広がった一方で、国家の強大な権力によって人々の生活が大きく左右されます。中間集団には国家と個人のバランスを維持する機能が期待されています。ただ、国家は具体的な人間関係が見えにくい存在です。1億人以上の国民がいても、直ちに友人や家族が増えるわけではありません。日々の人間関係は、中間集団で形成されています。

デュルケームは、社会からの孤立、生きる目標を見失うといった社会問題に対して、職業を通じた身近なセーフティ・ネットの可能性を職業集団に見いだしていました。デュルケーム以降、社会学者の考える「よい社会」の条件の１つは、**中間集団が多数存在する社会、そして中間集団での人間関係が強い社会**です。例えば、デュルケームは、中間集団が強いことで自殺が抑制されると主張しました。現代では、家族、大学、地域コミュニティ、NPO、ボランティア、社会運動など、中間集団として期待される社会集団はさまざまです。

W.A. コーンハウザー（1925～2004）は、中間集団論を踏まえて、大衆社会の問題点を指摘しました（『大衆社会の政治』1959 年）。近代社会は身分制度が弱まり、政治参加も広がりました。非エリートがエリートに支配される可能性が低く、非エリートがエリートに影響を与えやすい**多元的社会**が理想とされます。多元的社会とは、中間集団が複数あることで、権力が局所的に一部の人々に集中しない社会です。ただ、現実的には、エリートが支配しやすい**大衆社会**になっていると、コーンハウザーは指摘しています。操縦可能性と接近可能性の２つの指標がともに低い**共同体社**

図3-4　中間集団から見た社会の4つの類型

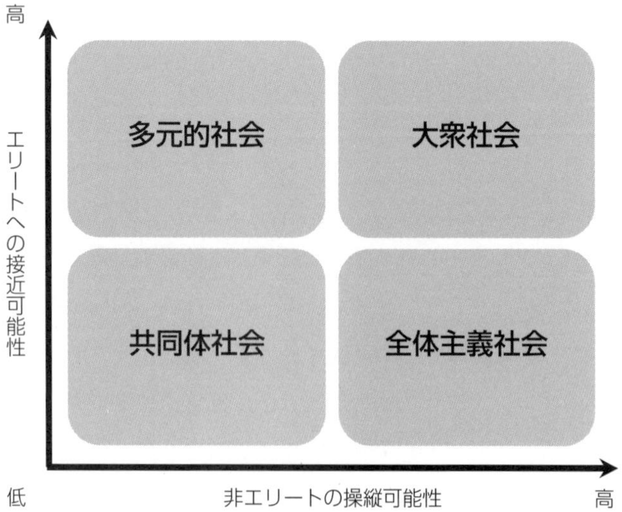

会は、前近代的な伝統的な社会です。階級が固定されているなど、変化しにくい社会でもあります。**全体主義社会**は、最も望ましくない類型です。

9．社会的性格

社会的性格とは、共有の経験や生活様式によって形成された性格構造の中心的な部分のことです。例えば、国民性や県民性などの地域、職人気質などの職業による社会的性格があります。

エーリヒ・フロム（1900～1980）は『自由からの逃走』（1941年）において、下層中産階級の社会的性格がドイツのナチズムを支えたと分析しました。フランクフルト学派の代表的存在であるT.アドルノ（1903～1969）によれば、その社会的性格が権威主義的パーソナリティです。**権威主義的パーソナリティ**は、「権威ある人物」や「伝統的なもの」には無批判に同調、服従する反面、自己より弱い立場の者には威力をもって服従を迫る「サド・マゾヒズム的性格」です。

このほか、**伝統的な因襲に対する無批判的同調、弱者に対する攻撃性、理想主義への冷淡な態度、多様性を認めない非寛容さ**などが特徴で、これらはファシズム（fascism）との関係を測る「F尺度」として指標化され、社会調査にも使用されています。

スタンレー・ミルグラムは、権威ある人物や組織からの命令に服従する人々を『服従の心理』（1974年）に著しています。大学の実験と称して、他人に電気ショックを与えるよう、被験者たちに指示しました。これは、「命令にただ従っただけ」と自己の責任を逃れようとしたナチスのアイヒマンの名前から、アイヒマン実験と呼ばれます。実際のアイヒマンは自らの意志で組織の方針に従っていましたが、ミルグラムの実験では、危険が予測されるにもかかわらず、被験者たちは「命令に従って」電気ショックを与える行為を続けました。

D. リースマンは、社会的性格の歴史的な変化を論じました。リースマンにとって社会的性格とは**同調性の様式**です。同調性の様式とは、どのような社会的性格が社会状況に適合しやすいかを基準としたものです。リースマンによれば、社会的性格は、伝統指向型・内部指向型・他人指向型へと変化しました。

伝統指向型とは、伝統的な規範を重視する社会的性格です。前近代社会では、主体的に振る舞うよりも権威あるものに恭順の意を表する社会的性格が適合します。**内部指向型**は、産業革命以降の急激な社会変動における社会的性格です。伝統に依存できなくなり、自己の良心など内面的な価値観に従っていくことを強いられます。

他人指向型は、外部指向型とも呼ばれます。現代は消費社会です。消費社会は、家電など耐久消費財の所有が広がる豊かな社会です。人々は消費者となって、何を購入するかなど、ライフスタイルが自己表現になります。消費社会では自分以外の人々が何を欲しているかを察知することが求められます。伝統にも依存できず、自分自身の価値観に従うことも難しくなった現代の大衆社会では、他人に配慮すること、同調することを強いられます。リースマンは、現代の大衆社会の生きにくさを論じました。

10. 準拠集団論

準拠集団とは、態度や行動に影響を与える集団のことです。学生時代の部活動や社会人経験など、現在の自分自身を形成するにあたって重要な役割を果たす集団です。準拠集団は、基本的には所属集団のことを指しますが、非所属集団も含みます。例えば、高校生活での部活動が社会人になった今でも価値観の形成に大きな役割を果たしている場合、すでに所属していなくても部活動は準拠集団です。

また、将来公務員として働くことを希望している場合、職業としての公務員も準拠集団と考えられます。なぜなら、就職のために試験勉強するなど、態度や行動に影響を与えているからです。公務員として働くためには、マークシート式試験や論文の対策のみならず、いわゆる就活として業界研究・企業研究が求められます。職務内容や地域社会の課題について理解を深めることも必要です。就職試験の準備が十分であれば、実際に公務員になった後にスムーズに業務を遂行できることでしょう。これを**予期的社会化**と呼びます。予期的社会化は将来に向けた社会化です。

準拠集団には**規範機能**と**比較機能**の２つの機能があります。予期的社会化に見られるように、準拠集団を通じて規範を内面化します（規範機能）。また、準拠集団の規範に従って自己や他者の評価を行います。価値観の基準になっている存在としての準拠集団です（比較機能）。

例えば、自身の所得が高いかどうかを考えるとき、誰と比べているのでしょうか。同じ社内の同期入社、ほかの会社に入った同世代の人々と比べることもあるでしょう。日本の所得分布のグラフを眺める人もいます。ただ、途上国の人々と比べて、自分の所得を高く評価する人はまれです。

S.A. ストウファーは「アメリカ兵」の研究において、軍隊組織の上位層の方が競争が苛烈で、待遇に不満を持っていることを明らかにしました。組織全体で見た場合、彼らは不十分な待遇ではないはずです。しかしながら、組織全体における自分自身の地位ではなく、隣の同僚と比較しているため、待遇に不満を持つのです。このように、誰と比較するかによって不満が変わることを**相対的剝奪**といいます。

準拠集団には、所属したくない、関係したくない集団など、否定的な価値観が反映されることもあります。例えば、部活動で苦い経験をした人もいるでしょうし、「転職する前の会社にはもう戻りたくない」という経験をした人もいます。このように所属すること、関係することを拒否したくなるという意味において、価値観の基準となっている準拠集団のことを**否定的準拠集団**といいます。

11. 近代官僚制論

官僚制というと、政治や行政のことをイメージするのが一般的かもしれません。しかしながら、近代官僚制は**合法的支配**、つまり法律や規則に基づいて運営される組織全般を指す言葉です。近代官僚制には、主に５つの特徴があります。

第１に**権限の原則**です。職務上の権限が明確に規定されています。第２に**階統性の原則**です。上下関係の秩序のことで、指揮命令系統の一元化を基本とするなど、整備されています。第３に**公私分離の原則**です。公的な職務と私生活を厳格に分けるべきとする規範です。第４に**専門性の原則**です。専門的な知識や経験が必要な業務であるため、能力による採用が求められ、世襲は禁止されます。第５に**文書主義の原則**です。活動内容はすべて文書化し、記録・保存することです。

以上の特徴に当てはまるのは、行政組織だけではありません。民間企業、労働組合、宗教組織、ボランティア団体などに共通して見られる近代組織の特徴です。

ヴェーバーは、近代社会が合法的で合理的な思考が中心であることを手放しで評価していたわけではありませんでした。合理性ばかりを重視する社会になると、この合理性の追求がまるで「鉄の檻《おり》」の中にいるかのごとく、私たちを拘束する。あまりに合理性ばかりを追求することは、私たちの本来の生き生きとした精神が見失われます。「精神のない専門人、心情のない享楽人」と表現しています。とはいえ、合理的な思考や手続きに従った組織運営を手放すことも難しい。ヴェーバーは近代社会をやや悲観的に観察していました。

近代官僚制を「逆機能」という別の観点から批判的に観察したのが、アメリカの社会学者マートン（Robert King Merton 1910～2003）です。**逆機能**とは、社会や組織にとって「マイナスになる作用」のことです。規則を遵守する組織では、それに過剰に同調してしまうと、規則ばかりを重視し本来の目的を忘れてしまいます。規則を遵守することは、組織の目的を実現するためです。しかし、いつの間にか組織の目的は忘却され、規則を遵守するという手段が目的化します。これは**目的の転移**といわれる官僚制の逆機能です。

例えば、行政は「国民・住民の生活を支える活動」が本来の目的ですが、時として法律を遵守することが目的になってしまいます。役所に問い合わせしても、担当者間で「たらい回し」にされてしまう。これは典型的な目的の転移です。また、規則の遵守ばかりを考えていると、臨機応変に対応する能力を日々失っていきます。これも逆機能の１つで、**訓練された無能力**と呼ばれます。もちろん、規則の遵守は大切です。そのため、規則を破ることがこの逆機能の対策となるわけではありません。

これら逆機能も行政組織のみではなく、広く近代組織に見られる現象です。マートンを含めて多くの社会学によって、官僚制の逆機能は多くの論点が指摘されています。先の５つの特徴が「順機能（プラスになる作用）」だとすると「逆機能」はどのようなものでしょうか。

第１に**法規万能主義**です。権限が明確であることを理由に、法規という形式的な側面を重視し、本来の目的には関心を示さなくなります。第２に**責任回避**です。命令の一元化は責任の所在を明確にしますが、それを避けて「たらい回し」にしようとします。第３に**セクショナリズム（割拠主義）**です。組織全体の利益ではなく、自己の部署の利益を考えて行動することです。部署間の調整が不調になることで企業全体の目標が達成されないのは、この事例です。国益（国民の利益）よりも省益（個別の省庁の利益）を優先することも含まれます。

第４に**繁文縟礼《はんぶんじょくれい》**です。アメリカでは公文書を赤いひもで縛って管理していたことから、レッドテープとも呼ばれます。文書の管理は、膨大な時間と労力が求められます。そのため、文書管理以外の業務が妨げられます。

第５に**非人格的な対応**です。法的な手続きによる業務は公平性の観点からも重視され、個人的・個別的な利益を優先することはできません。しかしながら、これを理由として誰に対しても横柄、尊大な態度で接することにつながることがあります。

合理性の追求は、合法的支配を中心とする近代社会に欠かすことのできないものです。しかし、「目的の転移」や「訓練された無能力」などの逆機能は、合理性の追求とコインの裏表のように存在し、コインの表と裏を引き剥がすことができないように不可避の現象といえます。いずれにしても、逆機能をいかに抑制するかは、理論的にも実務的にも重要な課題です。

12. 村落共同体と会社共同体

社会の対義語の１つに、共同体があります。本章のまとめとして「共同体と社会」について考えてみましょう。「社会」は、イメージしにくい多義的な言葉ですが、「共同体」と比較することで、その１つの側面が見えてくるでしょう。

先に述べたように、現代人は、「機能集団」を中心に生活しており、さらに複数の機能集団の中で生活を営んでいます。

これに対し、伝統的な社会では「基礎集団」が中心です。伝統的な社会とは、近代以前の社会のことで、「前近代社会」とも呼ばれます。近代化や国民国家の成り立ちは、地域によってその展開は一様ではないため、単線的な歴史として理解できるわけではありません。ただ、社会学は、近代社会以前の社会と比較することで、近代社会の特徴を考察してきました。

共同体の例として、「村落共同体」があります。第１次産業を中心としたムラ（村）を想像していただくとよいでしょう。**村落共同体**は、資本主義以前に見られる「村落」を単位とする地縁的な相互扶助が中心の関係性で成り立っています。生産・労働、耕地、山林原野、用水などにおいて、共同で規制を行います。

共同体内の諸活動は、単なる経済活動ではなく、「政治」・「行政」活動でもありますし、次世代の「教育」という側面も併せ持っています。また、秋の収穫を祝う行事は「宗教」の機能もあります。

「共同体」と比較して、現代の「社会」は機能集団が中心で、経済、政治、宗教など各機能はそれぞれの集団に分かれています。この状態を**分化**と捉えます。例えば、経済活動は会社で、政治活動は政党で、宗教は宗教団体で、教育は学校など、組織によって担われます。

機能集団の「分化」は、「共同体」には見られない「社会」の特徴です。機能的に分化した社会では、会社や教育の現場において、政治や宗教の利害関係を持ち込むのは望ましくないことだと考えられています。経済、政治、宗教、教育が「分化」して、それぞれ別に活動することが望ましいとされています。これも「規範」であるといえるでしょう。これに対して、共同体は経済・教育・政治・行政・宗教・娯楽・家族・芸術などが分かれていない状態、つまり**未分化**な状態なのです。

共同体の事例として、**職縁共同体**である**会社共同体**もあります。会社は機能集団という前提で話を進めてきましたので、矛盾していると感じるのは当然です。**日本的経営は、終身雇用、年功序列、企業別組合**がその特徴として挙げられます。ここに**家族主義的イデオロギー**も追加されることがあります。「社員は家族」というわけです。これらは機能集団らしくない特徴です。かつては社員旅行も社内運動会などの娯楽の機能もありました。上司が部下にお見合い結婚を勧めるのはハラスメントの１つとなりました。会社関係は経済的な機能集団であって、共同体ではなくなったのです。そのため、公的領域（会社）／私的領域（家族）の分離が求められるようになりました。家族形成を促す機能は、会社共同体ほか、家族や親戚、近隣の住民などの基礎集団に代わり、結婚相談所や合コン、マッチングアプリなどが担うようになりました。これも「基礎集団から機能集団へ」の流れと理解できるでしょう。

「見合い結婚」は前近代的というよりも、近代社会の特徴であるといわれます。歴史的には、見合い結婚は村落共同体ではなく、武士などの一部の階級で行われていたものだからです。見合い結婚は、最初は血縁・地縁によって支えられていましたが、第2次世界大戦後は職縁に変わっていきました。職縁は、社縁とも呼ばれます。上司、部下、同僚など仕事関係で形成される人間関係のことです。

阪井裕一郎『仲人の近代　見合い結婚の歴史社会学』(青弓社、2021年)によると、戦後は、家制度や村落共同体よりも職縁結婚の増加が見られます。仲人が上司である事例は、その特徴です。これは**結婚の企業社会化**と呼ばれます。

13. 共同体から社会へ

これまで代表的な社会学者たちは、近代化を「共同体から社会へ」と大きく変化したことと見ています。図3-5のようにそれぞれ異なった表現をしていますが、共通するのは**個人化と機能分化**という側面です。1人ひとりが複数の地位を持つと、個々人の特徴がより明確になっていくため、自分自身と他人が別々の存在であるという関係性が、より一層際立っていきます。これが**個人化**です。

個人化によって、自分と他人が異なる存在であるとの認識を深める一方で、社会はさまざまな機能集団に分かれていくことになります。**これが機能分化**です。

ゲオルグ・ジンメルは、**「未分化な状態から分化した状態へ」**の変化を**社会圏の交差、集団の拡大と個性の発達**と表現しました。社会圏とは、相互作用や社会集団な人間関係の範囲のことです。近代社会では社会圏が広がり、分化して複雑に交差していると論じました。また社会の分化とども

図3-5　社会学者による近代化の表現

社会学者	近代化の表現
 F. テンニース	「ゲマインシャフトからゲゼルシャフトへ」
 R. マッキーヴァー	「コミュニティからアソシエーションへ」
 H. スペンサー	「単純で同質的な存在から複雑で異質な存在へ」
 E. デュルケーム	「機械的連帯から有機的連帯へ」
 N. ルーマン	「環節分化から階層分化を経て機能分化へ」

に、集団の内部でも分化が進みます。社会集団が大きくなると、その内部では、人々はより個性的な存在となり、一方で集団の個性は失われていくと指摘しています。これを「集団の拡大と個性の発達」といいます。

私たちは、自他がそれぞれ別の存在であるという認識を深める一方、1人ひとりはさまざまな地位と役割に分かれ、複雑化していく社会に生きている。社会学者たちが考えた近代化は、おおよそこのような認識です。

現代社会は、組織化とともに、脱組織化やネットワーク化された人間関係も広がっています。ニクラス・ルーマンは、現代社会では非人格的な関係が増大していますが、人格的な関係も深まっていると指摘しています

(『情熱としての愛』1982年)。

本章では、社会集団と組織を概観しました。社会の対義語の1つは集団・組織です。組織は直接的な人間関係がありますから、社会のメンバーであることよりも、組織のメンバーであることの方がより実感しやすいことでしょう。現代社会を生きていくにあたり、「集団や組織」をどのように理解すればよいのか。そのヒントを多くの社会学者が提供してくれています。

1つの社会集団であっても、どの基準で分類するのかによって、また集団との関係性によって、その特徴が異なります。このようなモノの見方は、社会集団に限りません。日々の生活を振り返るとき、また社会現象を観察するとき、どの観点を採用するのかによって見えてくる世界が変わってきます。

第４章
地位と役割

1．地位と役割

皆さんにとって、「良い教師」とはどのような人物像でしょうか。優しい人柄、授業がわかりやすい、傾聴ができる、または進路指導が適切など、学生から期待される教員像はさまざまです。ただ、ここで忘れてならないのは、教師は生徒・学生のみを相手にしているわけではないということです。学生以外にも、保護者や同僚の教員、上司である校長との関係も欠かせません。ひょっとしたら、保護者から見た「良い教師」像は、生徒・学生と同じではないかもしれません。同僚や校長が求める教師像とも、また相違することでしょう。

前章では、集団・組織とどのように関係しながら生活しているのかを概観しました。しかし、所属する組織が同じく「学校」であったとしても、教員と学生では規範が変わることはご存じのとおりです。

地位とは、社会集団における位置づけのことです。例えば、教師は地位です。この地位に期待されることを**役割**といいます。役割も規範のうちの1つです。本章では、地位と役割の視点から現代社会を考えてみたいと思います。

2．地位群と役割群

地位は、収入や財産などの経済的な指標のほかにも、政治的な権力、職業、学歴など、人々が価値あるものと認める「社会的資源」の所有／非所有を表すものとして用いられます。このため、地位は「上下関係」を意味する言葉です。

ただ、社会学における「地位」の概念は、必ずしも上下関係を含みません。例えば、家族という集団における「母親」は地位です。父親、妻、夫、娘、息子、孫、祖母、祖父、兄、弟、姉、妹など、これらもすべて社会学では地位です。

地位は**生得的地位**と**獲得的地位**とに区別されます。生得的地位とは、血縁や地縁など基礎集団と結びついた地位です。家族の中で「子ども」であること、生まれ育った階級や階層、地域の共同体の「メンバー」であることは生得的地位であり、**属性主義的**な地位と呼ぶこともあります。獲得的地位は、**業績主義的**な地位です。母親、学生、会社員、スポーツクラブやファンクラブの会員などは、機能集団に見られる選択の結果としての地位です。

いわゆる「学歴社会」は、属性主義と業績主義が混在する社会です。例えば、学歴は業績主義的な地位ですが、学歴が評価の基準となる場合は所属主義的な評価となることがあります。「努力」の結果として学歴を評価することもありますが、学卒後の業績によっても変化しないものとして評

図4-1　社会集団と地位群

社会集団	地位群
家族	母親　－　子ども
大学	学生　－　教員
会社	課長　－　経営者・上司・同僚・部下・顧客
スポーツクラブ	会員　－　インストラクター
宝塚歌劇団	ファンクラブ会員　－　会員・劇団員・ファンクラブのスタッフ
病院	患者　－　医師・看護師

価されることもあります。

現代社会では、1人につき1つの地位のみが与えられることはまれです。図4-1は、大学の通信教育課程で学んでいる社会人を例に、所属する社会集団と地位を挙げたものです。大学では学生、家族では母親、会社では社員が地位です。会社員ではなく、課長などの役職で表現しても構いません。会社を構成するメンバーには、課長や部長のほか、経営者という地位もあります。図4-1を参考に、皆さんが有する地位を数えてみましょう。

現代社会では、人は複数の「地位」を持つ状態にあります。人を「地位の束」として捉えることを**地位群**と呼びます。それぞれの地位に期待される役割がありますから、「役割の束」でもあります。これを**役割群**といいます。

3．地位葛藤

図4-1では、母親、課長、学生、スポーツクラブやファンクラブの会員、患者など、いくつか地位を挙げてみただけでも、多忙な日常が目に浮かびます。いったい、この人物は1カ月にどれくらいスポーツクラブに通えるのだろうかと思うほどです。

例えば、仕事が繁忙期で、大学の勉強がなかなか進まない。これは、「会社員という地位」と「学生という地位」がうまく調整されていない状況です。さらに、家族で急な出来事があったため家事の負担が大きく、それによってなかなかスポーツクラブでリフレッシュすることができない。複数の地位がうまく調整されていないことによって生じる悩みを**地位葛藤**と呼びます。「最近忙しい」という悩みの中身は、地位葛藤であるかもしれません。

地位葛藤にあるときには、時間の使い方、工夫の足りなさ、効率の悪さに悩み、個人の能力を上昇させることが何かしらの解決策であるように感じられます。現代社会では、多くの人が複数の地位を有しているため、地位葛藤は共通の問題です。

では、地位葛藤に直面したとき、どのような対応が考えられるでしょうか。第1に、すべての期待に応え続けることです。ただし、ますます葛藤状態が深刻化する懸念もあります。第2に、複数ある地位のうち、どれかに限定して遂行することです。もし、趣味に没頭したいのであれば、仕事を辞めて、家事を放棄して、その他の自己研鑽《けんさん》を諦めればよいのかもしれません。第3に、すべての役割を拒否することです。しかし、別の意味で社会生活は困難となるでしょう。

以上の行動は「解決策」になっていないと考える人が多いのではないでしょうか。非難という否定的なサンクションを受けることもあるでしょう。残された第4の方法は、地位葛藤を保持し続けることです。働くこと、家族をケアすること、勉強し続けること、趣味の時間を持つこと、すべて両立することが望ましい行為だと捉えられているのだとしたら、地位葛藤は解決すべきものではなく、抱え続けるべきものであることを意味するからです。この意味で地位葛藤もまた現代の規範といえます。

図4-2　地位葛藤

4．地位と地位の関係性

「母親」という地位は、子どもとの関係によって成り立ちます。一方、「子ども」という地位も、ある人が持っている複数の地位のうちの1つです。親の前では「子ども」ですが、小学校では「児童」です。このほかにも、仲間集団の1人、塾の生徒、サッカークラブのメンバー、地域の子ども会の一員といった地位を有しているかもしれません。「子ども」もまた「個人」として生きています。「子ども」にも複数の地位がありますから、地位葛藤もあるでしょう。親といえども、いや親だからこそ、子の複数の地位すべてと関係することは困難です。学校で見せる顔は家族には見せないかもしれません。子どもが日々どんなふうに学校で勉強しているのか見ることのできる機会は、年間に数回あればよい方でしょう。

現代社会では、たとえ家族であっても職場が異なるため、親やパートナーが職場でどのような顔をして働いているのかを知る機会は限られています。第1次産業が中心の村落共同体の中での労働であれば、このような地位の分化は見られないことです。

現代社会における人間関係は、お互いの「地位」を通じて成立していることがわかります。教員の前では学生であり、上司や部下の前では課長で、スポーツクラブのインストラクターの前では会員であり、そのすべての顔を知る自分以外の他人は皆無かもしれません。たとえ親子や夫婦であっても「地位と地位」の関係です。地位と地位の関係を基本とする現代社会では、全人格的な交流が難しい状況にあるといえるかもしれません。

5．役割

組織ではそれぞれの役割に基づいた行為が求められます。日々の行為の遂行によって組織集団が維持・存続しています。

宮本直美は宝塚歌劇団について、ファンクラブ側から見た「ファンクラブの活動内容」と、ファン側の視点で見た「ファンクラブ会員の役割」とに分けて、舞台芸術の成り立ちを研究しています（『宝塚ファンの社会学　スターは劇場の外で作られる』青弓社、2011 年）。

宝塚歌劇団「公式」の「宝塚友の会」のほかにも、私設ファンクラブとも呼ばれる非公式ながら宝塚歌劇団が公認していると思われている「ファンクラブ」が多数存在します。ファンクラブは、チケットの確保、上演中の「拍手」への参加、「総見」と呼ばれる合同での観劇、スターとの交流の機会である「お茶会」への参加、出演者が楽屋を出入りする際に「ガード」を形成しての安全確保など、劇場の内外で不可欠の活動を担っています。宝塚歌劇団という組織集団がファンクラブの日常活動から成り立っていることがわかります。ファンの愛情による行為が組織を支え、その愛情もまた組織によって支えられています。

6．役割葛藤

「良い教師」像について考えてみましょう。「どんな先生がいいですか？」と質問すると、学園ドラマのような熱血な人柄を思い浮かべる人もいるようです。生徒や保護者にもさまざまな人がいますから、役割期待は 1 つではありません。

例えば、生徒のことを 1 番に考えてくれる、授業がわかりやすい、人として尊敬できるなど、生徒からの役割期待があります。ただ、こうした学園ドラマの主役のような教師が同じ学校に、しかも隣のクラスに存在したら、同僚教員はプレッシャーに感じることもあるでしょう。「能力の高い」人物が同僚として望ましいのかは、時と場合によるかもしれません。同僚は協力する関係であり、競争する関係でもあります。

保護者からは、生徒以上によりハイレベルな授業や進学指導や就職実績を求められることもあります。文部科学省（行政）から教員に求められて

図4-3　役割葛藤

いることは多岐にわたりますが、例えば学習の「質的な保証」があります。これは、必ずしも進学や就職の実績とは結びつきません。

学校も組織集団ですから階統性（上下関係）もあります。マネジメントする立場にある校長ほか管理職から見れば、組織の指示に従うかどうかに関心があるかもしれません。生徒・保護者・組織の期待する役割が同じこともあれば、そうではないこともあります。これらはすべて教員に対する「期待」です。さて、教員は誰の期待に応えればよいのでしょうか。

皆さんもお気づきのように、これは**役割葛藤**です。役割葛藤は、1つの地位に対して、複数の役割を求められることによって生じる葛藤です。教員と関係する地位は、学生、保護者、同僚、上司、行政など複数あります。このうちのどれかを選んで、その期待のみを実現していくことは望ましいことでしょうか。この点は地位葛藤で検討したことと同様のことが考えられます。学生の期待に応じてほかを無視すること、または上司の指示のみに従い、その他の関係性を顧みないことなどは望ましい振る舞いではなく、規範に反しているといえるでしょう。役割葛藤もまた、解消することよりも抱え続けることが求められています。

こうした葛藤は、教員という地位に限りません。会社員として、顧客が求めるもの、直属の上司の指示、経営者の方針、同僚との競争、部下の要望など、求められる役割が大きく異なることは日常的な現象です。「役割葛藤」は、組織人として生きる現代人にとって、避けることの難しい現象です。ひょっとしたら、さまざまな仕事の悩みのうちのいくつかは、「役割葛藤」で説明できるかもしれません。

現代社会では、人々は所属する組織がお互いそれぞれ異なり、さらに組織ごとに異なる複数の地位を有しつつ、同時に役割葛藤を抱え続けています。これは「社会が個人に要請しているもの」と捉えることができるでしょう。

7．ドラマトゥルギーと役割演技

社会的な役割に従って日々を過ごすことに息苦しさを感じる人もあるでしょう。まるで司令通りに作動するロボットみたいだ、と思うこともあるかもしれません。規範や役割期待を外側からの強制力と感じる人もいらっしゃることでしょう。

パーソンズは、社会秩序を実現するためには、外側からの強制力だけでは不可能だと考えていました。主意主義的行為とは、自らの意志で積極的に社会秩序の実現を目指す行為者像です。それは、社会のためであり、個々人のためであり、社会か個人か、どちらかを選ぶような二者択一の考え方ではありませんでした。

パーソンズから影響を受けた社会学者アーヴィング・ゴフマン（Erving Goffman 1922～1982・図 4-4）もその 1 人です。ゴフマンは社会関係を「人々が役割に基づいて演技している状況」と捉えました。これを**役割演技**といいます。人々は俳優となって、社会という舞台において、他者と

図4-4　E.ゴフマン

いう観客の前で、規範という台本をもとに演技します。社会関係を成り立たせているのは、オーディエンス（観客）とパフォーマー（俳優）の相互行為です。ゴフマン社会学の方法論は、「演劇的な方法」の意味である**ドラマトゥルギー**（dramaturgy）と名づけられています。

舞台鑑賞ならば、観客から見ても配役が明確に区別されています。実際の社会関係は、その時々の振る舞い次第で他者からの評価が異なります。そこで常に求められるのが**印象操作**です。印象操作というと、自分を偽り相手に自分をよく見せる、もしくは、あえて勘違いをさせるものを思い浮かべるかもしれません。単に自分の利益のためではなく、他者への配慮のためという目的を同時に含む場合があります。

例えば、疲れていても職場では明るく笑顔で過ごすというのは、これにあたるでしょう。自分に対する評価のためのみならず、職場の雰囲気や生産性にも影響すると考えるからです。単に自身の利益を増大させるための行動ともいえませんし、どこまでが他者への配慮なのかという境界線も明確ではありません。

自分のことを他者に見せる**自己呈示**の場面では、自分の外見や振る舞いをしっかりコントロールすることで、他者に与える自分自身のイメージを操作、または管理しなければなりません。周囲の人々から見て、自分が信頼するに足る人物であることを示し続けなければいけないというわけです。

8．儀礼的無関心と役割距離

印象操作はいつもうまくいくとは限りません。例えば、見知らぬ女性と男性がエレベーターに同乗している場面を考えてみましょう。女性は空腹だったらしく、お腹が鳴る音が聞こえます。この場合、女性に対して、どのように言葉をかけるのが適切でしょうか。「今の音は全く聞こえませんでした。心配しなくていいですよ」と視線を合わせてハッキリと伝えた方がよいでしょうか。聞こえていたとしても、また聞こえていることを相手の女性が気づいていたとしても、聞こえなかったふりをすることが適切な対応だと考える人が多いでしょう。都市の満員電車は、儀礼的無関心であふれています。たとえ混雑する車内で身体が接していても、その相手と視線を合わせることは避けなければなりません。

いずれにしても、「非難」という否定的なサンクションを受けないにはどうすればよいか、ということが、行為の１つの基準です。エレベーターでの出来事を家族や友人に話したとき、「そんな状況で女性に話しかけるなんてありえない」と非難されることが予期されれば、あえて聞こえなかったふりをします。反対に、「無視する方が冷たい」と非難される社会であれば、声かけするかもしれません。

積極的に他人とコミュニケーションをとり、人間関係を深めることは大切なことです。しかし、印象操作に失敗しそうな場面では、相手の存在を認識しながらもあえて無視することが求められます。このような印象操作が**儀礼的無関心**です。「儀礼的」は「形式的」という意味で、形式的には無関心だけれども、本当は無関心ではないという意味でもあります。

ゴフマンは、役割期待に対して、あえてその期待に背いてみることを外科医の事例で示しています。難しい手術を控えた緊張する場面にて、外科医があえて周囲の人々にユーモラスな表現で和ませます。これを**役割距離**といいます。役割緊張の状況において、役割期待と役割演技の間に役割距離を示し、外科医が緊張する場面でも余裕があると知らせることで、外科医が役割期待から自律した印象を与えることでしょう。

具体的な場面での「印象操作」や「儀礼的無関心」、「役割距離」を観察することによって、改めて自明とされている社会秩序のありようを理解することができます。

9．感情労働

医療現場は、地位葛藤と役割葛藤の代表的な事例として社会学の研究対象になっています。看護師と患者の関係において、いつも役割距離を実践できるのかといえば、そうとは限りません。A.R. ホックシールドが提唱した**感情労働**とは、いわゆる肉体労働や頭脳労働と異なり、顧客やケアの対象者に自身の感情を合わせることが求められる労働です。もともとは客室乗務員や看護師など、対人サービスに特徴的と考えられてきましたが、それらに限定される現象ではありません（『管理される心』1982 年)。

感情労働は「表層の演技」と「深層の演技」に分けられます。相手の感情に自分の感情を合わせなくてはならないとき、仕事であるという割り切りによって対応するのが**表層の演技**です。ただ、どのようなことにでも表面的に対応してしまうと、本来的な自身の意思がどこにあるのかがわからなくなります。自分が自分自身に対して信用できなくなる状態です。

一方で、**深層の演技**は、まさに「心」から役割を遂行することです。お客様のために、対象者のためにと実践することで、バーンアウト（燃え尽き）の懸念があります。「役割で期待されていること」と自分自身の「心」の境界が明確ではなくなります。表層の演技は役割距離が過大ですが、深層の演技は役割距離が過小です。役割との距離感が難しくなることが感情労働の特徴です。

このように、感情は自然発生的に生まれるものではなく、社会的な規範です。当然のことながら、それは労働以外の場面でも感情管理が求められます。アンガーマネジメントは怒りの感情をコントロールする試みですが、マネジメントすべき感情は怒りだけではないはずです。むしろ、家族関係や恋愛関係などの親密な関係性においては、より精密な感情管理が求められるといえるでしょう。

10. 病人役割論

パーソンズは病人もまた社会的地位の１つであり、特徴的な役割期待があると指摘しました。病人役割論として、次の４点を挙げました。

第１に、**社会的な役割の免除**です。学校や仕事を休まずに無理して活動するのは望ましいことではありませんし、通常の欠席や欠勤とは違い、非難されることもありません。周囲の人々はその権利を認めることが必要です。第２に、病気は本人にとってはどうすることもできない状態であるため、**病人にその責任を求めない**ことです。第３に、病人は**回復しようとすることを義務**と考えて、周囲もそれに協力することです。第４に、病人は**専門家である医師に援助を求め、医師と協力する**ことです。

以上のように、社会的地位としての病人への役割期待として、病に関する義務と権利を示しました。病人と医師は、病院という組織における地位と地位の関係です。病人役割とともに医師の役割もありますが、双方ともにその地位は複数ある地位の１つであろうことは変わりません。ただ、患者―医師の関係は、ほかの地位―地位の関係にはあまり見られない特徴もあります。

病院組織は、医師を中心とした典型的な**専門職**の組織集団です。患者は、医学的な知識が十分ではなく、自身の身体に関する状況を理解できないまま医師とのコミュニケーションが続きます。医師は自身のプライベートなことは話すことがないとしても、患者は職業や食生活、家族関係やそれ以外の親密な関係性の有無などプライベートな事柄も自己呈示しなければなりません。身体を見せなければならないこともあれば、触れられることも受け入れざるを得ない状況に置かれます。肌など外側から見えるもののほか、手術では内臓器官、またレントゲンやMRIのような画像の撮影もあります。

パーソンズは、これを**コミュニケーション・ギャップ**と表現します。病人は、社会的役割を免除されますが、別の社会的役割を遂行しなければなりません。病院での新しい関係性に適応すること、すなわち新しい社会化が求められるのです。

パーソンズは病人役割論だけではなく、医療の構造を社会学的な研究課題とした**医療社会学**の創始者です。パーソンズ以降、慢性疾患や精神的な病など、「病」の定義や範囲も拡大・変容しつつあり、役割免除や「回復」の意味するところも多様化し、病人役割論は発展しました。

11. パターン変数

病人役割に対して、専門職としての医師に関する規範はどのようなものでしょうか。パーソンズによれば、医師は科学的または客観的な基準によって診断し、特定の患者に対して「感情的」にならずに接することが求められます。また、医師は職業の1つではありますが、利潤の追求など「自己利益」よりも「患者の福祉」を優先すべきであって、そのためには「専門職としての能力」も必要です。ただ、その専門性は、外交政策や租税についてなど患者の生活全般ではなく、健康や病に関することに「限定」されています。

パーソンズは医師を例にしながら、近代社会の基本的な価値観を５つの組み合わせにまとめて**パターン変数**として提示しています。例えば、医師という専門職は、普遍主義、感情中立性、集合体志向、業績本位、機能的限定性の価値観によって成り立っています。

１つ目が、**普遍主義と個別主義**です。普遍主義は一貫した基準によって判断することに価値がある規範です。普遍主義は、エビデンス（科学的根拠）など「専門的な能力」や「法」に基づいた業務の遂行が求められます。同じ症状の患者であっても対応がバラバラであるのは望ましくありません。

２つ目が、**感情性と感情中立性**です。個人的な好みによって患者への態度を変えることは望ましくないとされています。プライベートな人間関係では感情中立性は求められることが少ないといえるでしょう。

３つ目が、**自己志向と集合体志向**です。自己のためか、自己以外の人々のためかという価値観です。医師は個人的または経済的な利益の追求よりも「患者の福祉」のために働くべきであるという規範があります。

４つ目が、**業績本位と所属本位**です。医師という職業的な地位は世襲ではなく、専門的な能力による業績本位です。

５つ目が、**機能的限定性と機能的無限定性**です。医師は治療を中心とした専門的な立場からの役割が求められています。ただし、患者の家族の方が患者に関する生活全般の関わりが求められます。家族関係であれば無限定性が優位になるでしょう。

このようにパターン変数は、職業のみならず、組織や社会を比較する１つの基準として応用されています。

12. 社会構造

パーソンズは、社会構造の問題として病人役割論を展開し、医師―患者の関係を「地位と地位の関係」と捉えて、両者が社会構造によって期待される役割を遂行することを描き出しました。専門職とのコミュニケーション・ギャップの問題は、医師―患者関係が最も典型的でありますが、これ以外の人間関係でも発生している葛藤です。

地位葛藤、役割葛藤に遭遇したとき、これを社会の構造的な問題ではなく、個人的な問題と捉えているかもしれません。しかしながら、各自が置かれた状況は千差万別だとしても、こういった地位葛藤や役割葛藤に直面することは、現代社会に生きる人々に共通する悩みでもあります。ミクロな視点で見れば、個人や個人間の問題のように思えるかもしれません。しかし、マクロな視点で見れば、「地位葛藤」や「役割葛藤」は、社会的な問題ともいえるのではないでしょうか。「個人的」と考えられる問題を「社会的」な観点から再検討してみること。これは**社会構造**という「しくみ」の問題として考えることです。

13. 自由とアノミー

社会学者の中にも、規範に従って行為することに抵抗を感じて、規則に縛られずに自由意志を発揮するところに人間らしい解放感を求める人もいます。一方で、個人的な悩みも社会的な問題と考えることによって、過度な**内的帰属**に陥らない、すなわち性格や振る舞いなどの内面的な原因があると自分を責める必要はないかもしれないと、解放感を得る人もいます。どちらも正解か不正解ではなく、そのような人々が社会に存在すること自体を観察・記述するのが社会学者の仕事です。

しかし、規範がなければ自由なのでしょうか。自由の対義語は不自由ですが、自由／不自由は内容に違いはあっても、規範の１つと考えます。「自由という規範」が存在することの対義語は、「規範がない状態」です。E. デュルケームは、これを**アノミー（anomie）**と名づけました。

デュルケームは、何にも拘束されない状態は「自由」なのではなく、無規制状態であることによる混乱した状況であると考えます。例えば、敗戦後の喪失感や急激な経済危機など、社会全体で目標を見失ったような状態もアノミーです。

社会の最も深刻な状況がアノミーであるとの認識から、秩序問題は出発します。秩序問題には、現状に問題があっても耐えて我慢することで今ある秩序を守ろうとする意図はありません。また、現在の体制にいつも不満を持って革命を志向するものでもありません。コミュニケーションを通じて了解することだけではなく、対立することも含めて、日常を成り立たせている関係性がありそうもないくらいの貴重な現象だと考えています。

地位と役割は、個人的な側面と社会的な側面の両方を兼ね備えていることで、個人と個人を、そして個人と社会をつないでいるのです。

14. 役割取得と社会化

相互作用論は、個人間の**相互作用（interaction）**を中心に社会を考えます。相互作用は、他者の眼差し、コミュニケーションなどを広く含んだ人間関係のことです。

性格が生得的なものなのか獲得的なものなのかは、論争が続いているテーマです。あるいは、「性格」の存在それ自体が社会的なバイアスの産物にすぎないとの見解もあります。

社会的自我論（social self）は、他者との関係から自我が形成されることを重視します。親しい関係での相互作用による自我の形成を最も基本的で重要な社会化と考えます。**役割取得**は、社会化の１つです。他者との関係で、自身の地位にふさわしい役割を内面化する過程です。

C.H. クーリー（1864～1929・図 4-5）の**第１次集団**は、家族や地域社会、仲間集団などの対面的で親密な関係です。クーリーは、人間関係は鏡のようなものであると指摘しました。善悪の基準やその場にふさわしい

図4-5　C.H.クーリー（左）とG.H.ミード（右）

振る舞いについて、他者の反応を見ることで、何が適切な態度であるのかを理解できるようになります。他者の存在が自分自身を映し出し、自分に対する他者の反応によって、自分自身を認識します。このように他者との相互作用によって自我が形成されることを**鏡に映った自己**（looking glass self）と表現されます。第1次集団での親密な関係性によって初期の自我形成は**第1次社会化**と呼ばれます。

自我には主我（I）と客我（me）の2つの側面があります。アメリカのプラグマティズムを代表するW. ジェームズ（1842～1910）の説を踏まえて、G.H. ミード（1863～1931・図4-5）は『精神・自我・社会』（1934年）にて社会的役割論を展開しました。

客我（me）は、自我の受動的・客体的側面です。周囲からどのような人物であると思われているのかなど、他者の期待を自らのうちに取り入れることです。これに対して、**主我（I）**は、自我の能動的・積極的側面です。他者の期待を受けとめて、積極的に他者に反応することです。客我に反応しつつ、それを再構成する働きです。社会的自我は、主我と客我の相互作用から形成されるため、自我は社会的なものです。

また、ミードは、役割取得における**重要な他者と一般化された他者**を区別します。子どもは「ままごと」などの「ごっこ遊び」を通じて役割取得をします。重要な他者とは、例えば、一緒に「ごっこ遊び」をする相手です。「変身ごっこ」で遊ぶときに、相手がどのような期待をしているのかを知ることで、役割取得をします。このように、重要な他者は役割取得の手がかりとなる特定の他者のことです。

より複雑な役割取得が「ゲーム」における「一般化された他者」です。「一般化された他者」は特定の誰かではなく、「一般的」に「みんな」と表現されるものと考えてよいでしょう。野球など集団の「ゲーム」では複数の他者が参加しますが、個々の他者と共にゲーム全体の流れを考慮しなければなりません。

「一般的」や「みんな」と表現されるものは、実体や明確な境界線が存在するわけではありません。ただ、ある程度抽象化された概念を共有することは、社会生活では欠かすことができません。一般化された他者は、社会的な期待や規範の全体のことと考えることができるでしょう。

15. 地位と役割のシステム

本章では、地位と役割の関係性から見える社会について説明しました。皆さんは、複数ある地位のうち、「本当の自分」はどれかと問われたとき、どのように答えますか。

現代社会は基礎集団ではなく機能集団が中心であって、分化した複数の機能集団に所属しています。私たちは、自分と他人がそれぞれ別の存在であるという認識を深める一方、1人ひとりはさまざまな地位と役割に分かれて生きています。これを**地位分化**と**役割分化**といいます。現代社会では「個人化と機能分化」が進み、個人は「地位分化と役割分化」が進みます。

以上を踏まえて、「社会」とは何かと問われれば、本章では**地位と役割のシステム**と定義します。

先の事例でいえば、個々の教員や医師がそれぞれ役割葛藤を抱え続けることで、学校や病院という組織が成り立っています。そしてまた、私たち1人ひとりが地位葛藤を抱え続けることによって、社会は今日もまた存続できているのかもしれません。個人にとっては葛藤であっても、組織や社会全体では合理的な意味を持っていることもあるのです。

第５章

アイデンティティ

1．アイデンティティの類型

「『自分とは何者か』に対する答え」が**アイデンティティ**（identity）です。家族、職場、地域社会、政党、宗教、ファンクラブの会員など、「地位と役割」はアイデンティティにつながっています。

複数ある地位の中で、あなたにとって「本当の自分」と呼べるのはどの地位でしょうか。家族と共に過ごしている時の自分、やりがいある仕事をしている時の自分、または、好きなアーティストの作品にふれている時かもしれません。「本当の自分」はどれかと問われても、1つだけには決められないかもしれません。どれも「私」の一部であると考える人もいれば、どれも私ではないと答える人もいることでしょう。

何かしらを成し遂げたようなときには「本当の自分」が発見された気分にもなりますが、日常生活で「本当の自分とは何か」と自身に問いかけるのは、あまり調子のよろしくないときが多いのかもしれません。アイデンティティを問い続けることは負担が大きく、容易なことではないのです。解放感も閉塞感もともに併存するのがアイデンティティです。

「あなたは誰ですか」という問いも、アイデンティティにつながります。前章では、現代社会は、人間は「地位と役割の束」ですから、個人の地位と役割が、所属する集団によって影響を受けることを学びました。他人から見てわかりやすく自己を呈示することが求められます。「私は私である」と言いたくなることもありますが、アイデンティティは「他者に自分自身を証明するもの」でもあります。このような意味で、アイデンティティは社会的な問題といえるでしょう。

自己アイデンティティと自我アイデンティティ

アイデンティティは「自己同一性」と訳されます。アイデンティティの概念を心理学や社会学で定着させたアメリカの精神科医E.エリクソン（1902～1994）は、人間の発達段階における「青年期」の課題として「アイデンティティの確立」を挙げています。

自己と自我は区別されます。**自己アイデンティティ**（self identity）は、青年期までの複数の自己のイメージのことです。これに対して、青年期に形成される**自我アイデンティティ**（ego identity）は、複数ある自己イメージを改めて統合し直すことです。アイデンティティが確立されない「アイデンティティ拡散」は、発達の上で危機的な状況と考えられています。

アイデンティティ形成のためには、モラトリアムが必要です。**モラトリアム**とは支払猶予期間のことで、社会的な義務を免除されて試行錯誤することが許される時間です。

エリクソンによるアイデンティティは、どのような状況でも一貫した自分自身を維持することと捉えられてきました。

現代人の悩みの多くは、アイデンティティの問題であるといえるかもしれません。ただ、アイデンティティは、必ずしも1つにまとめられるものではありません。平均寿命が長くなっている社会では「大人」になるまでの期間も延長しているといわれますし、何が「大人」であるかについて共通認識も得にくくなっています。現代社会では、青年期に限らず、人生のさまざまな場面で「自分」という存在の問題に直面します。

社会的アイデンティティ

性格や信念などを**個人的アイデンティティ**、集団や組織、文化との関係によるアイデンティティを**社会的アイデンティティ**と呼ぶこともあります。アイデンティティは「自分」が統合するものである一方、他者や社会や組織・集団との関係性、相互作用の中で形成されるものです。

H. タジフェルと J.C. ターナーの**社会的アイデンティティ理論**によれば、自己の概念には所属する集団の評価が含まれています。例えば、所属集団が褒められれば、自分自身の評価も上がったと感じられる「自己高揚」が見られます。反対に、所属集団が非難されれば、評価者に対して非好意的な態度が形成されます。自己の態度や価値観に影響を与える集団である準拠集団論や内集団との関係からアイデンティティを捉えます。

個性的アイデンティティ／匿名的アイデンティティ

ピーター・バーガーらは、現代人のアイデンティティが「個性的アイデンティティ／匿名的アイデンティティ」で二重になっていることを指摘しています（『故郷喪失者たち　－近代化と日常意識－』1973）。**個性的アイデンティティ**は、個性豊かなかけがえのない個人としてのアイデンティティです。**匿名的アイデンティティ**は疎外された状況のアイデンティティです。

例えば、労働者として求められるのは感情の管理です。職場では自由な感情表出を抑えつつ、職場のモラール（やる気、士気）に差し支えない程度に冗談を言ったり、ふざけたりすることが認められます。

匿名的アイデンティティは非個性的なものですから、個性的アイデンティティのように自分自身の存在を確認できるものではありません。このように、自分であっても自分ではない状態に置かれることを**疎外**といいます。

逸脱的アイデンティティとマージナル・グループ

ラベリング理論は、他者からのラベリング（レッテルを貼られること）によって、犯罪や非行などの社会的逸脱を説明します。ラベリングされた人々は、**逸脱的なアイデンティティ**が形成されます。社会的逸脱の原因を、逸脱する本人の内面的な特性ではなく、他者からの反作用に見いだします。基本的には、マジョリティ（多数派や社会的強者）によって、マイノリティ（少数派や社会的弱者）に対してラベリングされます。ラベリングは、差別や偏見の事例でもあります。

G. ジンメルは「異邦人」や「よそ者」として社会的な境界にいる人々を考察しました。マジョリティの価値観とマイノリティの価値観の間で、不安や葛藤にある人々をマージナルマン、このような集団をマージナル・グループといいます。

差別や偏見など社会的に排除される状態にある人々にとっては、アイデンティティを問われ続ける負担があります。例えば、マイノリティとして暮らす外国人は、アイデンティティを意識しなければならない状況に置かれます。

マジョリティは不問にできることを、マイノリティは常に意識させられます。「私たちの社会や集団に差別はない」との認識が必ずしも正確ではない理由は、マジョリティにとって「見なくても済む」ように、または「見ないふり」ができるように、差別が構造化されているからです。

氏名と個人

名前は、アイデンティティに結びつきやすいものです。尾脇秀和の『氏名の誕生』（筑摩書房、2021 年）によれば、明治期より人々を戸籍で管理するために「氏名」が使われました。江戸時代には複数の名前や複数の身分を許容したのに対して、「氏名」の画期的なところは、1 人が一生のうちに 1 つの名で過ごすようになったことです。氏名が固定されることは、人々が生涯一貫した「個人」として生きざるを得なくなったと考えられます。「個人」や「家族」、職業や身分などを含めて、「名づけ」は社会のあり方と連関しています。

2．ナショナル・アイデンティティ

ナショナル・アイデンティティ

「あなたはどこの国の人ですか」と尋ねられたとき、どのような回答があり得るでしょうか。本書は日本語で書かれているため、これを読んでいる多くの人は日本と答えるでしょう。もちろん、日本以外の国もありますが、「国籍」をもって答えとするということは共通しているかもしれません。皆さんの中に、地方予選を勝ち抜いて全国大会に出場した経験のある人はいますでしょうか。全国大会といえども、1 回戦でキューバやオランダと対戦するものではありません。「全国」とは、都道府県を指しているからです。

筆者が札幌、仙台、東京、名古屋、大阪、福岡、那覇などの全国の主要都市で、社会学の講義の際にこうした話をすると、そのほとんどが「国籍」を回答とします。では、札幌から那覇まで、多くの人々が「日本」と自明であるかのように答えるようになったのはいつからでしょうか。

日本のナショナル・アイデンティティは、明治以降この 150 年ほどをかけて共有されるようになってきたものです。国家に関するもの、また自身を国民として理解するアイデンティティが**ナショナル・アイデンティティ**です。日本だけではなく、近代国民国家の建設のためには、人々を国民として社会統合することが国家の課題となります。自然に国民となったわけではありません。

廃藩置県（1872 年）などの諸改革以前は、「国」といえば信濃国《しなののくに》や武《む》蔵国《さしのくに》などを意味する場合もありますし、約 260 あった藩のことを指すこともあります。大和、和国、奴国、倭国など、国号「日本」の歴史的な経緯は論争的なテーマであって、必ずしも１つではありません。「国」が現在の国民国家を意味するようになったのは、近代社会の特徴です。

国民国家とナショナリズム

国民国家 (nation-state) は、国家と国民が結合した形態です。国家が存在したとしても、国民意識が形成されていないこともあります。17 世紀以降、国民国家を単位とする国際社会が形成されます。主権国家が共存するという構成を基本とした近代の主権国家体制には、いくつかの特徴があります。

第１に、国家は、１つの国民と１つの言語が対応していると考えます。国家を構成するメンバーは「国民」です。ナショナル・アイデンティティを含めて、国民国家に基づく価値観を**ナショナリズム** (nationalism) といいます。ナショナリズムは、国家主義、国民主義、民族主義と、その意味するところは多数あります。E. ゲルナーは、ナショナリズムを「政治的な単位と文化的あるいは民族的な単位を一致させようとする思想や運動」と定義しています。

ナショナリズムは、内集団の意識ですから、外集団である国民以外の者に対して排他的になる、**エスノセントリズム**につながることもあります。また、個々人は異なる属性であっても、「みんな同じ国民」として同質的な存在として扱います。これによって、国内の経済的な格差、政治的な対立、差別などを見えなくすることにもつながります。

第２に、国家に優越する権威は国内・国外に認めずに、国家を最高権威と考えます。他国の領土と主権を尊重し内政干渉はしません。市民社会では、社会のメンバーを「市民」と考えます。国民国家は市民社会に包含された存在でもあります。人々は、国民と市民の２つの地位がありますので、時に地位葛藤があります。

第３に、国家は暴力を独占します。マックス・ヴェーバーは、国家を暴力によって定義しました。具体的には、軍隊や警察などの暴力装置によって秩序を維持します。民衆による暴力は認めず、主に犯罪として扱います。

第４に、国民は、国旗や国歌、記念日や記念碑のほか、歴史や文化、伝統などを共有します。E. ホブズボームが**伝統の創造**と呼んだのは、近代国民国家の形成において「新しい伝統」が次々と生まれたことです。建国の「神話」を含めて、「近代は伝統を捏造《ねつぞう》する」といわれるほど、歴史的な事実とは別に国家統合の機能を持つものが重視されます（『創られた伝統』紀伊國屋書店、1992 年）。

第５に、政治における民主主義、経済における資本主義など、国家が自己完結的な１つのシステムであるという前提があります。経済ナショナリズムや資源ナショナリズムのように、国益と呼ばれる利害の共有がナショナル・アイデンティティを構成することもあります。

以上に挙げた国民国家の特徴は、現代社会を生きる人々にとっては自明のことのように考えられています。しかし、ナショナリズムは近代における歴史的な現象です。国民国家やナショナリズムは、論争的な概念であり、多様な側面を持っています。ただ、定義が難しいにもかかわらず、人々にとって国家や国民はリアリティのある存在ともいえるのです。

国民国家と言語

グーテンベルク革命とは、活版印刷によるメディア革命です。15 世紀半ば、ドイツ出身の金属加工職人ヨハネス・グーテンベルクが活版印刷技術を考案し、実用化したことで、１枚の紙、１冊の本が社会を大きく変えるようになりました。宗教や科学も出版を通じて普及します。例えば、16 世紀の宗教改革は後の世界に大きな影響を及ぼしましたが、その背景には、多くの人々が自ら聖書を読むための印刷技術がありました。

ベネディクト・アンダーソンは、国家を**想像の共同体**と捉えました。具体的な人間関係がなくても、国民は想像することができます。「イメージとして心に描かれた政治的共同体」が国家です。また、印刷技術と資本主義が結びつくことを**出版資本主義**と呼び、ナショナリズムの成り立ちを論じました。「国語」に見られるように、近代国家は新聞や雑誌などの出版物を通じて「国語」という新しい言葉を生み出して、普及させました。例えば、日本では、近代文学が大きな役割を果たしました。「現代文」は明治以降の「国語」であって、それ以前は「古文」として、区別されます。

日本人論

日本人論・日本文化論は、敗戦後の日本人がアイデンティティを再構築する中でブームとなりました。アイデンティティの危機は、青年期の人間だけに生じるものではなく、社会的なアイデンティティにもあり得るものです。

ルース・ベネディクトの『菊と刀』(1946 年)、中根千枝の『タテ社会の人間関係』(1967 年)、丸山眞男の『日本の思想』(1961 年)、土居健郎の『甘えの構造』(1971 年) など、主に欧米に価値観と対比した日本人論が提示され、一般的な書籍としてもベストセラーになりました。

吉野耕作は、**創造型ナショナリズム**と**再構築型ナショナリズム**を区別しました。創造型ナショナリズムはナショナル・アイデンティティの構築を目指します。例えば、中国など外国の影響がある前の出来事に注目することによって、独自の文化を強調するナショナリズムです。再構築型ナショナリズムは、すでにナショナル・アイデンティティが形成されている中で、他国との違いを再確認するナショナリズムです（『文化ナショナリズムの社会学』名古屋大学出版会、1997 年)。

小熊英二によれば、戦前の大日本帝国は「多民族国家」を標榜《ひょうぼう》していましたが、敗戦後に植民地を失ったことで「単一民族」がナショナリズムとなりました。例えば、戦前の「混合民族論」では、「日本民族」が「純血」であることは、台湾や朝鮮ほか、領土を拡張して帝国に編入することの「障壁」となると考えられていました。また、日本が太古から異民族や渡来人を同化してきた歴史があるなどの主張によって、領土拡張や同化政策が正当化されました（『単一民族神話の起源―「日本人」の自画像の系譜』新曜社、1995 年）。

3．エスニシティ

人種と民族

「黒人は身体的な能力が高く、スポーツに強いのか」という問いに対して、川島浩平は「黒人」という定義不可能なカテゴリーを前提にしていることを指摘しています（『人種とスポーツ』中央公論新社、2012 年）。「黒人」のみならず「人種」は「生得的」なもの、または「自然」なものと考えられていますが、その境界線は恣意的なものです。「人種」は、身体的な特徴をもとにした区別として使用されていますが、科学的根拠のない概念です。「人種はいくつありますか」と問われると、日本の社会では３つとの回答が多いようです。黒人・白人・黄色人種の区別が社会科の教科書にも掲載されていることが、その一因と指摘されています。

19 世紀フランスの思想家ジョゼフ＝アルチュール＝ド・ゴビノーは主著『人種不平等論』によって、近代の**レイシズム**（人種主義）のはじまりと考えられています。

人種を３つに分類したのがゴビノーでした。ルース・ベネディクトは、著書『レイシズム』（1940 年）において、ゴビノーの政治的な立場は、その後の愛国主義者やレイシスト（人種主義者）によって、科学的に差別を正当化するものとして利用されていきます。例えば、生物進化論や社会進化論の「適者生存」とも結びつきます。上流階級の人間は「適者」であると解釈されることで、階級による差別を根拠のあるものとしたのです。

日本の学校教育では、地理や歴史の科目において、「人種」は肌の色の違いなどに基づく「生物学的なもの」で、「民族」は言語や慣習などの違いに基づく「文化的なもの」と定義されてきました。文化的によって区別される「民族」もまた定義できない概念であるため、恣意《しい》的に使用される言葉です。人種や民族のほか、国家や国民は、社会的に構築された概念です。人々のアイデンティティと結びつくことから、日常的には自明のものとして、また何か実体があるかのように本質主義的に理解され、使用されています。これらを支える歴史的な背景や社会のしくみについて、考えてみたいと思います。

差別と社会

人種や民族は定義の問題にとどまらず、そもそも人種や民族の違いが明確であるという見方そのものが、さまざまな社会的軋轢を生じさせています。個人や集団に対する人種や民族による差別は、社会問題です。人種や民族を、明確に境界線のある実体的な概念として考えることそのものに問題があります。

人種概念は、ヨーロッパの植民地主義を契機に生まれた言葉だと考えられています。その歴史的な背景からして、人間を分類して、序列化する言葉です。序列化することを人種化と呼びます。人種・人種化は、**ルッキズム**（見た目による差別）など身体的な特徴による分類だけでなく、人間の優劣を示す概念として用いられてきました。生物学的な違いがあれば、差別が正当化されるわけではありません。生物学的な違いがあろうが、社会的には平等であるはずです。実際には、「身体的な特徴」というスティグマ（負の象徴）自体が社会的に構築されたものと考えられます。

A. ギデンズの著書『社会学』(1989 年）は、各国で広く読まれる社会学のテキストです。2021 年には第 9 版が出版されています。初版と第 2

版の「エスニシティと人種」の章の冒頭にて、ギデンズは日本の「被差別部落」を事例に、人種差別について言及しています。また、黒川みどりは被差別部落の歴史を「人種主義」の拡大との関係によって論じています（『被差別部落認識の歴史：異化と同化の間』岩波書店、2021年／初版1999年）。

下地ローレンス吉孝は、著書『「混血」と「日本人」―ハーフ・ダブル・ミックスの社会史』（青土社、2018年）において、ハーフ・ダブル・ミックスの境界線がいかに構築されてきたかを明らかにしています。

レイシズムを通じて見えてくるのは、「純血」や「血統」を価値あるものとみなす社会のあり方です。この意味で「純血」も社会的に構築された概念です。

日本の国内で人々がどのように序列化されてきたのかとは別に、日本を含めたアジア諸国はヨーロッパによって「人種化」されてきました。ロテム・コーネルは、近代のヨーロッパの人々が東アジアでの接触・交流の中で、「黄色人種」として「日本人」を認識するようになったと指摘します（『白から黄色へヨーロッパ人の人種思想から見た「日本人」の発見―― 1300年～1735年』明石書店、2022年）。

オリエンタリズム

E. サイードは、「西洋」による「東洋」の表象を**オリエンタリズム**と呼びました。オリエンタリズムの問題は、「東洋」の人々が「東洋とは何か」を自ら決めることができないことです。「東洋」は、「西洋」のイメージによって規定されます。「西洋」にない特徴を持つ「東洋」を、「西洋」が積極的に評価したとしても、それはあくまでも「西洋」の基準による「東洋」であって、「西洋」に対して補完的な役割しか「東洋」には認められません。この関係性は、「西洋」と「東洋」のみならず、「男性」や「女性」など別の言葉を入れても成り立つことがあります。ジェンダーやセクシュアリティなど、「西洋と東洋」に共通した序列化された不平等の関係があるからです（『オリエンタリズム』1978年）。

フランツ・ファノンは、黒人が白人社会の差別を内面化することで、自身が黒人であることを自覚しにくい環境にあることを「白い仮面」にたとえました。差別は構造的なものです。その構造によって、差別に抵抗したり反対したりすること自体を困難にして、自らが差別されていることを覆い隠すこともあるのです（『黒い皮膚・白い仮面』1952年）。

A. メンミは、「差別主義とは、現実の、あるいは架空の差異に普遍的・決定的な価値づけをすることであり、この価値づけは、告発者が自分の攻撃を正当化するために、被害者を犠牲にして、自己の利益のために行うものである」と述べています（『差別の構造』1968年）。

本質主義

本質主義とは、自然や伝統、本能など、「変わることのない」要因に基づいた見方や考え方を意味する言葉です。「物事の本質を理解している」などの肯定的な意味ではありません。むしろ、根拠のないもの、不確かなものについて、あたかも本質的であるかのように誤って認識しているという意味で用いられます。

人種は**生物学的本質主義**、民族は**文化的本質主義**の代表的な事例です。本質主義的なものと観念されていることについて、歴史的、社会的にどのようにつくられてきたのか、プロセスを明らかにするのが**構築主義**です。ある社会問題について考える際に、なぜそれが社会問題となっているのかを考える観点です。

しかしながら一方で、人種や民族という概念が、社会的に構築された根拠のないものであると考えることも、別の問題が残ります。それは、現に当事者が体験している差別の問題を語りにくくさせてしまうことです。人種や民族は本質的に定義できないものであるはずが、それを本質主義的なものと考える人々によって差別が繰り返されます。そうした人種差別、民族差別を告発し、反対し、抵抗して不利益を訴える際には、人種や民族を前提にして語らざるを得ないこともあります。

例えば、「アイヌ」、また、「アイヌ民族」のアイデンティティを持つすべての人が同じ文化・伝統を共有しているわけではなく、多様な存在としか言いようがありません。しかし、「アイヌ民族」として偏見・差別を受けた歴史があります。偏見や差別の問題に対して、一口に「アイヌ民族」といっても、実際には多様な背景があることを踏まえつつ、仮に「アイヌ民族」という１つの立場を構築し、問題に対応するという立場を採用せざるを得ないことが考えられます。

こうした偏見や差別の問題に対して、「あえて」人種や民族という概念を本質的なものとして主張する立場もあります。G.C. スピヴァクの**戦略的本質主義**という考え方です。「あえて」本質主義的に「1 つの民族」として、偏見や差別の問題に取り組むのです。戦略的とはいえ、このような方法を採用せざるを得ない状況に置かれることが、構造的な問題です。

エスニシティ

人種や民族に代わって**エスニシティ**（ethnicity）が使われることがあります。エスニシティに基づく人種差別・民族差別もありますから、エスニシティの概念を使用することで、これらの問題が解決されるわけではありません。「人種や民族」との違いとして、エスニシティは当事者のアイデンティティを尊重することです。

マックス・ヴェーバーは、人々の主観的な信念によって、社会的関係としてのエスニック集団が形成されることを指摘しました。人々が「共通の特徴がある」と感じることを重要視し、「遺伝」や「血」、「本能」などの要素などを強調する人種論を根拠のないものと批判しました（『社会科学と社会政策にかかわる認識の「客観性」』、1904 年）。アイデンティティによって、エスニシティを考える社会学の先駆的な試みの１つと考えられています。

F.バルトの「エスニック境界論」に代表されるエスニシティ論は、当事者の主観的なアイデンティティによって、人種や民族といった諸問題を捉え直すことが含意されています。

現代社会の課題は、人々のアイデンティティを承認することです。差別をなくすための社会運動はアイデンティティをめぐる闘争、**アイデンティティ・ポリティクス**の１つです。これは**承認の政治**と呼ばれます。

近代社会の特徴

近代社会の特徴として、国民国家という社会統合、民主主義という政治制度、資本主義という経済制度が挙げられます。

国民国家によって、国籍など国家への帰属に関わる「ナショナル・アイデンティティ」が形成されました。これには２つの意味があります。第１に、マジョリティのアイデンティティとしての**ナショナル・アイデンティティ**です。マイノリティのアイデンティティを**エスニック・アイデンティティ**と区別して呼ぶことがあります。第２に、日系アメリカ人やアフリカ系アメリカ人のように、ナショナル・アイデンティティは共有していても、エスニック・アイデンティティを区別して使用されることもあります。

民主主義は、君主や貴族などの「少数の支配」である「絶対王政」や「貴族政治」とは異なり、人民が権力を所有し行使する「多数者の支配」を基本とする政治形態のことです。「独裁制」や「貴族制」などの１人または少数の支配者による政治よりも、選挙などを通じて多くの人々が政治的な意思決定に関わった方が望ましいとの価値観があります。

資本主義は、自由な経済活動によって利潤を追求する経済体制のことで、私有財産制を基本とします。ただ、資本主義は、経済的・社会的な格差や貧困を生み出します。そのため、資本主義の対案として、社会主義や共産主義が提案されました。これらは、富の偏在、独占や寡占、失業の発生、急激なインフレやデフレ、階級対立など、資本主義の構造的矛盾を批判し、私的な所有ではなく、社会的な共有を基本として、平等な分配を目指す政治経済体制として提案されたものです。

I. ウォーラーステインの**近代世界システム論**によれば、近代以降の世界は資本主義という 1 つの「システム」によって成り立っています。『史的システムとしての資本主義』(1983 年）では、性差別や人種差別が資本主義の社会構造によって生み出されていると指摘しました。

M. フーコーは『性の歴史』(1976 年）において、近代社会のセクシュアリティを論じました。フーコーによれば、同性愛者のカテゴリーは 19 世紀以降に生まれたものです。同性愛を、先天的なもの、病理的なもの、治療の対象として扱うことは近代社会に特有の問題と考えました。

ウォーラーステインやフーコーによる議論の重要な点は、近代以前と比較して、現代社会の方が差別や格差の問題が改善されているとは必ずしもいえないことです。むしろ、人種差別や性差別が近代社会の「新しい社会問題」であることを教えています。

政治に参加する権利、経済的な自由権は、自然権のうちの 1 つです。ただ、それが「性別」や「人種」を問わずに保障されているのかどうかは疑問が残ります。国民国家、民主主義、資本主義という社会制度、そして自然権や社会契約などの思想にも、エスニシティ、ジェンダーやセクシュアリティによる差別があるのです。

アイヌとは「人間」の意味

アイヌの人々は、およそ北海道を中心に北東北から樺太南半、千島列島の広い大地に居住し、隣接するほかの民族・国家と接触・交流を持ちながら自らの文化を育み、歴史を刻んできました（『アイヌ文化史辞典』吉川弘文堂、2022 年)。

アイヌ語では、アイヌは「人間」の意味で、ウタリは「同胞」や「仲間」という意味です。

1869（明治2）年、蝦夷《えぞ》地は北海道に改称されます。北海道の名称は、古代の律令制による「五畿七道」にならったものです。五畿（山城、大和、摂津、河内、和泉）、七道（東海道、東山道、北陸道、山陰道、山陽道、南海道、西海道）に北海道が加わりました。畿内は、朝廷の周辺地域のことです。榎森進によれば、「北海道」の「開拓」は近代天皇制国家にとっての重要な事業でした（『アイヌ民族の歴史』草風館、2008年）。明治政府の統治下に置かれた北海道では、和人が移民となって「開拓」が始まります。これは「内国植民地（化）」と呼ばれます。「開拓」は、和人（シサム）から見た歴史であって、必ずしもアイヌの人々の歴史ではありません。

1899（明治32）年には、「北海道旧土人保護法」が公布され、アイヌの人々は「土人」や「旧土人」と呼ばれるようになります。「保護法」があったとはいえ、実際にはアイヌの人々の慣習や文化は明治政府によって制限または禁止された例もありました。アイヌの人々は、「日本国民」または「臣民」とされたものの、経済的な活動が制約されたことで、ほかの「日本国民」と比較して困窮を強いられました。また、「滅びゆく民族」として語られるなど、差別や抑圧の対象となり、社会的に排除されます。

アイヌの人々による社会運動の代表的な存在が北海道アイヌ協会の活動です。ただ、一時期「同胞」を意味するウタリを組織の名称としました。背景には「アイヌ」に対する差別があります。アイデンティティを公言できないほどに差別は深刻なものであったのです。

知里幸恵（1903～1922・図5-1）は、アイヌの物語を記録し、『アイヌ神謡集』（1923年）を編訳しました。本書によって、アイヌの人々の世界観また宗教観が現在でも多くの人々に伝えられています。晩年の知里が残した日記には次のように記されています。

図5-1　知里幸恵

「私はアイヌだ。何処までもアイヌだ。何処にシサムのようなところがある？！　たとえ、自分でシサムですと口で言い得るにしても、私は依然アイヌではないか。つまらない、そんな口先でばかりシサムになったって何になる。シサムになれば何だ。アイヌだから、それで人間ではないという事もない。同じ人ではないか。私はアイヌであったことを喜ぶ。」

先住民問題

2008（平成20）年6月、衆議院および参議院において「アイヌ民族を先住民族とすることを求める決議」が全会一致で採択されます。この決議によって、官邸に「アイヌ政策のあり方に関する有識者懇談会」が設置されます。2009（平成21）年7月の本懇談会の「報告書」には、「先住民族」の「定義」について、次のような記述があります。

「先住民族とは、一地域に、歴史的に国家の統治が及ぶ前から、国家を構成する多数民族と異なる文化とアイデンティティを持つ民族として居住し、その後、その意に関わらずこの多数民族の支配を受けながらも、なお独自の文化とアイデンティティを喪失することなく同地域に居住している民族である」

先住民問題（先住民族問題）とは、古代史や人類史など可能な限り歴史をさかのぼって「先住」していた人々を確定することではありません。近代の国民国家の形成において社会的に排除された人々を先住民と考えます。このため、「先住民族の定義」については「定義そのものを先住民族自身が定めるべき」といわれます。これは、国連の「先住民族の権利に関する国際連合宣言」、また先の「報告書」でも共有されています。「先住民問題」

図5-2　アイヌ民族と先住民問題

1869（明治 2 ）年	蝦夷地を北海道に改称
1899（明治 32）年 3 月	「北海道旧土人保護法」公布
1946（昭和 21）年 2 月	北海道アイヌ協会　設立総会開催（静内町）
3 月	社団法人北海道アイヌ協会として認可
1961（昭和 36）年 4 月	北海道ウタリ協会に名称変更
1997（平成 9 ）年 3 月	札幌地方裁判所「二風谷ダム裁判」にて「アイヌ民族を先住民族」と認める
5 月	「アイヌ文化振興法（アイヌ文化の振興並びにアイヌの伝統等に関する知識の普及及び啓発に関する法律）」の施行（北海道旧土人保護法は同時に廃止された）
2007（平成 19）年 9 月	国際連合総会において「先住民族の権利に関する国際連合宣言」採択（日本・批准）
2008（平成 20）年 6 月	衆議院及び参議院において「アイヌ民族を先住民族とすることを求める決議」採択
2009（平成 21）年 4 月	北海道アイヌ協会に名称変更
7 月	「アイヌ政策のあり方に関する有識者懇談会」報告書、内閣官房長官に提出
2014（平成 26）年 4 月	公益社団法人北海道アイヌ協会として認定
2019（令和 元 ）年 5 月	「アイヌ施策推進法（アイヌの人々の誇りが尊重される社会を実現するための施策の推進に関する法律）」施行
2020（令和 2 ）年 7 月	民族共生象徴空間「ウポポイ」一般公開を開始

（参考）榎森進『アイヌ民族の歴史』風草館、公益社団法人北海道アイヌ協会ホームページ「設立経緯」

は、近代社会の問題なのです。

セトラー・コロニアリズム

リチャード・シドルは、アイヌの人々が人種化・隷属化された集団になった歴史的・物質的な状況を「植民地主義」と指摘しています（『アイヌ通史－「蝦夷」から先住民族へ－』岩波書店、2021 年）。

坂田美奈子によれば、近年の傾向として「先住民問題」は「植民地問題」と捉えられるようになりました。植民（colonization）とは、新規領土に自国民を定住させる行為です。植民地（colony）は、本国の人口を移動させ定着させた土地のことです。そのため、植民地の本質は、支配国家からの人口移動と定住化です（『先住民アイヌはどんな歴史を歩んできたか』清水書院、2018 年）。このように、移住・定住による植民地主義をセトラー・コロニアリズムといいます。

図5-3　ウポポイ（民族共生象徴空間）：北海道白老町

※ 2020 年に開業したウポポイ（民族共生象徴空間）は、アイヌ文化の復興・発展の拠点となる国立の施設です。

写真：ウポポイイメージ　提供：（公財）アイヌ民族文化財団

4．ジェンダーとセクシュアリティ

ジェンダー・アイデンティティ

「私の性別は何だろう」との問いへの答えがジェンダー・アイデンティティです。女性や男性、または「自分でもよくわからない」という回答も含まれます。ジェンダー・アイデンティティは、**性自認**です。**性的指向**（セクシャル・オリエンテーション）は、恋愛感情や性愛がどの性別に向かうのかを示す言葉です。性自認と性的指向は、ジェンダーとセクシュアリティを生きる上で重要な概念です。セクシュアリティは、身体的な性、性表現、性自認、性的指向の４つの観点があるといわれます。

ジェンダーとは、女性らしさや男性らしさなどの社会的性差、つまり、社会や文化によって女性／男性のあり方が違うことを意味します。もともとはドイツ語やフランス語などの男性詞、女性詞などの文法上の言葉です。社会文化的性差である「**ジェンダー**」は、生物学的性差である「**セックス**」の対義語と考えられてきました。

何が女性らしさなのか、また男性らしさなのか、ジェンダーの捉え方はさまざまです。例えば、「料理」でイメージされるジェンダーはどうでしょうか。家庭料理とレストラン、または家事労働と経済活動では、料理をする人のイメージは異なるかもしれません。掃除、洗濯、仕事、子育て、介護など、日常的にもジェンダー化されている出来事は多数あります。

人間と歴史

「少年」という言葉があります。少年のジェンダーはどちらでしょうか。「少年少女」という言い方もありますが、「少年法」という法律で考えてみると、男性・女性ともに、ある一定の年齢までの人々を対象範囲とするのが「少年法」です。「少年」という言葉は男性も女性も両方含むことがあり、かつ基本的には男性を指す言葉です。

男性と女性の両方を含むけれども、主に男性が代表されているという点では、「人間」という言葉も同じです。「人間」を表す英語は、「Person」や「Human」などがありますが、「Man」という言葉でも表現されます。

「人間とは何か」との問題は、生物学的、情報学的、哲学的にはさまざまな答え方があります。1つの考え方として、「人間」として扱われている存在が人間です。自然権が保障されている存在と考えることもできます。代表的な自然権である人権は一部の階級の人々に限定されたり、奴隷制度があったり、「国民としての権利」であって「人間としての権利」ではなかったりと、すべての人に保障されてきたわけではありません。

例えば、「男性には参政権があるが、女性にはない」ことは、女性の人権が制限されています。このように人権の一部が制限されている場合、人間というカテゴリーには含まれない存在であることを意味します。「人間ではない」との認識が差別であることは明らかです。

「歴史」は男性でしょうか、女性でしょうか。history は his-story ですから、男性の歴史です。これに対して「女性の歴史 her-story」が提起されます。「歴史」は価値中立的な概念ではなく、ジェンダー化されていると考えられます。

例えば、「日本史」や「世界史」を学習すると、男性の人名が多く、政治の話題ばかりです。ジョーン・W・スコットは、植民地と統治国の関係性を男性と女性の関係になぞらえて、国家間の権力関係をジェンダーによって分析します。また、歴史上は女性も男性も存在したにもかかわらず、政治的な分野で登場しないことそれ自体がジェンダーの問題なのです(『ジェンダーと歴史学』平凡社、2022年)。

フェミニズム

人間としての権利を求める思想や運動が**フェミニズム**です。セクシズム(性差別)による社会問題に取り組みました。**第1波フェミニズム**は19

世紀後半のヨーロッパに始まり、女性の参政権の実現が主な課題でした。欧米の主要国の多くが参政権の実現に至ったのは20世紀になってからです。近代市民革命は、普遍的な人権の理念を掲げましたが、そこに女性は含まれていなかったのです。

第2波フェミニズムは、参政権は実現しても残る社会的な不平等、日常的な意識の中の性差別の問題に取り組みました。1960年代のウーマンリブ運動（女性解放運動）は、**新しい社会運動**の1つです。フェミニズム運動ほか、エスニシティや平和運動、環境問題など「新しい社会運動」の中心的な関心事はアイデンティティについてです。「豊かな社会」の中で、中産階級の専業主婦として安定した生活を実現できたとしても、「女性らしさ」を引き受けることが求められます。その言葉にできない息苦しさ、孤独感をベティ・フリーダンは**「名前のない問題」**と呼びました。「ジェンダー」の概念は、第2波フェミニズムから生まれた概念です。

第3波フェミニズム以降は、さまざまな課題が提起されます。第3波、第4波の区別については複数の見解がありますが、ここでは次の3点をまとめておきたいと思います。第1に、ポピュラーな文化運動です。1990年代以降、音楽や映画などアートの分野でのガール・カルチャーと呼ばれる表現活動がその代表といわれます。第2に、2010年代以降に見られる「#MeToo」ほか、ハラスメントを訴えるメディア・アクティヴィズムです。SNSのハッシュタグを通じて体験を共有したり、支持を示したりする行動です。

第3に、エスニシティです。黒人女性によるフェミニズムや、先住民フェミニズム、ポストコロニアル・フェミニズムなどによって、それまでのフェミニズム運動が改めて問い直されることになりました。例えば、「人種」によって、人々が直面する性差別は異なります。それはセクシズムでありレイシズムであり、階級による格差など複合的な問題です。

インターセクショナリティ

インターセクショナリティ（intersectionality）は、キンバリー・クレーションが「人種と性」について論じる中で提案された概念です。パトリシア・ヒル・コリンズとスルマ・ビルゲはインターセクショナリティを次のように定義しています。

「インターセクショナリティとは、交差する権力関係が、様々な社会にまたがる社会的関係や個人の日常的経験にどのように影響を及ぼすのかについて検討する概念である。分析ツールとしてのインターセクショナリティは、とりわけ人種、階級、ジェンダー、セクシュアリティ、ネイション、アビリティ、エスニシティ、そして年齢など数々のカテゴリーを、相互に関係し、形成し合っているものとして捉える。インターセクショナリティは、世界や人々、そして人間経験における複雑さを理解し、説明する方法である」(『インターセクショナリティ』人文書院、2021年)。

人種やエスニシティ、階級、障害など、それぞれの社会問題が相互に作用しながら、社会的な不平等が複合的な要因によって構成されていることを意味しています。また、社会構造が個人的な経験にどのように結びつくのかを明らかにすることが目指されています。

性別はアイデンティティのうちの１つですが、それが意味するところは、必ずしもすべての人が同じではありません。フェミニズムもまた１つではなく、人々のアイデンティティとの関係からそれぞれの意味を理解することが求められています。

セクシュアリティ

「生物学的な性別」は、いくつあるのでしょうか。時代や社会によって２つと考えることもあれば、３以上とされることもあります。

脳の構造、外性器、染色体、ホルモンなどに生物学的な性差といっても、その見方は1つではありません。ダフナ・ジョエルとルバ・ヴィハンスキによれば、人間の脳に性差はあっても、女／男の二元論では捉えられないと述べています（『ジェンダーと脳 −性別を超える脳の多様性−』紀伊国屋書店、2021年）。

性スペクトラムは、「オス／メス」、「男性／女性」の二項対立によって生物の性を区別することはできないことを踏まえて、性を「連続しているもの」として捉える概念です。例えば、どの程度男性的、または女性的であるかは個体差が大きく、また個人の生涯にわたってその程度が変化するものであることが含意されています。

もちろん、今後も関連分野の研究成果によって、生物学的な性への理解が変化することも予想されます。ただ、改めて「社会文化的性差」と「生物学的性差」の関係を整理すれば、「生物学的な性差は2つ」と数えること自体が社会的な影響と考えられます。「性」に関する人々の意識や社会的な規範は、科学的な研究成果に基づいたもの、反映したものとは必ずしもいえません。「生物」や「歴史」に関する研究が、当の社会のジェンダー規範に基づいて実践されることもあります。また、ジェンダー規範に相違する研究成果が人々に受け入れられないこともあるでしょう。

ジュディス・バトラー（Judith P. Butler 1956〜・図5-4）は著書『ジェンダー・トラブル』（1990年）において、**「セックスはつねに、すでにジェンダーである」**と指摘します。セックス（生物学的な性差）は「変化しないもの」、または「変えることができないもの」であると考えられてきました。これに対して、ジェンダーによる意識や社会制度は時代や社会によって変化するもの、または変えることができるものと考えられてきました。バトラーは、「生物学的性差」もまた社会的に構築されたものであると指摘します。竹村和子は、「性の二分法に編成」し直す、「知の体制」の問題と論じました（『愛について』岩波書店、2002年）。生物学的な事実

図5-4　J.バトラー

に先立って「男女の二分法」によって組み替える社会的な規範、それがジェンダーです。

ジェンダーの概念も見直されるようになります。男／女の性差別を是正する運動の中で生まれた言葉ですが、そこには異性愛が前提とされていることが指摘されます。ほかの性的指向を包摂するものではないという意味で、異性愛主義（ヘテロセクシズム）による社会的な排除、抑圧の問題が提起されるようになります。

セクシュアリティ（sexuality）は、人間の性行動にかかわる心理と欲望、観念と意識、性的指向、規範など、性にかかわる現象の総体を示す言葉です。セクシュアリティに関するアイデンティティを**セクシュアル・アイデンティティ**と呼びます。

身体的な性、性表現、性自認、性的指向によって、多様なセクシュアリティがあります。**LGBT**は、次の４つのセクシュアリティのことです。レズビアン（L）は、女性同性愛者です。ゲイ（G）は、男性同性愛者です。バイセクシュアル（B）は男性と女性ともに性愛の対象となる人々です。トランスジェンダー（T）は、社会的に割り当てられた性別と性自認が異なる人々です。

LGBT以外にもさまざまなセクシュアリティの人々がいます。アロマンティック（A）は、他者に恋愛感情を抱かない人々です。また、アセクシュアル（A）は、他者に性愛的な関心を抱かない人々です。パンセクシュアル（P）は、性的指向が性別にとらわれない人々です。クエスチョニング（Q）は、自らの性自認や性的指向を決めていない、わからない人々です。Xジェンダーは、男性または女性のいずれでもない性自認の人々を意味します。ノンバイナリーは、性自認とともに性表現についても男性または女性のいずれでもない人々のことです。

セクシュアリティは、多様な性のあり方を表現するもので、一個人においても変化することもあるともいわれます。当事者によって提案され、自己決定されてきたものですから、当事者のアイデンティティを尊重することが大切です。

クィア・スタディーズ

クィア（queer）は、もともと「奇妙」や「風変わりな」、「変態」など逸脱を意味し、同性愛者などを侮蔑する言葉でした。その後、むしろ「クィア」であることを当事者が積極的に引き受け、再定義することで「言葉」を取り戻す試みにつながりました。**クィア・スタディーズ**は、セクシャル・マイノリティに関する理論や研究を指します。バトラーはこの研究の代表的な存在です。

E.K.セジウィックは、『男同士の絆』（1985年）において、家父長制に代表される男性同士の社会的つながりを**ホモソーシャル**と呼びました。家父長制とは、男性による女性を支配する制度、または権力の作用のことです。例えば、家族を含めて、会社、学校など組織集団にも見られる男性中心的な規範です。なぜ、男性のみが意思決定に関わる社会や組織が維持されているのでしょうか。「男にしかわからないことがある」、だけど「男同士の連帯が強いからといって同性愛とは違う」などと語られます。ホモソーシャルは、ミソジニー（女性嫌悪）とホモフォビア（同性愛嫌悪）をその特徴とし、女性や同性愛者を排除、抑圧することによって男性同士の関係が強固なものとして維持される構造です。

社会と自然

本章では、アイデンティティをめぐって、エスニシティやジェンダー、セクシュアリティについて概観しました。社会の対義語の１つに「自然」があります。アイデンティティは、心理的なもの、自然なもの、社会的なものがそれぞれ関係しながら構成されています。ただ、「人種」や「性別」は、文化的本質主義や生物学的本質主義と結びつきやすい概念でもあります。

生物学的に差異があることは、差別を正当化しません。いろいろな差異を本質主義的な考えに単純化してしまう社会的な「しくみ」があります。ウォーラーステインの議論に見られるように、差別はシステムの内部に包摂しながら排除して、排除しながら包摂します。そのため、差異があることを前提としつつ、人々のアイデンティティを尊重することは、個人の問題にとどまらず、社会的な課題といえます。現代の社会問題は、アイデンティティの問題につながっているのです。

第６章
意図せざる結果

１．社会的ジレンマ

個人的には快適な生活であっても、社会全体には大きな負荷となって、ゆくゆくは人々の生活に影響を及ぼす環境問題となってしまうことがあります。個人的な合理性の追求が、結果として社会的な不合理を招来することを**社会的ジレンマ**と呼びます。個人にとっては「良かれ」と思ってやったことが、結果として社会的には「良くない」事態を招くのみならず、最終的には個人にとっても不合理な結果となります。もちろん、そのような帰結が自明であれば、最初からそうした行為は選択しなかったことでしょう。社会学において、そのつもりはなかったのにそうなってしまうことを**意図せざる結果**といいます。

私たちは、合理的に問題の解決を求めます。合理性は「目的と手段」で考えることが、その基本です。目的を果たすために最も効率的な手段を選択します。資格試験に合格することが目的であれば、どのような手段があるでしょうか。例えば、参考書選び、仲間との情報交換や勉強会、予備校の活用、YouTube の動画視聴など、その手段は数えられないほど多いこともあります。

対面的な人間関係とは異なり、「社会的ジレンマ」は主に「不特定多数の関係性」で見られる現象です。不特定多数の関係性においては、個人のレベルでは合理的な解決策だと考えられていたけれども、それを社会のレベルから見ると、別様の問題が発生したり、非合理的になったりする場合があるからです。
「社会的ジレンマ」は社会学のみならず、政治学、経済学など社会科学全般において用いられる概念です。具体例を見てみましょう。

2．安全保障のジレンマ

国際関係は、国家を基本的な単位とした世界の見方です。これに対して、**グローバリゼーション**は国家以外のアクター（担い手）として企業や国際機関の役割が増大し、国家を超えて資本や人が移動し、情報化が進行することを重視する見方です。

国際関係論の研究では、現実主義と理想主義の２つの主要な学説があります。**現実主義**は国政政治を**パワー・ポリティクス（権力政治）**と考え、各国が国益の最大化を目指して熾《し》烈《れつ》に競うものと捉えて、軍事力や経済力を重視します。H.J. モーゲンソー（1904～1980）が代表的な存在です。

ただ、現実主義では説明のつかないこともあります。**理想主義**は、国家の主権は重視しつつも、国家間の協調や他国への依存を深める状況のほか、国際機関やNGO（非政府組織）の役割を重視します。政治的には対立していても、経済的な依存関係もありますから、「自国の利益」が「他国の利益」と矛盾しないこともあるでしょう。R. コヘインとJ. ナイは『権力と相互依存』（1977年）によって**相互依存論**を代表する存在になりました。

国際「社会」といった場合には、秩序ある関係を意味することがあります。国際関係を国際「社会」と捉えるのが**国際社会論**です。世界政府の存在によって統一されているわけではないものの、国際関係には秩序が形成されていると重視します。H. ブルは、国際関係を**アナーキカル・ソサエティ**と呼びました。アナーキカルとは、無秩序ではなく、政府がない状態です。また、社会的に共有された規範を重視し、国際関係が社会的に構成されたものであることを強調する立場を**構成主義**（constructivism）と呼びます。

安全保障のジレンマ（security dilemma）とは、次のような状況です。A国とB国があるとします。A国は、自分たちの国に対する他国からの軍事的な脅威を感じ、防衛力を高めます。その隣国であるB国は、A国が防衛力を高めていることを脅威に感じます。そこで、B国はA国に負けじと防衛力を高めようとします。しかしそんなB国の方針は国際社会の緊張を高めてA国をますます刺激します。A国はさらに防衛力を高め、さらにB国は、と双方の国が自らの国を守ろうとしてどんどん軍事力を高めていく。この競争によって最終的にもたらされるのが戦争です。

19世紀のウィーン体制のヨーロッパでは、**勢力均衡（balance of power）**の理念がありました。これは、お互いに軍事力を高めている状態でバランスが取れているのであれば、戦争などの大きな衝突は避けられるという考え方でした。これをもとに国際秩序を維持しようと試みましたが、実際には第1次世界大戦をもたらしました。

先の事例では、A国は防衛力を高めるべきだったのでしょうか。もしくは、防衛力を高めなければ戦争は起こらなかったといえるのでしょうか。防衛力を高めれば自国を守れると確約できるほど、国際関係は単純ではありませんし、自国の防衛力を高めなければ戦争にならないといえるほど、国際関係に有効な法規範はありません。

核兵器を保持すれば戦争になることを回避できるだろうという主張と、核兵器を保持しなければ平和であるという主張のどちらも非常に単純化された議論です。どちらとも必ずしも正しい答えとはいえず、その都度、国際情勢を見極め、現実に即した戦略を採用し続けなければなりません。

そもそも絶対的に自国を防衛できるという方針が存在するのかどうかもわかりませんから、そのような発想自体が戦略性に欠けるのかもしれません。安全保障のジレンマは、自己（自国）の行為が自己の利益になるかどうかわからないことを示唆しています。

3．経済現象と社会的ジレンマ

①見えざる手

経済学の祖であるアダム・スミス（1723～1790・図6-1）は国家による干渉を批判し、自由競争を唱えたことで、現代の資本主義の原点のように位置づけられています。人々の利益の追求が社会全体に利益をもたらすことを**見えざる手**（invisible hand）にたとえました。

「見えざる手」とは、人々が自由に売り買いをしているにもかかわらず、消費者の需要と生産者の供給をまるで自然に調整するような市場経済の法則です。「神」の見えざる手とも呼ばれます。その理由は、あたかも神の摂理として市場や社会がつくられているという思想が背景にありました。著書『国富論』（1776年）は、個人の意図した行為を社会全体の豊かさに結びつけ、市場の効率性を表現した学説と解釈されています。

②蜂の寓話

ハーバード・マンデヴィル（1670～1733オランダ出身の医師）は『蜂の寓話』（1714／1723年）で「私悪は公益」と述べています。マンデヴィ

図6-1　A.スミス

ルによれば、経済活動は私利私欲・虚栄心・贅沢など、個人的には悪徳と評価されるものに基づいていることがあります。ただ、たとえ行為の動機が悪徳であっても、旺盛な経済活動は消費や需要を喚起します。雇用を増やし、国富の増大をもたらすことでしょう。善意に基づくつつましい清貧よりも、勝他の念で見栄を張って消費する方が経済的には望ましい結果となるのです。そのため、個人的な悪徳は社会的には「美徳」とも考えられるのです。

③ 貯蓄のパラドクス

J.M. ケインズ（1883～1946 イギリスの経済学者）は、貯蓄が個人を豊かにする一方で社会全体を貧しくすることを**貯蓄のパラドクス**と指摘しました。人々が消費しなければ資本主義は成り立たないからです。例えば、日本経済が弱くなって日本円の価値が下がれば、貯蓄した個人資産も減少します。貯蓄が経済的な損失を生むこともあるという指摘です。社会全体の利益とは全く別に、個人の利益が成り立たないことを示唆しています。

④ 合理的な愚か者

個人の行為から社会全体を考えていく方法を**方法論的個人主義（methodological individualism）**といいます。経済学、特にミクロ経済学はこの考えを基本としています。対義語は、**方法論的集合主義（methodological collectivism）**、または**方法論的全体主義**です。社会全体の観点から個々人の行為を考える方法です。

個人的な合理性では社会現象を説明できないばかりか、自己の利益の最大化も難しいこともあります。経済学者のアマルティア・セン（1933～）は、合理的に振る舞った結果として不利益を被る行為者のことを「合理的な愚か者」と呼びました。

アダム・スミスには『国富論』の前に公刊された『道徳感情論』（1759

年）があります。本書のキーワードは**共感**です。利己的な人であっても、自分の感情を知ってほしいと感じ、他人の感情を察知しています。共感は利己的なものではありません。また、人々は社会的な秩序の実現を目指して、私的な利益よりも公共的な利益をする**徳**があります。「共感」や「徳」の思想には、スミスの宗教観も反映されています。経済的な行為は、共感や徳を基本とした関係の中で初めて可能になるものなのです。

4．トマスの公理

現在の日本経済について、皆さんはどのような見通しをお持ちでしょうか。簡単にいえば、今は不況だと思いますか、好況だと思いますか。1990年代のバブル経済崩壊以降、この質問に多くの人は「不況」と答えました。不況であるならば、私たちはあまり消費しません。そして、人々が消費をしなければ企業の業績は上がらず、企業の業績が上がらなければ人々の給料も上がりません。給料が上がらなければ、人々はますます不況と実感することでしょう。

好不況の景気判断、政府の経済政策の評価は、専門家の間でも意見が分かれるところです。しかしながら、不思議なことに「経済学はわからない」、「日経新聞は難しい」と考える人でも、今の日本の景気が良い／悪いということを日常的に口にして、その認識に沿った行動をしています。

ここで重要なことは、専門知識やエビデンス（客観的、科学的な証拠）がなくても、すでに社会状況を「定義」してしまっていることです。アメリカの社会学者トマス（William Isaac Thomas 1863～1947・図6-2）は、これを**状況の定義**と呼びました。状況の定義によれば、**「人がその状況をリアルであると決めれば、その状況は結果においてもリアルである」**のです。

もし、これからも好景気が続くという明るい見通しを持っていれば、消

図6-2　W.I.トマス

費は増え、企業の業績が上がり、経済は成長するでしょう。反対に、将来に不安があるのであれば、ますます消費を控えてしまい、企業が投資に消極的となれば、経済は縮小するでしょう（図6-3）。

「景気の気は、気持ちの気」とはいっても、当然のことながらすべてを人々の意識の問題だけに還元して考えられるわけではありません。ただ、個人消費が経済指標において大きな割合を占めるゆえに、消費者マインドが経済政策の課題となることもまた事実です。

図6-3　状況の定義

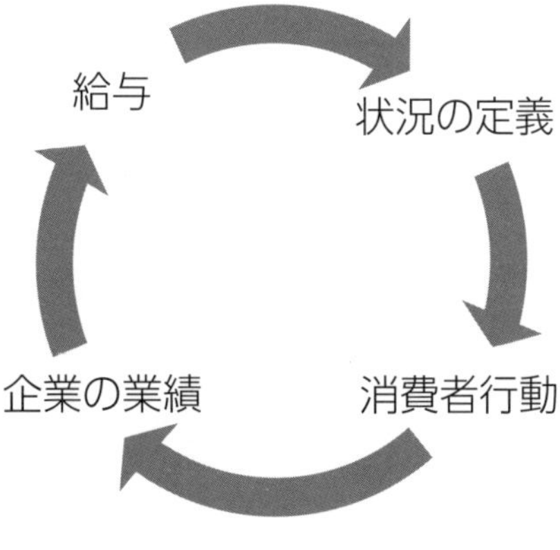

経済現象が非経済的な要因によって規定されていることもあります。状況の定義は、経済現象のみに見られるものではありません。人々がどのように「定義」しているかを観察することが、社会を知る方法の１つです。

5．予言の自己成就

この「状況の定義」の問題を引き継いで**予言の自己成就**と**予言の自己破壊**とに区別して発展させたのがアメリカの社会学者マートン（Robert King Merton 1910～2003・図6-4）です。

「予言の自己成就」とは、**予言を信じることで、その予言の実現を生み出す**ということです。予言にはおどろおどろしい印象もありますが、「予《あらかじ》め言われていること」であり、うわさ話や流言飛語もその１つです。有名な事例として、「銀行が倒産する」といううわさが広がって、銀行に預金者が殺到したことがあります。とりつけ騒ぎの影響で、銀行が実際に倒産の危機となりました。この場合、銀行の経営状況が問題なのではなく、あくまでも人々が予言、ここではうわさを信じて、さらに自分が不利益を被らないよう現実に行動してしまったことで、銀行を経営危機に追い込む

図6-4　R.K.マートン

ことになりました。

また、試験に失敗すると思い込んでいる受験生は、くよくよしながら時間を浪費して試験に臨んでしまうことで、当初の予想通りの試験結果になってしまうこともあるでしょう。治療薬ではないものでも、患者本人が症状の改善に期待して服用することによって、効果を発揮する**プラセボ効果（偽薬効果）**も同様です。

社会学では、個人的な思い込みよりも、不特定多数の人々に見られる現象により注目します。1970年代初め、日本では**オイルショック**によってトイレットペーパーの買い占めがありました。紙製品がなくなるといううわさが広まり、人々がトイレットペーパーを求めて殺到し、実際に店頭から消えました。同様の生活用品の買い占めによる混乱は、2011年の東日本大震災、2020年の新型コロナウイルスの感染拡大の懸念が広がった際にも見られました。

自身の生活を維持するための行為が、社会的な混乱を呼び、生活を維持できない結果となる。最初から望んでいたわけではないですから、これも意図せざる結果といえるでしょう。

マートンは、戦争や差別の事例も挙げています。2国間の戦争は不可避であると信じられているときには、双方の首脳は疎遠になります。そのことがさらに不安をあおり、あげくには戦争という、懸念されたとおりの結果となることもあります。

また、人種主義（人種差別）に基づく内集団／外集団にも見いだせるといいます。支配的な内集団は、外集団の「人種」の人々が何をしても劣等だと非難します。その結果として、外集団の人々は大学進学率が下がります。さらに、その統計的事実をエビデンスとして、**統計的差別**を正当化します。統計的差別は、統計的な事実に基づく差別です。統計資料に表れる過去の傾向を、現在や未来における差別を正当化するために利用します。

6．予言の自己破壊

「予言の自己破壊」とは、「予言の自己成就」とは反対に**予言を信じることで、その予言の実現を回避させる現象**です。例として、「X高校の入試が高倍率であると予想されたので、多くの人が受験回避し、別のY高校が高倍率となる」、「渋滞予想によって、予想された道路ではなく、迂回路が混雑する」などがあります。また、マスメディアが行う国民投票の事前予想で、「残留」が多数派であると報道されたため、人々は「離脱」に投票したという例もあります。入試の倍率は、締切日を迎えてみないと最終的な結果はわからないものです。迂回路も国民投票も同じく「予言」が人々に影響します。

「予言の自己破壊」は「自殺的予言」とも呼ばれますが、必ずしも悪いことが起こるという意味ではありません。当初から「予言」されたとおりの社会現象が起これば「予言の自己成就」、予言によって反対の事態、あるいは別の事態がもたらされるのであれば「予言の自己破壊」と区別します。

予言の自己成就／予言の自己破壊に共通するのは、次の2点です。第1に、エビデンスに基づく行為ではなく、人々の「状況の定義」から出発しているということです。第2に、当初の状況とは無根拠な「予言」であったとしても、予言に基づいた行為によって、状況を変化させてしまうことです。

7．バンドワゴン効果とアンダードッグ効果

選挙において何を基準に投票するのかを研究するのが政治学の**投票行動論**です。投票の基準は、候補者の政策でしょうか。または、人柄でしょうか。投票行動研究によれば、人々は必ずしも政策によって選択しているわ

けではないこと、ときに支持する政策とは異なる候補者・政党に投票することもあります。政策でなければ何を基準としているのでしょうか。地域や階層、宗教などの社会的属性のほか、政治的な課題に詳しい身近な人物からの影響で投票行動を選ぶこともあるでしょう。

マスメディアの事前予想、政府や中央銀行の予測が人々の行動に直接的な影響をもたらすことがあります。これが**アナウンスメント効果（announcement effect）**です。代表的なものに**バンドワゴン効果**と**アンダードッグ効果**があります。

例えば、候補者Ａと候補者Ｂは性格も政策も違いますが、有権者が投票行動を決定できるほどの情報が少ないことは珍しくありません。「地方自治は民主主義の学校」です。国政選挙と比べて地方選挙の方が候補者は身近な存在ですが、争点がわかりにくく判断に迷うこともあるでしょう。投票日１週間前に「候補者Ａは優勢で候補者Ｂが猛追している」という報道に接したとします。あなたが投票したくなるのは候補者Ａですか？それとも、候補者Ｂでしょうか。

このとき、優勢な候補者Ａに投票することがバンドワゴン効果、劣勢である候補者Ｂに投票するのがアンダードッグ効果です。前者は「予言の自己成就」で、後者は「予言の自己破壊」に該当します。どちらかといえば、かつて日本は「判官《ほうがん》贔《びい》屓《き》」のため、アンダードッグ効果の方がよく見られるといわれてきました。近年の選挙結果では、必ずしも明確な傾向は見られません。

55年体制の日本においては、1955年から1993年までの38年間政権交代のない「民主的」な国家でした。自民党の長期政権下で、自民党支持者の中にも、あえて野党である社会党などに投票する人々が一定数存在しました。支持する政党に投票するのではなく、与党があまりに多くの議席を獲得するよりも与野党の伯仲状況が望ましいという判断です。ある意味で日本社会の公衆のような存在かもしれません。このような投票行動を選ぶ人々のことを**バッファー・プレイヤー**といいます。全体の傾向を見ながら適切な行為を選択することは、投票行動に限らず人々が日々実践していることです。

8．公共財とフリーライダー

フリーライダーとは、その名のとおり、「ただ乗りする人」のことで、乗車券を購入せずに電車に乗るような人のことです。オルソン（Mancur Olson, Jr. 1932～1998）は、「必要なコストを負担せず、利益だけを受ける人が出やすいこと」を指摘しています。この場合の「コスト」には、経済的なもののみならず、時間や労力なども広く含まれます。

労働組合の事例を紹介しましょう。組合の組織活動は、熱心である人もそうでない人もいます。労使交渉によって全員の賃金がベースアップした場合、熱心に活動をしていた人も全く活動をしていなかった人も、等しく賃金が上がります。この場合、全く活動をしていなかった人がフリーライダーと呼ばれます。

町内会やPTAの活動でもフリーライダーが存在します。冬の雪かきが町内会活動である場合、参加しなかった人も除雪後の道路を快適に通行することができるという意味で恩恵を受けます。町内会活動は必ずしも強制参加ではありませんが、参加する人と参加しない人の間で不公平感が残ることもあるでしょう。必ずしも金銭的な問題ではありませんから、不参加者が経済的な負担をして解決というわけにもいきません。

フリーライダーを防ぐためにはどのような方法があるでしょうか。規範意識の醸成によって、フリーライダーの解決策となる提案もあります。オルソンによれば以下の２点が重要です。第１に、**相互監視が可能な小さな集団を維持する**ということです。第２に、**選択的誘因**です。選択的誘因とはルールを守れば報酬を与え、そうでない場合は罰則を設けるというものです。

あまりに多くの人々がフリーライダーになると、集団全体の利益も損なわれます。ただ、組織活動に相互の理解が形成されていないままに、不参加者を非難する社会統制だけでは問題は解決しないでしょう。また、フリーライダーを取り締まることに過度のエネルギーを注ぐと、どのような社会制度も成り立たなくなる可能性があります。フリーライダーをどの程度許容するかも常に課題となるところです。

9．共有地の悲劇

「社会的ジレンマ」のもう１つの代表例が**共有地の悲劇（The tragedy of the commons）**です。生物学者 G. ハーディンが 1968 年の論文で提起したモデルです（『リーディングス合理的選択論 ―家族・人種・コミュニティ』勁草書房、2022 年）。共有地（コモンズ）はみんなのものであり、誰のものでもありません。ただ、生活の快適さや企業の利益など個別の事情を優先することで、多くの人々が損失する結果となります。

イギリスの古い寓話に「過放牧による悲劇」があります。みんなで共有している牧草地で、牛を放牧しています。誰もがたくさんの牛を育てたいと考えています。ただ、全員が一斉に多くの牛を牧草地に放牧すると、牧草が枯渇してしまい、共倒れになります。

水産資源の乱獲によって、漁業が危機的状況となるのも同じです。アクセスが集中して接続できないことも共有地の悲劇といえるかもしれません。フリーライダーが増加することで共有地の悲劇が生じるのは、個人的な合理性の追求が、結果として社会的な不合理を招来するからです。

共有地の悲劇をどのように抑止したらよいのでしょうか。人々の良心に訴えて解決に向かうことばかりを期待してはいられず、コモンズや自由をどのように享受するかについて合意できるのかどうかは、いつも困難な問題です。ハーディン自身は、強制的に人々の自由を制限することや、共有地を解体すれば悲劇は起きないなどの議論を展開しています。

ただ、コモンズを解体することが別様の問題を生じさせることもあります。自然資源を例に、コモンズを自律的に管理する条件を実証的に明らかにしたE.オストロムの『コモンズのガバナンス』(1990) は、コモンズを維持する方がよりよい社会となることを示唆しています。

10. ゲーム理論と合理的選択理論

社会学には**数理社会学**という領域があります。社会現象を数学的論理によって記述、説明します（『数理社会学事典』丸善出版、2022年)。フリーライダーや共有地の悲劇は、数理社会学の代表的な研究領域でもあります。

合理的選択理論（rational choice theory）は、合理的に選択する行為者（アクター）の相互行為として、社会制度を分析する理論です。合理的選択理論は、**人的資本論**（教育によってもたらされる知識・技能などの個人の能力）で知られる経済学者のゲーリー・ベッカーと社会学者ジェームズ・コールマンに代表される**数理社会学**の１分野となっています。

国際関係の研究では、国家の行為を合理性の追求という観点から分析します。経済的な行為のみならず、規範的な行為も含めて合理性を数理的なモデルで提示するのが合理的選択理論です。

主に数学的な方法によって、意思決定の戦略的な相互行為を理論化したのが、**ゲーム理論（game theory）**です。ゲーム理論は、数学者J.フォン・ノイマンと経済学者モルゲンシュテルンの共著『ゲームの理論と経済行動』(1944年) を本格的な出発点として、経済学のみならず、社会学や政治学、行政学など社会科学全般に広がって、環境問題や国際政治など幅広い領野で応用されています。

1950年には、ジョン･ナッシュによって、ゲーム理論における**ナッシュ**

均衡が考案されました。ゲーム理論を代表するナッシュ均衡とは、各プレイヤーそれぞれが自己の利益を最大化することのみを目的とする非協力的なゲームにおいて、お互いの戦略を選択した場合に生じる均衡状態のことです。いずれのプレイヤーにとっても戦略を変更する誘引を持たないような戦略の組み合わせです。

X国とY国の国際政治における軍縮／軍拡の事例で考えてみましょう(図6-5)。両国ともに、軍縮／軍拡の選択肢があります。ナッシュ均衡とは、相手の戦略が所与としたとき、お互いに自身の戦略が1つに決まる状態です。所与とは相手の戦略が決まっていて変わらないことです。

X国の戦略を所与としたY国の事例を見てみましょう。X国が「軍縮」を戦略として採用した場合、Y国の利得は「軍縮10／軍拡18」ですから、軍縮よりも「軍拡」の方が利得は大きいことがわかります。またX国が「軍拡」の場合も、Y国は「軍縮2／軍拡5」ですので、X国が「軍縮／軍拡」のどちらの戦略を採用しても、Y国は「軍拡」の方が利得は大きいことがわかります。

次に、Y国の戦略を所与としたときのX国の戦略も見てみましょう。先ほどと同じようにY国が「軍縮／軍拡」のどちらであっても、X国は「軍拡」の方が利得は大きくなります。

ナッシュ均衡は、「軍拡／軍拡」の「5・5」です。このとき、相手国が戦略を変更しない限り、自国も戦略を変更しない状態になります。両国に

図6-5　ナッシュ均衡：軍縮と軍拡

		Y国	
		軍縮	軍拡
X国	軍縮	(10.10)	(2.18)
	軍拡	(18.2)	(5.5)

(　) 内は左がX国、右がY国の利得

とって、より利得が大きい組み合わせは「軍縮10／軍縮10」の組み合わせです。この状態を**パレート最適**の状態と呼びます。ナッシュ均衡は必ずしもパレート最適の状態にならないことを示してもいるのです。つまりは、双方にとって最も望ましい状態が選択されないことがわかります。

囚人のジレンマ（prisoner's dilemma）もゲーム理論の基本をよく表したものです。利益を最大化するための戦略がパレート最適とはなりません。これを**パレート非効率的**になると表現します。囚人のジレンマは、次のような状況のゲームです。共犯である囚人Aと囚人Bが別室で尋問を受けています。2人はともに刑罰の回避を望んでいます。犯行は協力して行いましたが、尋問の場面ではお互いに相談できない状況です。

これは図6-6のように、2人の「黙秘／自白」の組み合わせによって、どのような刑罰になるのかわかっているという前提です。例えば、一方が「自白」し、もう一方が「黙秘」した場合、前者は司法取引により釈放されますが、後者は10年の懲役です。2人とも「黙秘」の場合はそれぞれ懲役1年です。2人とも「自白」の場合は懲役5年です。

このルールならば、双方が最大の利得となるのは2人とも「黙秘」することです。しかしながら、自分が黙秘しても相手が自白をしてしまうと懲役10年の刑を受けることになりますから、相手の自白を恐れて、自白か黙秘かの選択にジレンマが生じます。その結果として、双方が黙秘する場合よりも重い刑罰を選ぶことになり得るのです。お互いに信頼して協力

図6-6　囚人のジレンマ

		囚人B	
		黙秘	自白
囚人A	黙秘	(1.1)	(10.0)
	自白	(0.10)	(5.5)

（　）内は左が囚人A、右が囚人Bの利得

できれば、また違った結果になることでしょう。

11. 顕在的機能と潜在的機能

R.K. マートンは、社会システムにとってプラスの作用である**順機能**とマイナスの働きをする**逆機能**を区別しました。**機能分析**は、社会制度や組織が全体的にどのような作用を持っているかを明らかにする方法です。例えば、**官僚制の逆機能**は、一般に「お役所仕事」と呼ばれる事例がこれに該当します。規則を遵守することが最も上位の目標となり、目的に応じて柔軟に手段を吟味するのが難しくなることです。ただ、このような杓子定規な運用は行政組織のみに見られる現象ではありません。規則自体が組織目標を阻害してしまうのですから、「意図せざる結果」と考えられます。

マートンの機能分析でもう1つ重要なアイデアが、**顕在的機能**と**潜在的機能**です。この事例として、マートンは「雨乞いの儀式」を挙げています。各地における雨乞いの儀式は、干ばつに苦しむことがないよう神に祈る儀礼です。長野県上田市の別所温泉では、国の選択無形民俗文化財に指定されている伝統の雨乞いの儀式「岳《たけ》の幟《のぼり》」があります。今日まで続く、500回以上の歴史がある地域のお祭りです。マートンによれば、雨乞いの儀式に集う人々の参加動機は、豊作をもたらすことです。このように、社会現象を人々の主観的な意味づけからの観点で見た働きが**顕在的機能**です。

自然科学の観点からは、雨乞いの儀式をしても雨は期待できないとの指摘もあるでしょう。ただ、降雨がなくても儀式によって実現することが1つあります。人々の社会的連帯をもたらすことです。社会的連帯とは、人間関係が維持されることです。儀礼は他人との結びつき、また集団とのつながりを改めて感じさせます。儀礼は社会的連帯を定期的に更新する作用があります。社会の一員、共同体の一員であることを改めて自覚させるのです。社会的連帯があれば、たとえ豊作にはならなかったとしても、その集団は飢《き》饉《きん》などの危機を乗り越えることができるかもしれません。マートンは、人々に必ずしも明確に意識されていない作用を**潜在的機能**と呼びました。

12. イクメンの機能分析

イクメンの推進は、どのような作用があるのでしょうか。イクメン政策を機能分析してみましょう。厚生労働省の「イクメンプロジェクト」の公式サイトには、「育てる男が、家族を変える。社会が動く。」と掲げられています。同省によれば、「イクメンとは、子育てを楽しみ、自分自身も成長する男性のこと。または、将来そんな人生を送ろうと考えている男性のこと」です。「イクメンプロジェクト」は2010年6月に発足しました。その契機となったのは、同年同月にスタートした育児・介護休業法が改正されて導入された「パパ・ママ育休プラス」制度です。

イクメン推進政策の順機能は子育ての担い手を増やすことです。対象とされているのは主に男性の親です。女性の過剰な負担によって成り立っていた家庭内の育児、またその他の家事全般の負担を同じ家族の一員として男性が担うことで「家族を変える」ことが期待されています。

家事の分担はまだまだ課題があるものの、イクメンは幅広く認知されるようになりました。子育てへの関心が高まり、理解が広がることで「働き方」などが変化することにより、社会にとってプラスの作用をもたらすのであれば、イクメン推進の**顕在的な順機能**と考えられます。

一方で、家族はプライベートな領域です。政府が家族のあり方について1つのモデルを積極的に提示して介入することについては批判的な見解もあります。そもそも政府は、「家族内」の女性／男性の分業の見直しではなく、「家族の負担」が過剰にならないように、政策立案すべきとの認識

図6-7　厚生労働省「イクメンプロジェクト」

育てる男が、家族を変える。社会が動く。

育MEN

イクメンプロジェクト

です。例えば、託児施設や教育制度、経済的な支援など、行政が担うべき子育て支援政策は多岐にわたります。行政が注力すべきことは、個々の家族では対応できない諸問題です。

確かに、ある意味でイクメンの推進は「男性」の問題として、家族内の担い手を増やすことにつながるかもしれません。ただし、子育てが家族内で完結している状況自体に変化をもたらしているのかどうかは疑問です。女性と男性の分業は変わっても、「家族の負担」が軽減する見込みはありません。家族内の分業のみが課題であると認識されれば、家庭内での、または女性と男性の間の対立が広がることが懸念されます。

イクメン推進によって子育てに関する**公的領域**と**私的領域**の再編、すなわち「行政と家族」の役割分担の見直しは実現するのでしょうか。国家ではなく、家族が問題解決の中心的な担い手となる体制を**家族主義**といいます。男性の育児参加を推進している側面もありますが、家族主義的な子育て政策ともいえます。

イクメン推進の政策には、併せて家族の負担を軽減させる政策が必要です。そうでなければ、イクメンを重視する政策を推進すればするほど、家族内の負担は減るどころか増加することにもなるでしょう。これは「イクメン」たちにも、その家族にも、そして社会全体にも意識されず意図されていない**潜在的な逆機能**です。

本章では、社会現象の「意図せざる結果」に関する諸事例を通じて社会学に特徴的な考え方を紹介しました。社会の対義語の１つが個人です。個人と社会は、あまり矛盾を感じることなく強く結ばれていると感じることもありますが、時としてそれぞれの観点から見える現象が全く別の意味となることもあるのです。

第７章

社会問題の社会学

１．社会問題とは何か

人口問題、環境問題、災害、犯罪と非行、差別と偏見、貧困など、社会問題と呼ばれるものがあります。社会問題は、社会全体で広く認知されている問題、また社会が原因で生じている問題です。社会学は、社会問題を発見し、政策的な提案をしてきました。また同時に、そもそも人々が何を社会問題と考えているのか、そのプロセスにも注目してきました。

「社会問題の社会学」には、主に３つの意味があります。第１に、**社会問題は、個人の問題ではありません**。社会の「しくみ」によってもたらされるため、**社会構造**や**システム**の問題と考えます。社会は個人の対義語です。個人の内面的な「心」にとどまる問題ではありません。

P.L. バーガー『社会学への招待』（1963 年）によれば、問題解決のためには、個別の事例を踏まえつつ、そもそもシステム全体としてどのようなしくみになっているのか、システムの前提とされているものはないか、システムがどのように維持されているのかを考えることです。例えば、犯罪よりもそれを定めた法制度、個別の離婚原因よりも結婚制度、人種差別など人間を序列化する階層構造というように、それぞれの事例を生み出す社会状況を総体的に理解することが、社会問題の基本的な考え方です（『社会学への招待』筑摩書房、2017 年）。

第２に、**社会政策としての社会問題**です。社会は福祉と同義語です。資本主義は豊かさをもたらしただけではなく、失業や貧困などの問題を生じさせました。これらの諸問題に対して、人々の生活に積極的に介入して対応するのが**社会政策**です。減税や増税、給付金や補助金、公共事業などの景気対策は**経済政策**と呼ばれます。社会政策は、福祉や保険など現金給付も現物給付（診察・投薬など医療サービス、介護サービスのほか金銭以外の給付）も含めて、社会保障制度を充実させることによって資本主義の弊害を調整する試みでもあります。

第３に、**社会構築主義**（構築主義）です。社会は自然の対義語です。社会問題は「自然」に発生するのではありません。社会構築主義は、ある現象が「問題」として取り上げられる過程に注目する考え方です。

社会問題と呼ばれるものは、どこかの誰かが「社会問題である」と言挙げするところから始まります。このことを**クレーム申し立て**といいます。クレーム申し立てによって社会問題と認識され、解決すべきであると人々が考えるようになります。それまでは「問題」と考えられなかったことについても、社会運動やマスメディアによって人々の認識が変化して、解決すべき「問題」へと変わります。

本章では、産業社会と消費社会、都市化とコミュニティ、マスメディア、社会運動を事例に社会問題を紹介します。また、社会問題を考える際の基本的な態度である「価値自由」についても　考えてみたいと思います。

２．産業社会と消費社会

消費社会

社会問題の背景の１つに、**産業社会から消費社会へ**の社会変動があります。産業社会とは、産業革命以降の工業化した社会です。産業化は窮乏から脱して富裕化を理想としました。豊かな社会では貧困が減少して、克服できる病は増えました。豊かになった社会を消費社会と呼びます。消費社会では、生活必需品以外の商品を購入できるようになり、ファッションやスポーツなど趣味の消費が増えます。何を購入するのか、または購入しないのかによって、ライフスタイルを通じて「個性」を表現しようとするようになります。

経済学者のW.W.ロストウは**経済成長段階説**を提示しました。伝統的社会→離陸準備期→離陸期→成熟への前進期→高度大衆消費社会の5段階です。離陸期は産業革命のことで工業化です。最終段階は消費社会です。

消費社会は、**脱工業化社会**（post-industrial society）の特徴でもあります。D.ベルによれば、脱工業化社会は、サービス経済への移行、技術革新などの理論的知識が重視されること、専門職や技術職の役割が拡大することなどの特徴があります。「科学的な知識を有する専門家」や「組織をマネジメントする能力のある者」の地位が高くなり、社会の意思決定に影響力を持つようになります。これを**テクノクラシー（技術による支配）**といいます。テクノクラシーは、民意で選ばれる政治家の地位は相対的に低くなるため、デモクラシー（民主主義）の危機でもあります。

ロストウは、資本主義社会も社会主義社会もどちらも工業化を経て消費社会になると考えました。ベルは脱工業化社会を**イデオロギーの終焉《しゅうえん》**と呼びました。

記号の消費

T.ヴェブレンは、有閑階級の誇示的消費を論じました。誇示的消費は「見せびらかしの消費」です。アクセサリーや自動車など、自身のステータスを示すための消費です。ヴェブレンは誇示的消費に批判的でしたが、消費社会では多くの人々が生活に必要ではない消費を楽しみます。

J.ボードリヤールによれば、消費社会は**機能的な有用性**よりも**差異化された記号**を消費します。例えば、寒い冬には暖かいコートを求めますが、防寒という機能性だけでは服を選びません。ハイブランドは記号に基づく消費の代表例ですが、ファストファッションもライフスタイルを表現する

1つの類型です（『消費社会の神話と構造』）。

G. ジンメルは流行を**異化と同化**と捉えました。流行に乗りつつ、その中で他人と被らないように配慮します。経済学者のJ.K. ガルブレイスは**豊かな社会**における**依存効果**を指摘しました。消費社会は「無駄の制度化」と呼ばれます。基本的な欲求を充足させる生産だけでは、資本主義の経済は回らないのです。消費者が欲しいものを生産者が作るのではありません。消費社会では、財やサービスの生産の際に、広告などによって**欲望**を生み出すことが同時に行われます。欲望は他者によって作られるものです。消費したいという欲望は、生産に依存しているため依存効果といいます。

贈与論

消費は、経済的行為でありながら、それが何を意味するのかは社会によって変わります。消費とともに贈与も社会的な現象です。お中元やお歳暮、年賀状などのメッセージカード、誕生日プレゼントなど、贈与の慣習は現代にもあります。

贈与に対する**返礼**も義務的なものです。贈与と返礼の関係は、その後も人間関係を維持・存続させることを意味します。M. モースは、贈与が**全体的社会的事実**であると指摘します。贈与には競争的なものもあります。他人よりもより多くのものを返礼する「気前の良さ」は威信を高めます。モースはポトラッチの儀礼を論じましたが、贈与や消費が社会関係を反映しているものであることは、多くの社会で共通する現象です。

消費社会は豊かさを背景としていますが、先進各国は経済危機、金融危機のほか、社会的な格差の拡大も指摘されるようになりました。ただ、贈与は単なる経済的な行為ではなく、社会関係の基本であるため、景気の変動で変化するものではないのです。

3．都市とコミュニティ

都市

なぜ都市は人を自由にするといわれるのでしょうか。鈴木栄太郎は、都市の特徴を「結節機関」に見いだしました。企業や学校、娯楽施設など、モノや情報の流れの集積点となる機関です。都市と農村の違いは結節機関の有無にあると考えたのです。

また、磯村英一は都市を**第三の空間**と呼びました。都市は、家庭（第一の空間）、職場（第二の空間）の分離と、その間にあるのが第三の空間です。例えば、「通勤」は、第1次産業が中心の農村にはない、職住分離された都市的な現象です。また、都市の人間関係は、家庭や職場での役割から離れた「匿名性」が高く、人を自由にします。地域社会を考察する際に、都市と農村を別様の存在として対比させて、農村にはない都市の特徴を強調することを**都市＝農村二分法**といいます。

シカゴ学派

アメリカの**シカゴ学派**は、20世紀初めの急速な都市化、産業化、移民の増加など都市の変容を社会学の研究課題と考えました。R.パークは**社会的実験室としての都市**と呼びました。都市を巨大な実験室とみなし、実際に街に出て人々の生活をフィールドワークする都市研究です。シカゴ学派の代表的な調査方法に**参与観察**があります。参与観察は統計学に基づく量的社会調査とは異なる質的社会調査の1つで、調査対象の人々と共に生活・行動する調査方法です。人々の生活を観察し、記述した内容をまとめたものをエスノグラフィー（民族誌）といいますが、シカゴ学派には優れたエスノグラフィーが多数あります。

シカゴ学派の都市研究は**人間生態学**と呼ばれます。人間生態学は、都市に維持されている道徳性や秩序を、環境への適応や、すみ分けの視点で考察することです。都市化は、階層の分化、エスニシティをめぐる文化的軋轢など、さまざまな社会問題が生まれました。それまでの社会規範が変化する状況を**社会解体**と呼びます。

L. ワースは、都市の特徴を「人口の異質性」、「人口の規模」、「人口の密度」の３点に見いだしました。ワースによれば、**アーバニズム（都市的生活様式）**には３つの特徴があります。第１に、生態学的側面です。職場と住居の分離、階層・エスニシティによる地域的分化が見られます。第２に、社会組織です。非人格的な関係、基礎集団の減少、多数の機能集団の存在です。第３に、社会心理の側面です。個人主義の拡大、人間関係における緊張感の高まり、他人への無関心です。

アーバニズムは、程度の差はあっても多くの地域で見られる現象です。都市と農村を別様の存在とは考えずに、アーバニズムが浸透する過程として地域社会を考察することを**都市＝農村連続法**といいます。

都市空間の構造

都市の発展過程のモデルを提示したのがE.W. バージェスの「**同心円地帯理論**」です。都市は中心部から中心ビジネス地区、スラムが形成される遷移地帯、労働者住宅地帯、中流階層住宅地帯、上流階層住宅地帯と、都市の郊外に階層が高い住宅地域が広がるモデルです。

同心円地帯理論に当てはまらない事例もあります。都市は都心を中心としてそれぞれの階層ごとに異なった扇形を描いて発展するホイトの「扇形《せんけい》理論」のほか、ハリスとウルマンの「多核心理論」があります。多核心理論によれば、都市は複数の核を中心に発展しています（図 7-1）。

都市への人口集中が過剰になると**郊外化**が進行します。郊外化とは、大都市の都心地域から周辺地域に生活圏が移動・拡大することです。都心地域は地価の高騰、環境問題の顕在化などをその背景として、ビジネス街になるなど非居住地域化が進みます。都心の昼間人口は増加しても、定住人

図7-1　都市空間の構造

①同心円地帯理論（E. W. バージェス）

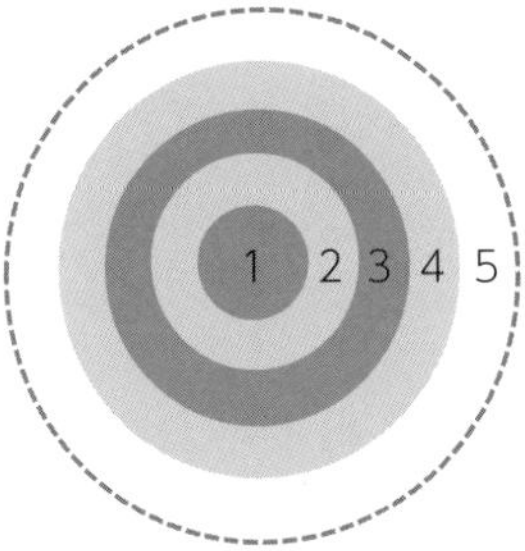

1：中心ビジネス地区
2：スラムが形成される遷移地帯
3：労働者住宅地帯
4：中流階層住宅地帯
5：上流階層住宅地帯

②扇形理論（H. ホイト）

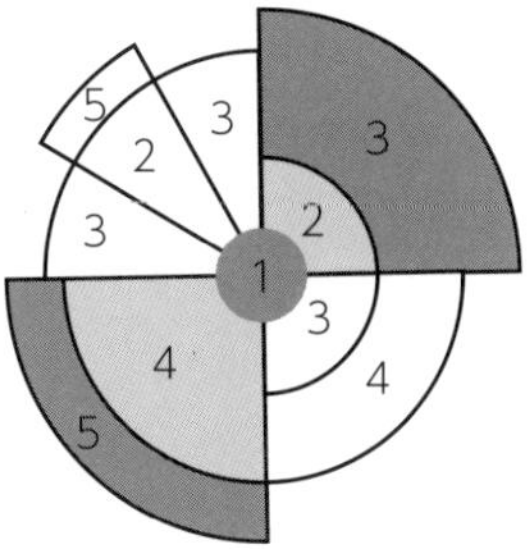

1：中心ビジネス地区
2：工業地帯
3：労働者住宅地帯
4：中流階層住宅地帯
5：上流階層住宅地帯

③多核心理論（C. ハリス、E. ウルマン）

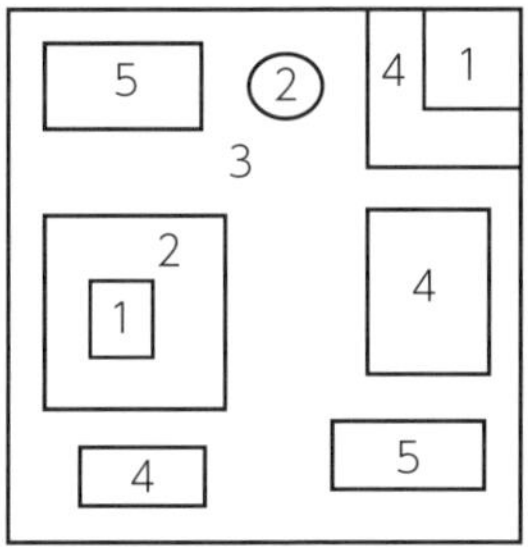

1：中心ビジネス地区
2：工業地帯
3：労働者住宅地帯
4：中流階層住宅地帯
5：上流階層住宅地帯

口が減少すればコミュニティが成り立ちにくくなり、**ドーナツ現象**（都心地域の空洞化）が見られるようになります。

高度経済成長期以降、日本では、住宅の不足、スプロール現象（無計画・無秩序な都市化）の社会問題への対応としてニュータウンが構想されます。多摩ニュータウンはその代表的な存在です。

コミュニティ

都市や地域社会はコミュニティとも呼ばれます。コミュニティの概念は一般的にもさまざまな意味で使用されます。例えば、ある限定された地域の中で人間関係があること、地域内で共通の関心事があることなど、**地域性と共同性**がその特徴です。

B. ウェルマンは、1979年の論文でコミュニティ論を3つに分類します。1つ目が**コミュニティ解体論**です。L. ワースの「アーバニズム」ほか、シカゴ学派の社会解体論がその代表です。2つ目に**コミュニティ存続論**です。都市化はあっても近隣の人間関係は存続しているとの説です。ウェルマンが主張するのは、3つ目の**コミュニティ解放論**です。これは地域という「空間」に限定されないパーソナル・ネットワークに注目したコミュニティ論です。パーソナル・ネットワークは、対面的な関係のほか、電話を含めた個人間の親密な関係のことです。パーソナル・ネットワークは、電話だけではなくウェブ、電子メール、SNSなど現代社会にも見られる現象といえるでしょう。

グローバル・シティ

サスキア・サッセンは、グローバリゼーションによってニューヨーク・ロンドン・東京のような「グローバル・シティ」が形成されたことに注目します（『グローバル・シティ：ニューヨーク・ロンドン・東京から世界を読む』筑摩書房、2018年）。サッセンは都市や地域コミュニティだけではなく、階層、労働者それぞれの局面で「中間層」が崩壊していることを指摘し、「都市における格差の拡大」とともに「都市間の格差の増大」が連動した世界的な格差を論じています。グローバリゼーションは、国民国家ではなく都市間のネットワークによって成り立っているのです。

4．マスメディア

テレビの暴力シーンばかり見ていると、子どもは暴力的になるのでしょうか。一般的な関心も高いテーマです。G. ガーブナーの培養理論は、マスメディアを人々の態度や価値を培養する装置と捉え、暴力シーンは不安や不信感を高めるため、暴力行動に結びつきやすくなると指摘しています。このように、マスメディアの影響力を研究する分野を「受容効果研究」といいます。培養理論は「強力効果説」の１つですが、「メディアと暴力」の関連は論争が継続している問題です。

総務省「国政選挙における投票率の推移」によれば、近年の投票率はなかなか上昇していません（図 7-2）。ただ、投票日が近くなるとテレビなどマスメディア、SNS、街中や電車の中などでも投票の呼びかけがあります。その効果があって投票率 50% を維持しているとも考えられますが、効果がないようにも思われます。

図7-2　衆議院議員総選挙(大選挙区・中選挙区・小選挙区)における投票率の推移

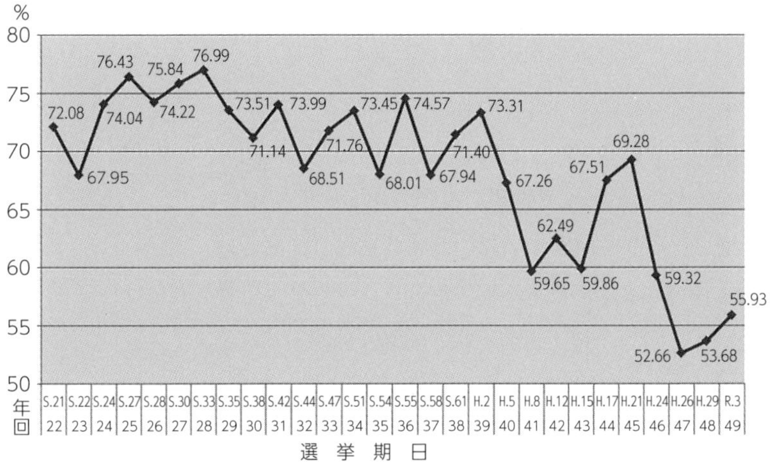

出典：総務省ホームページ「国政選挙における投票率の推移」

マスメディアは、社会問題を報道しています。他方、その報道のあり方をめぐってはマスメディア自体が社会問題を生み出してもいます。本節では、マスメディアと社会問題について概観してみましょう。

マス・コミュニケーションの定義

メディア（媒体）のうち、不特定多数がふれる新聞・ラジオ・テレビなどは、**マスメディア**と呼ばれます。マス・コミュニケーションとは、マスメディアを通じたコミュニケーションです。マス・コミュニケーションは、情報の送り手と受け手の役割が固定化されています。専門機関（新聞社、テレビ局など）の**特定少数の送り手**による大量のメッセージが、**不特定多数の受け手**に一方向的に伝達されるコミュニケーションです。

これに対してパーソナル・コミュニケーションは、対面的なコミュニケーションです。電話や手紙などは、マス・コミュニケーションとパーソナル・コミュニケーションの間に位置づけられることから**中間的コミュニケーション**といいます。

インターネットやSNSは「マスメディア」と類似点もありますが、マスメディアの定義には必ずしも当てはまらない新しいメディアです。ただ、マスメディアの受容効果研究は、新しいメディアにも示唆を与えています。

第4権力

皆さんは、「テレビや新聞が自国の政府を批判しない国」に住みたいと思いますか。マスメディアは、**三権分立**（立法・行政・司法）に次ぐ**第4権力**と呼ばれます。そもそも三権分立は、なぜ「分立」しなければならないのでしょうか。権力集中を防ぐ**抑制と均衡**がないままであれば、専制・独裁制と呼ばれる政治体制となる危惧があります。三権「分立」、または権力「分立」は人々の人権を実現するための制度です。近代憲法が「人権の保障」と「統治機構」について詳細に規定しているのは、そのためです。

第４権力ですから、ジャーナリズムは国家権力への批判が基本的な姿勢です。三権分立と同様に権力集中自体に問題があると考えるためです。新聞の紙面やニュース番組の時間は限られています。そのため、「事実のみ報道すること」も現実的ではありません。事実の取捨選択自体が価値観の反映だからです。

「与党と野党」も制度的に対立することが期待されています。「野党は批判ばかりしている」との意見もありますが、批判や対立のない翼賛体制にも問題があるからです。専制・独裁制などの体制下では、論評や批判などの発言をすること自体が難しいこともあります。

マスメディアの社会的機能

マスメディアの機能は複数あります。報道、論評、世論の形成、娯楽の提供、教育などの社会化、広告や宣伝、祝祭、文化の普及、知る権利の実現などです。

H. ラスウェルは、マスメディアの社会的機能を３つ挙げています。第１に**環境の監視**です。社会の出来事を人々に知らせる報道の機能です。第２に**社会の相互作用**です。分業や機能分化が進んだ社会では、１つひとつの出来事を結びつけて理解するため、公共的な議論の場を提供し、論評や討論を促す機能です。第３に**社会的遺産の伝達**です。社会化の機能です。社会的な規範を世代間で継承する「社会化」の機能は、第１次集団だけではなく、マスメディアも担います。

P. ラザースフェルドと R.K. マートンも、マスメディアの社会的機能を３つ挙げています。第１に**地位付与の機能**です。テレビでコメントする有識者など、メディアに登場した人物に高い評価が付与されます。第２に**社会的規範の機能**です。社会化と社会統制の機能です。マスメディアは規範を伝え、それに反した場合にはどのようなサンクションがあるのかを示します。例えば、反社会的事件の公表によって、人々の非難が高まり道徳意識が活性化されることもあります。第３に**麻酔的逆機能**です。メディアによって情報が過多になることで、行動力が低下して無気力になることです。例えば、「おいしいお店」が多数紹介されることで、実際にはどこにも行かなくなることもあります。

弾丸効果説

マスメディアの受容効果研究には３つの段階があります。第１に1920～40年代の**弾丸効果説**です。魔法の弾丸理論、皮下注射モデルとも呼ばれ、影響力の強さとともに即効性も含意されています。1938年には『宇宙戦争』(H.G.ウェルズ）がラジオで朗読され、火星人が襲来するとの内容を聴いた数百万の人々がパニックになりました。

W.リップマンは『世論』(1922年）において、**ステレオタイプ**と**疑似環境**によってマスメディアを論じました。擬似環境とは人々のイメージのことですが、特にメディアによって作り出されたイメージを指します。ステレオタイプは、もともと鋳型の意味で、固定化され社会的に共有された紋切り型のイメージのことです。例えば、「日本人は集団主義的である」、「公務員は非能率的だ」、「女子学生は数学が苦手である」など、根拠のない偏見が含まれることもあります。マスメディアがスレテオタイプを強めることもあります。

ただ、事件や事故、戦争や不祥事など日々のニュースとして取り上げられる内容は、自分自身で直接見聞きできないものばかりで、それらを検証することは容易ではありません。一方で社会人や就活生は「新聞を読んだ方が望ましい」と言われるように、マスメディアで取り上げられる話題を知らないと、日常生活やビジネスでの会話に困ることもあります。好むと好まざるとにかかわらず、このようなマスメディアの擬似環境が現実の環境に組み入れられている状況を**疑似環境の環境化**と呼びます。マスメディアは私たちのリアリティを構築しているのです。擬似環境の環境化やステレオタイプなど、宣伝によって大衆に働きかける世論操作が起こりやすいことへの懸念もあります。

限定効果説

限定効果説は、P. ラザースフェルドによる「エリー調査」(1940年アメリカ大統領選挙の投票行動）が代表的な研究です。補強効果説とパーソナル・インフルエンス論があります。マスメディアが人々の投票行動を「改変」するのではなく、もともとの価値観を「補強」するという意味で、補強効果説と呼ばれます。

例えば、ある有権者は、すべての政党の公約を検討してから投票するのではなく、もともと支持する政党を中心に情報を収集し、その政党に投票することを決定します。これは、メディアに接触する以前に持っていた態度である**先有傾向**に基づいて、**選択的接触**をした結果として、**補強効果**が見られると考えます。

パーソナル・インフルエンス論には**「コミュニケーションの2段の流れ」仮説**があります（図7-3)。マスメディアの情報は、オピニオン・リーダーを通じて、フォロワーに共有されます。オピニオン・リーダーは、新聞やテレビなどに登場して自身の意見を述べるコメンテーターのような役割を指すこともありますが、この場合は異なります。個人的な影響力を持っている人々のことです。

マスメディアとオピニオン・リーダーの関係とは異なり、オピニオン・リーダーとフォロワーはパーソナル・コミュニケーションの関係です。すなわち、人々はマスメディアから直接的に情報を得ているのではなく、オピニオン・リーダーとのパーソナル・コミュニケーションによって意思決定しているのです。これは投票行動のみならず、消費行動でも見られます。オピニオン・リーダーは、身近な仲間や家族など第1次集団の人間関係が代表例です。補強効果とパーソナル・インフルエンスによって、マスメ

図7-3　「コミュニケーションの2段の流れ」仮説

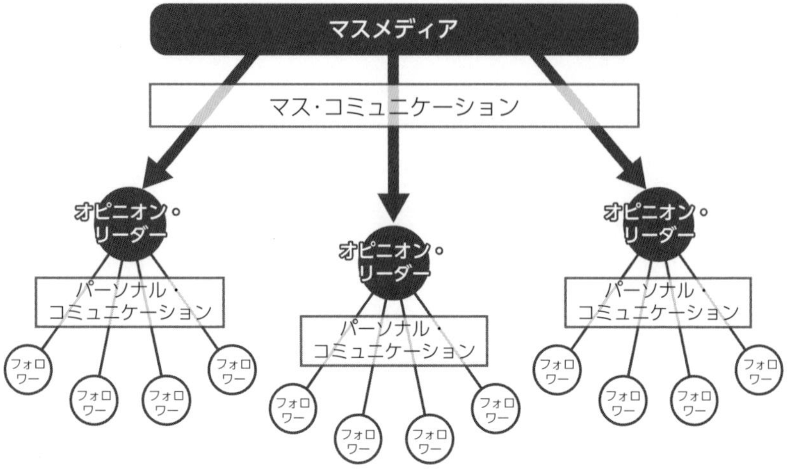

ディアの受容効果は限定的と考えられるのです。

強力効果説

1960年代以降、テレビの普及によって直接的にメディアに接触する機会が増加します。マスメディアの長期的・複合的な影響が研究課題となりました。E. マコームズとD. ショーの**議題設定（アジェンダ・セッティング）機能**によれば、メディアがある話題や争点を強調することで、受け手もその重要性を認知します。例えば、報道番組で感染症の情報ばかりが伝えられれば、感染症対策が主な関心事になります。マスメディアが「何を議論すべきなのか」を決定しているのです。

2005年は当時の小泉純一郎首相が「郵政選挙」で圧勝し、2009年は「政権交代」が総選挙の争点となり、民主党政権が誕生しました。マスメディアは郵政民営化の「賛成／反対」、または政権交代すべきかどうかを主張するわけではありません。ただ、議題を設定することに影響力があります。報道番組や新聞のニュースによって、日々議題は設定されています。

E.ノエル＝ノイマンの**沈黙の螺旋《らせん》理論**によれば、マスメディアがある意見を優勢だと報道するとその意見はより優勢になり、劣勢の意見は孤立を恐れて沈黙することで、より劣勢になります。世論調査で「支持」が多い政権や政党はパーソナル・コミュニケーションにおいても支持を表明しやすくなるでしょう。沈黙の螺旋理論は、世論と大衆社会の関係について多くの示唆を与えています。

複合的な影響

弾丸効果説、限定効果説、強力効果説は、それぞれの実験や調査に基づいていますが、「メディアの影響が強い」という単純な結論に収束するものではありません。暴力や性に関する表現についてのマスメディアの複合的な影響をめぐる論争は継続することでしょう。その際には、複合的な影響にも注意が必要です。例えば、マスメディアの影響そのものよりも、暴力的なシーンを見続ける生活環境も考慮されなければなりません。家族や仲間などの第１次集団でのパーソナル・コミュニケーションの影響もあるのです。生活環境が暴力的なものを容認していることによって、暴力的なものに接する機会が増えることもあるからです。また、暴力的・性的なメディアに接することで、むしろ抑制されるという説もあります。S.フロイトは、カタルシス（浄化）による暴力の抑制や減少を論じました。

社会システムとしてのマスメディア

T.パーソンズの社会システム論の影響を受けて、社会全体の中でのマスメディアを位置づけたのが、M.L.デフレーとJ.ボール‐ロキーチのメディアシステム依存理論です。**メディアシステム依存理論**は、マスメディアの中心的な機能は社会全体を安定させる機能であると指摘しています。現代社会の社会構造を支える経済制度、政治制度、宗教制度、家族制度、教育制度の５つの制度それぞれに、マスメディアは浸透して社会を支える機能があると考えました。報道や娯楽、広告などの個別の機能ではなく、社会全体を支える機能を考えることが社会システム論の発想です。

インターネット／SNS

マスメディア論は、インターネットやSNSの影響をめぐる議論にも通じます。SNSといっても急速な発展によって、その言葉を定義すること自体が難しい現象です。ただ、SNSで「フォローする」行為は選択的接触の1つです。テレビなどのマスメディアよりも選択的接触の機会は増加し、その方法は容易になっていると考えられます。自由に見えるコミュニケーション空間にも、世論誘導や議題設定はあるでしょう。また、ステレオタイプに基づく認識が「改変」されずに「補強」されること、第1次集団とのコミュニケーションの関係など、SNSもまた社会の中で起きている現象ですから、受容効果研究ほか社会集団論などもあわせて考えることもできるでしょう。

5．集合行動と社会運動論

集合行動

集合行動（collective behavior）は、流行、暴動、パニック、デモ、社会運動などの社会現象です。乱集による暴動など社会問題となる集合行動もあれば、社会問題の解決のための社会運動もあります。政治参加は、デモに参加したり、社会運動を支援するなど、選挙や投票行動だけではありません。以上のように、集合行動は、不特定多数の人々の行動であり、非組織集団の群衆行動、社会運動のような組織集団の活動などがあります。

パニックや暴動の発生を「社会的な感染」として説明する学説もありますが、社会の構造的な問題として集合行動を捉えたのがN.スメルサーの**価値付加過程論**です。スメルサーは、①構造的誘発性、②構造的ストレイン、③一般化された信念、④きっかけ要因、⑤動員、⑥社会統制の6つの段階で集合行動を説明します。

環境問題を事例に考えてみましょう。大量に消費する社会は、大量生産し、大量廃棄する社会でもあります（構造的誘発性）。このままでは持続可能な社会ではないため、人々は不安を抱えた状態になります（構造的ストレイン）。人々がこの問題に関心を持つことが「一般化された信念」の拡大です。このような状態で、何らかの事件や事故などの「きっかけ要因」が発生すると、人々の行動が生まれます（動員）。こうした行動を規制する働きが弱い場合、集合行動が広がります（社会統制）。

新しい社会運動

20世紀の中頃まで、社会運動は主に**労働運動**を指していました。年齢や時間に制限を設けること、労働組合を認めることなど、労働環境の改善は資本主義の歴史そのものです。資本家階級と労働者階級の関係にとって、資本家による**搾取**は大きな問題です。資本家による搾取の構造を改善する運動もありますし、搾取は資本主義に内在する問題ですから、資本主義に代わる社会主義体制を目指す運動もあります。第2次世界大戦後は、資本主義社会と社会主義の陣営による東西冷戦のイデオロギー対立もありました。

1960年代後半から、脱工業化社会、消費社会への移行を背景に**新しい社会運動**が見られるようになります。学生運動、住民運動、人権運動、環境運動、反原子力運動、少数民族運動や先住民運動などエスニシティに関わる運動、女性解放運動・フェミニズム、反戦運動・平和運動などがその代表です。

新しい社会運動は、A.トゥレーヌによって名づけられました。その特徴は、第1に、労働運動と比較して、女性や学生、マイノリティなどそれまで**社会運動の担い手**ではなかった人々の参加が増えたことです。第2

に、組織よりも**ネットワーク**をより重視する運動です。組織集団に比べて上下関係などの階統性はゆるやかで、参加や離脱の自由もあり、１人が複数の運動に参加するなどの特徴があります。第３に、**テクノクラシー**を批判して、自律性や自発性、自治を主要な価値観としています。例えば、住民運動や地域運動は自治を実現する取り組みの１つです。国防やエネルギーは国家的な問題ですが、軍事基地や原子力発電所・処理施設は地域社会に大きな負担を強いることがあります。第４に、**アイデンティティ**が中心的な課題です。差別や偏見、マイノリティへの抑圧、相対的剥奪の課題に取り組む運動も多く見られます。そこには、豊かになった社会でいかに生きるべきかというアイデンティティを再び設定し直すことも含まれているのです。

新しい社会運動によって、労働運動が意義を失ったわけではありません。貧困や社会的格差などの関心の高まりを背景に、現代でも労働運動の重要性は変わりませんし、反貧困運動や反グローバリズム運動なども含め、社会運動は多様な展開を見せています。

資源動員論

資源動員論（resource mobilization theory）は、人材や組織、金銭などの「資源」によって社会運動を論じました。例えば、環境問題は人々の意識を啓発することもありますが、人々の関心が向かなくても、資金力のある団体によって大規模な活動が展開されることがあります。「資源」によって、運動の目的を達成することもあるのです。

資源動員論は、スメルサーの価値付加過程論における「一般化された信念」、また新しい社会運動論がアイデンティティや相対的剥奪を強調したことを批判します。前者は社会心理的、後者は個人心理的な要因に焦点をあてているとの指摘です。資源動員論は、資源をもとにした戦術や戦略など合理的な行為として社会運動を捉えます。

リスク社会と社会運動

N. ルーマンは、リスクと危険を区別しました。自己の選択によって生まれるものを**リスク**、自己の制御が及ばないものを**危険**と定義しました。また、U. ベックは、近代社会を**リスク社会**と捉え、富の生産と同時にリスクを生み出す社会と考えました。

自然環境、エネルギー、科学の進歩は新たなリスクを生み出しています。科学によって生まれたリスクに対して、科学が問題解決にあたるという循環的な構造を**再帰性**といいます。「個人化」もリスク社会の特徴です。日々の生活の中で食品、洗剤、エネルギーなどの選択はリスクが伴うものです。現代社会は、自らの選択がリスクを伴うものであるという前提のもと、1人ひとりが選択し続けなければならない社会です。科学だけではなく、個々人の生活も再帰的な選択の連続です。ベックの著書『リスク社会』は、チェルノブイリ原子力発電所事故があった1986年に出版され、一般的にも広く読まれました。

ルーマンは、社会を見直し、社会に新しい課題を投げかける**社会運動**（抗議運動）は、現代社会に不可欠な機能と考えていました。

6. 価値自由

社会問題は、誰かにとっては「問題」であっても、ほかの人々にとっては「問題」ではないこともあります。「解決」すべきかどうかも、意見が分かれることもあるでしょう。特定のイデオロギーのもとでは「問題解決」どころか、問題を認識することさえも難しくなります。そのため、「客観性」や「中立性」をどのように確保するのかが問題となります。そこでM. ヴェーバーが提唱したのが**価値自由**です。

ヴェーバーは、社会学はもちろんのこと、その影響は政治学、行政学、経済学、経済史など社会科学全般に及んでいます。ヴェーバーの中心的な研究課題は「比較宗教社会学」ですが、宗教と一口にいっても、実際にはさまざまな価値観が併存していて、時として「神々の闘争」と呼ばれるほど対立することもあります。

宗教だけではなく政治、プロ野球の話はビジネスシーンでは避けた方が無難な話題とされます。信仰や党派、応援するチームは、話し合ったところで意見を変更する見込みは低く、合意形成が難しいからでしょう。社会科学の世界でも、研究者それぞれが自身の宗教的な価値観に基づいて主張しても、議論はかみ合わないままです。

客観的に研究しようすると、観察者の立場や価値観という困難に直面するのは自然科学も同じです。科学者も同時代の社会に生きていますから、社会の影響を受けています。社会問題を考えるにあたっては、できるだけ客観的、中立な立場で問題を捉えることが望ましいと考えられてきました。しかしながら、どのような立場も代表することなく中立的な立場というのは本当にあり得るのでしょうか。

ヴェーバーの価値自由にはおよそ2つの意味があります。1つは、特定の価値観からできるだけ距離を保って社会問題を捉えることです。特定の政治的な立場や利益関係を代表するような言論は慎むべきという考えです。ただし、現実的には中立的な立場といっても絶対的なものではなく、相対的なものにすぎません。中立的な立場が難しいことを逆手に、開き直って特定の宗派や党派を代表することは好ましいことではないでしょう。

そこで、もう1つヴェーバーが強調するのは、たとえ社会科学者といえども、自分自身の価値観にとらわれずに人間の行為や社会現象を客観的に観察することはできないという事実です。価値自由とは、自分自身が持っている、ある特定の価値観から完全に自由になって、物事を客観的に観察すべきである、という意味ではありません。自分自身が持っている価値観を自覚すること、明示することで、客観性を目指すべきという態度が求められます。

価値自由は、**没価値的**と表現されます。特定の価値観から離れようとしても、あらゆる価値観から自由とはいえず、表には現れないものの、何かしらの価値観はどこかには存在していると捉えます。このように、没価値的であるという意味は、価値観が伏在していることです。

基本的に、自分自身の価値観の中でしか物事を考えることができない私たちにとって、価値自由であろうとすることは非常に高度な要求かもしれません。ただ一方で、科学の世界に限らず、職場など日常生活でも「事実」と「意見」を明確に分けることを求められます。調査によって収集されたデータから示された事実と、事実に基づいてそれをどのように解釈して意見をまとめるのか。これらは明確に区別されなければならないはずです。むしろ、このような作法は常識の範囲に属することかもしれません。この考え方を明確に社会科学において提案したのは誰か。そう聞かれたときに思い出していただきたい人物が、ヴェーバーです。

それでは、どのように価値自由を実践すればいいのでしょうか。ヴェーバーは**事実認識と価値判断**の区別を説きます。「事実認識」とは、事実を認識することです。「価値判断」とは、その人なりの解釈や主張をする、善悪などの判断をすることをいいます。社会科学では「価値判断」も避け難いものですが、「事実認識」を深めていくことをヴェーバーは重視したのです。

合計特殊出生率を例に考えてみましょう。合計特殊出生率は、1人の女性が出産可能とされる15歳～49歳までに産む子どもの数の平均です。近年の日本社会では、おおよそ1.2～1.3程度を推移しています。この数値1.2をめぐって、評価はさまざまです。少子化が進行し人口減少が加速するであろうという予測のもと、「女性が社会進出するべきである」と主張する人がいます。一方、合計特殊出生率が今よりも高かった1970年代は、女性の社会進出が活発であったとはいえません。そのため、合計特殊出生率を上昇させたいと考える人々が、女性の社会進出に反対するということもあります。

この２つの主張のどちらが正しいということはさておき、「合計特殊出生率 1.2」が事実認識です。「女性の社会進出について賛成する、または反対する」 ――これが価値判断です。当然のことながら、統計資料の中にはある価値観に基づいて、意図的に数値を操作したデータもあります。政府や地方公共団体の統計など、いわゆる公式統計と呼ばれるものも例外ではありません。それらが参照に値する情報であるのかどうかを検討する必要があります。「事実」とは何かを判断することも含めて価値自由です。

ヴェーバーの社会学は宗教が中心的な研究課題でした。ただ、宗教社会学は、価値判断をするためのものではありません。どの宗教が正しいのか、仏教にご利益があるのか、神による救済はあるのか、ご先祖様は見守ってくれているのかなどに答えるものではないのです。そうではなく、宗教によって規範が異なることに注目します。そして、その規範によって日常生活がどのように変わるのかを比較します。教義内容が同じだからといって、社会生活が同じとは限りません。例えば、自殺を禁じる教義の複数の宗教を比較しても、実際の自殺率はそれぞれで異なることが指摘されています。

このように、宗教をめぐる規範の違いに着目して、社会の構造や社会の変化を観察・記述する。これがヴェーバーの比較宗教社会学の目指すところです。ヴェーバーには、『職業としての政治』(1919 年) という講演録があります。未来のドイツを担う若者たちが聴衆でしたので、ヴェーバーがどのような政策を支持するのかに注目が集まります。しかしながらヴェーバーが講演の冒頭に述べたのは、聴衆にとっては意外なことでした。科学は「どうすべきであるか」を説くものではないというのです。これは**存在と当為**の区別です。存在とは「何であるのか」、当為とは「どうすべきか」のことです。

コンサルタントやエコノミストなど、組織変革や政策提案などについて具体的にどうするべきなのかを積極的に価値判断して提案する職業もあります。ただ、科学者という仕事は、価値判断から距離を保ちつつ、あくまで事実が何であるのかを明らかにすることにも１つの意義があるのです。特定の企業や宗教との利害関係にある政治家よりも、科学者の言動の方が信頼されているのだとするならば、それは価値自由を期待されているからなのかもしれません。

7．マンハイムのイデオロギー論

イデオロギー論

カール・マンハイム（1893～1947）はヴェーバーの価値自由論をイデオロギー論として継承しました。イデオロギーとは、次の２つの定義があります。１つ目は、もともとイデーとは理念や概念の意味です。イデオロギーとは人々が持っている**知識や考え方**、あるいは主義・主張のことです。伝統を重視する伝統主義、平等な社会を目指すリベラリズムなど、思想一般を指す意味もあります。

２つ目は、**虚偽意識**です。例えば、事実を認識できないのはそれを隠蔽《いんぺい》する虚偽意識のためであると考えます。「マジメに働く」というイデオロギーが重視される社会では、働いても正当な報酬が得難い搾取という「しくみ」に気がつきにくい社会でもあります。

知識社会学

マンハイムの社会学は、知識社会学と呼ばれます。知識社会学は、私たちが持っている知識（イデオロギー）が社会的に拘束されていることを明らかにするものです。マンハイムは、イデオロギーを**全体的イデオロギー**、**部分的イデオロギー**、**普遍的イデオロギー**、**特殊的イデオロギー**の４つに類型化します。

全体的イデオロギーと**部分的イデオロギー**の違いは、ある思想を評価する際に、その全体像を見るのか、ある特定の部分のみしか見ないのかという点です。部分的にしか見ないのであれば、正当な評価は難しいですから、全体的イデオロギーの方が望ましいといえます。重箱の隅をつつくといわれるようなやり方や、評価者が見たいところしか見ないということの問題が部分的イデオロギーにあります。

普遍的イデオロギーと**特殊的イデオロギー**の違いは、どこにあるでしょうか。社会のしくみを論じながら、自分だけ、または自分たちだけが例外であると考える思想のことを**特殊的イデオロギー**といいます。これに対して**普遍的イデオロギー**は、自らもその社会の中の一部として認め、自らの主張がまさに社会的に拘束されていることを前提に考えるものです。

例えば、人間は「経済的な状況」に縛られていると主張した場合、政治体制や文化や宗教なども経済的な要因によって変化することを説明します。しかしながら、「人間は『経済的な状況』に縛られている」との主張自体も「経済的に縛られている」ことになります。これを「存在の被拘束性」といいます。全体的に物事を考えた場合、そこには社会に生きる自分自身を含めたすべての人間が該当するはずです。

マンハイムのイデオロギー論は、社会問題やその解決を考える際にも、その態度について大切な示唆を与えてくれています。社会問題の「解決」を考える視点とともに、「何が社会問題とされているのか」という視点が「社会問題の社会学」です。価値自由やイデオロギー論を踏まえつつ、私たちがどのように社会と向き合っているのかを知ることで、私たち自身、または社会の価値観やイデオロギーが明らかになるのです。

第 8 章

社会的包摂と社会的排除

1．社会的包摂と社会的排除

A. コントが「秩序と進歩」を掲げて以来、「社会秩序はいかにして可能か」は社会学の最も基本的な問題意識となっています。確かに、「社会秩序」は実現が難しいものです。その一方で、それが実現できたとしても「社会的包摂と社会的排除」の 2 つの側面を持ちます。

社会的包摂は、人権が保障され、個人として尊重されていること、また社会保障などの社会制度によって日常生活が支えられていることです。社会秩序によって守られている状態を指します。これに対して**社会的排除**とは、社会秩序によって守られていない状態、不利益を被っている状態のことです。失業や貧困、差別や偏見など社会問題に直面している状態は、社会的に排除されていると考えられます。例えば、現在の日本社会において、異性愛に基づく法的な結婚は社会的に包摂されていますが、同性愛に基づく法的な結婚は社会的に排除されています。もともとは 1970 年代にフランスで使用され、1980 年代以降は EU（ヨーロッパ連合）が問題提起し認知が広がった言葉です。人権、雇用、医療、福祉、教育などの社会政策の理念となりました。

社会的包摂と社会的排除には 3 つの考え方があります。第 1 に、社会的排除は望ましいことではないため、すべての人を包摂することが目指すべき社会と考えることです。差別や偏見などの人権問題、社会的な格差の問題を社会政策によって改善することが求められます。

第２に、現代社会を「包摂型社会から排除型社会への変容」と捉える見方です。ジョック・ヤングは『排除型社会』(1999年）において、1970年代を境に排除型社会となったことを指摘しています。労働環境では「雇用の安定」、犯罪に対する「保護」や「矯正政策」が包摂型社会の特徴であるのに対して、「雇用の不安定化」、犯罪に対する「厳罰化（対象年齢の低下、重罰化、長期化など)」を排除型社会の特徴に挙げています。

第３に、いずれの社会にも「包摂／排除」は見いだされると考える見方です。社会に秩序があるということは、一方でその秩序から排除されている人々も同時に存在すると考えます。社会の規範が、誰を包摂して、誰を排除しているのかに注目します。

社会は何を排除してきたのでしょうか。社会学の歴史では、犯罪や非行などの**社会的逸脱**の研究からそれらが見えてきます。人権、雇用、医療、福祉、教育などの問題は、社会的逸脱と関係しているからです。「社会秩序はいかにして可能なのか」という問題は、社会的包摂と社会的排除を同時に考えるべきことを意味しています。

デュルケームの犯罪論

社会的逸脱とは、犯罪や非行など社会規範に反する行動です。社会秩序を実現する行動を**同調行動**、これに反する行動を**逸脱行動**といいます。なぜ犯罪や非行は存在するのでしょうか。またその原因にはどのようなものがあるのでしょうか。

E. デュルケームは、社会学の確立期に大きく貢献したフランスの社会学者です。デュルケームの犯罪論は、その後の犯罪や非行など**社会的逸脱**の研究に大きな影響を残しています。アノミー論やラベリング理論、社会構築主義の考え方は、デュルケームの認識を継承しています。

「我々はそれを犯罪だから非難するのでなく、我々がそれを非難するから犯罪なのである。」デュルケームの初期の代表作『社会分業論』(1893

年）の犯罪に関する記述です。この言葉は、犯罪はもともと決まっているものではなく、「犯罪は社会によってつくられるもの」であることを意味しています。別言すれば、「社会によっては犯罪とならない」こともあります。犯罪は社会的に構築されているのです。

犯罪といってもさまざまです。身体的な暴力、交通規則に関するもの、DV（ドメスティック・バイオレンス）、ハラスメントなど、時代や社会によって、刑罰の対象となることもあれば、治療の対象となることもあります。

被害者なき犯罪（victimless crime）もあります。例えば、薬物の自己使用、賭博行為、性的モラルに関するもの（ポルノグラフィなど）です。被害者が存在せず、他者に対する法益の侵害が存在しないとされる犯罪です。

児童虐待

近年、非難されるようになってきた社会問題の１つに、児童虐待があります。厚生労働省によれば、この30年以上にわたり、右肩上がりで児童相談所への相談件数が増えています。

児童虐待は、**身体的虐待、心理的虐待、性的虐待、ネグレクト**の４つに分類されます。図8-1で示す「児童相談所での児童虐待相談対応件数」は児童虐待の統計として取り上げられる代表的な数値です。近年の増加傾向は「過去最悪を更新」と報道されることもあります。しかしながら、注意しなければならないのは、この数値はあくまで相談対応件数であり、児童虐待の発生件数ではないということです。そもそも、各家庭などで発生している虐待の件数を正確に把握することはできません。

相談対応件数が増加していることについて、どのように評価があるでしょうか。「過去最悪を更新し続けている」の認識は、相談対応件数が虐待発生の現状を正確に反映しているとの前提があります。しかし、相談対

図8-1　児童相談所での児童虐待相談対応件数の推移

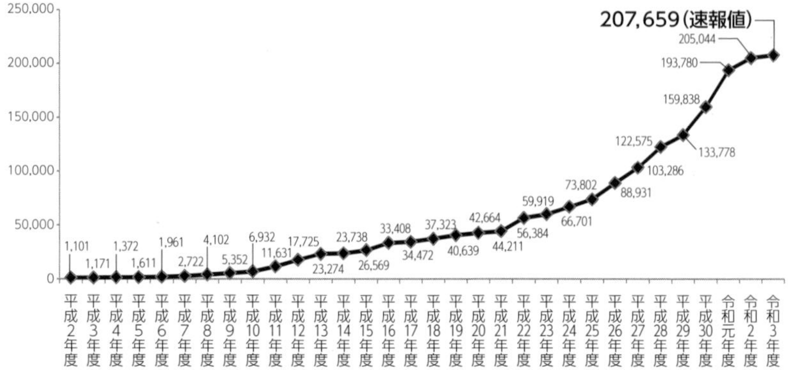

応されていない虐待がまだまだあるとの認識も広がっています。痛ましい事件が報道されたとき、「なぜ行政は早期に介入できなかったのか」と非難されることもあります。

小学生、中学生、高校生の児童・生徒であった当時、学校の教員による物理的な暴力を見たり聞いたり、体験したりしたことはありますか。このような質問に対して、若い世代に比べて年長世代ほど「経験がある」と答えます。近年は、隠されている虐待があれば、積極的に相談されなければならないと考えられるようになってきました。躾と称した暴力も非難されるようになってきました。その意味で、多くの人々が虐待を非難して、その疑いがあれば児童相談所に相談する意識が高まっており、それが評価されることもあります。

ドメスティック・バイオレンス（DV）は増加しているのでしょうか。もちろんDVには、男性のみならず女性の暴力も含まれます。ただ、夫からの暴力被害を女性が家庭の外で訴える行為それ自体が非難されてきました。「女は耐えるべきものである」というのです。

児童虐待もDVも高齢者虐待も、社会からなくなることが理想ですし、そのためには行政のみならず、あらゆる取り組みが求められます。歴史的には、虐待はむしろ減少していると指摘する専門家もいます。強豪校の部活であっても、世界的に活躍するアスリートの指導者であったとしても、暴力は許されなくなりつつあります。私たちが経験的に感じることは、暴力が禁じられるようになったという規範の変化です。

イアン・ハッキングは、児童虐待が1960年代の北米から社会問題となったと指摘しています（出口康夫、久米暁・訳『何が社会的に構成されるのか』岩波書店、2006年）。上野加代子によれば、1962年の小児科医ヘンリー・ケンプは、身体的な虐待を受けた子どもたちの「認知されない外傷」を論文で発表しました。日本では1990年代から児童虐待の問題が認識され始め、急速に関心が高まります。社会問題は、あまりに件数が多すぎる時ではなく、ある程度の対策が可能である状態になってはじめて社会問題化されると指摘されます（『児童虐待の社会学』、世界思想社、1996年）。

ここで、改めてデュルケームの言葉を振り返ってみましょう。「犯罪だから非難するのではなく、非難するから犯罪なのである。」私たちの社会では、何を非難しているのか、何が社会的逸脱なのかを知ることで、社会のありようが見えてくるのです。

反政治的態度・脱政治的態度・無政治的態度

参政権があるにもかかわらず投票には行かないなどの消極的な政治行動を、**政治的無関心**といいます。なぜ、政治的無関心になるのでしょうか。H. ラスウェルとA. カプランは、政治的無関心を反政治的態度、脱政治的態度、無政治的態度（非政治的態度）の3つに区別しています。

反政治的態度は、宗教的信念や思想信条が異なるため政治に対して反発する態度です。政治に対する反発ですから、全く政治に対して興味関心がないわけではありません。むしろ、特定の宗教や思想に基づくイデオロギーが強いことを意味しています。

脱政治的態度は、政治に期待したものの、裏切られてしまい幻滅したことによる無関心です。例えば、新しい政党に期待をして投票し、政権交代が実現したものの、「何も変わらなかった」と憤り、もう政治に期待できないとする姿はこれに当てはまるでしょう。

無政治的態度は、芸術や学術など非政治的なことに熱心であるため、政治的な関心が失われることです。一般的な政治的無関心のイメージはこの無政治的態度が最も近いかもしれません。

反社会的・非社会的・脱社会的

社会の対義語の１つに「反社会的」があります。犯罪という「反社会的なもの」も、「社会」によってもたらされます。また、社会的逸脱は、警察が取り締まることのみではありません。非合法な行動を含まない行為や社会的な無関心も逸脱と考えられています。

社会的逸脱を通じて、社会的同調／社会的逸脱の境界を観察することによって、私たちの社会秩序が見えてきます。ここでは、社会規範にどのように向き合うのかによって区別された３つの類型である「反社会的態度」、「非社会的態度」、「脱社会的態度」を紹介しましょう。

荻原康生による「学校と子ども」の事例から考えてみましょう（『新社会学辞典』有斐閣、1993 年）。**反社会的**は、社会規範に対して攻撃的な態度です。反政治的態度と同様に、現状の学校に対して積極的に反発することに価値があると考える態度です。校則を違反するなど「問題」行動もこれに当てはまるでしょう。**非社会的**は、社会規範への共感する感情が低くなる、または欠如した「消極的な態度」のことです。スポーツや音楽、趣味などの学校的な価値観とは異なるものに共感する態度はこの事例です。**脱社会的**は、既存の価値体系を拒否して、別の価値体系の実現を目指す「積極的な態度」です。例えば、学校教育の価値を認めずに、積極的に退学するなど学校教育とは別の教育に価値を見いだします。

これらは社会的逸脱ではありますが、あくまで「学校教育」を中心とした観点から見た逸脱です。その意味で、学校教育以外の場面では必ずしも否定的な評価になるわけではありません。

2．犯罪と統計

法務省の『犯罪白書』は、日本の犯罪を考える上で重要な公式統計です。図 8-2 は、「刑法犯認知件数・検挙人員・検挙率の推移」です（『令和３年版犯罪白書』より）。近年の特徴としては、2002（平成 14）年をピークに減少傾向にあります。ただ、犯罪が減少している実感はないかもしれません。

近年の少年犯罪の傾向を概観してみましょう。『令和３年版犯罪白書』によれば、少年犯罪には３つの波があります（図 8-3）。1951（昭和 26）年の第１の波（16 万 6,433 人）、1964（昭和 39）年の第２の波（23 万 8,830 人）、1983（昭和 58）年の第３の波（31 万 7,438 人）です。1996～1998（平成 8～10）年も増加していますが、第３の波以降は全体としては減少傾向です。2012（平成 24）年以降は戦後最少を記録し続けて、2020（令和 2）年は３万 2,063 人（前年比 13.8% 減）と戦後最少を更新しています。

犯罪はどのように把握されているのでしょうか。1 つは「認知件数」です。認知件数とは、警察によって犯罪であることが認知された件数です。つまり、警察によって認知されていないものは犯罪統計に含まれません。警察に認知されることなく隠れている犯罪もあります。これが**暗数**です。おおよそ「認知件数＋暗数＝発生件数」と考えることができます。

例えば犯罪の 1 つである交通違反を考えた場合、暗数が大きいことは容易に想像できます。実際には制限速度を超えていることが多いと思われますが、すべてのスピード違反が取り締まり対象とはなっていないことを考えると、暗数が大きいことがわかるでしょう。このほか、窃盗は暗数が大きく、殺人は暗数が小さいといわれます。自殺統計も暗数はありますし、「自殺」、「交通事故死」などはその定義によっても統計が変化します。

図8-2、8-3から「減少傾向」が読み取れたとしても、実際の発生件数を正確に把握するのは難しいことです。すべての犯罪を警察ほか行政機関が取り締まることは現実的ではありませんし、それを統計として正確に反映することは容易ではありません。

図8-2　刑法犯認知件数・検挙人員・検挙率の推移

〈昭和21年～令和2年〉

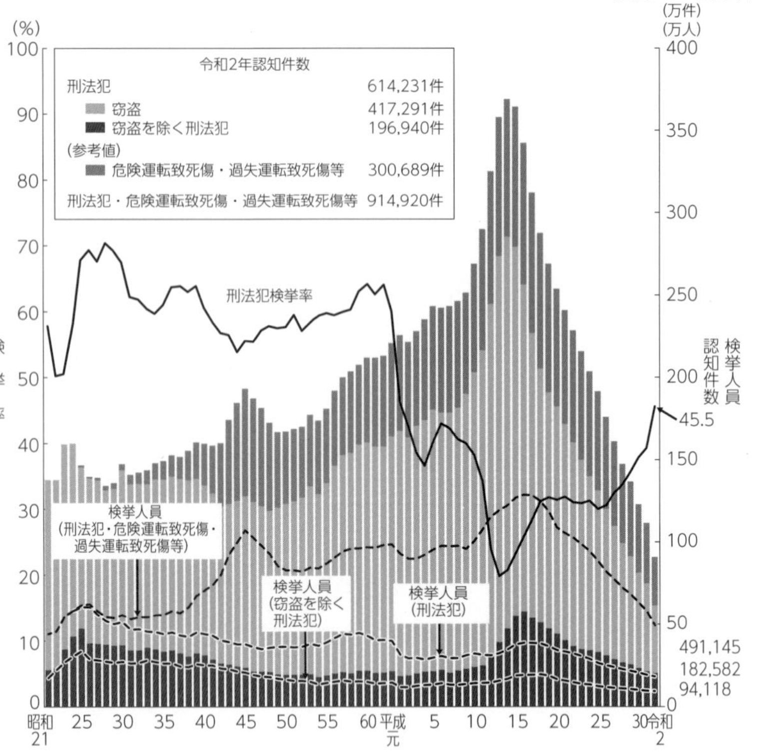

注　1　警視庁の統計による。
　　2　昭和30年以前は、14歳未満の少年による違法行為を含む。
　　3　昭和40年以前の「刑法犯」は、業務上（重）過失致死傷を含まない。
　　4　危険運転致死傷は、平成14年から26年までは「刑法犯」に、27年以降は「危険運転致死傷・過失運転致死傷」に計上している。

図8-3　少年による刑法犯等検挙人員・人口比の推移（刑法犯・危険運転致死傷・過失運転致死傷等）

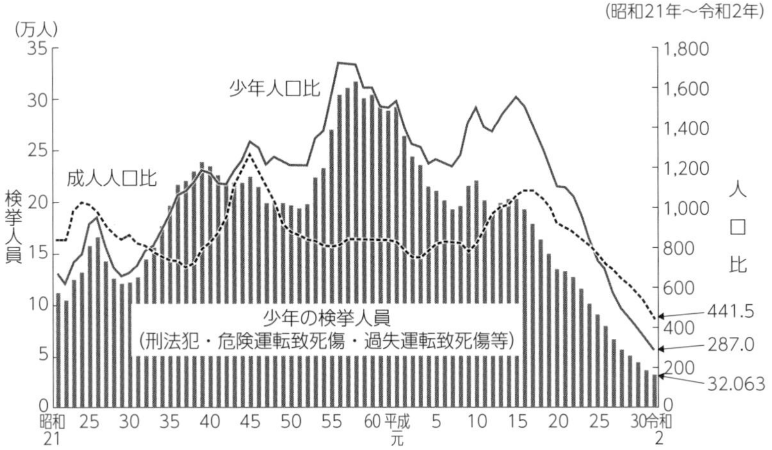

公式統計を扱うことについてどのような見方があるのでしょうか。北澤毅は次の３点に整理しています（北澤毅、古賀正義　編『質的調査法を学ぶ人のために』世界思想社、2008年）。第１に、公式統計を**「実態を反映しているもの」**として認めることです。犯罪統計に限らず、統計資料や社会調査には何らかの欠点があるのは織り込み済みですから、それらを踏まえても全体の傾向は読み取れるであろうという考えです。

第２に、暗数問題への対応策として**自己申告調査**があります。T. ハーシが1969年に実施した調査がその代表です。自己申告調査とは質問紙を用いて直接非行や犯罪についての経験を尋ねる方法です。

日本が諸外国と比べて犯罪が少ないといわれるのは、公式統計とともに自己申告法の調査結果を踏まえてのことです。当然のことながら、自己申告法が犯罪統計の正確さをすべて保証するわけではありませんが、自己申告法は犯罪研究にとって欠かせない方法となっています。

第３に、**公式統計は組織活動の産物**であるという見方です。児童虐待の事例で見たように、行政機関や捜査機関が重点的に取り締まることによって、犯罪が増加したように見えることがあります。「組織活動の産物」という見方をすれば、「暗数」や「本当の」発生件数は問題にはなりません。なぜなら犯罪は客観的に存在するのではなく、公式組織が選択的にその存在を確認することが数値に反映されているからです。

例えば、図8-4「高速道路における交通違反取締り状況」を見てみましょう。平成29（2017）年と平成30（2018）年を比較すると、最高速度違反は37,679件減少し、車間距離不保持は5,654件増加しています。これらの数値は、「実態の反映」とも、「組織活動の産物」とも解釈できます。また、「自己申告調査」によってこれとは異なる傾向となるかもしれません。なお、令和3（2021）年の車間距離不保持は、7,422件で、前年令和2（2020）年の11,523件から35.6%減少しています。

A.V. シコレルとJ.I. キツセによる社会構築主義につながる考え方です（キツセ、M.B. スペクター『社会問題の構築』マルジュ社、1990年）。北澤によれば、公式統計の存在自体が「社会問題」の1つであると考え

図8-4　高速道路における交通違反取締り状況

主法令違反別	平成30年		平成29年		対前年比	
	件数	構成率	件数	構成率	件数	構成率
	件	%	件	%	件	%
総　数	494,528	100.0	524,161	100.0	−29,633	−5.7
最高速度違反	336,406	68.0	374,085	71.4	−37,679	−10.1
積載違反	1,017	0.2	954	0.2	63	6.6
車両通行帯違反	61,773	12.5	61,362	11.7	411	0.7
車間距離不保持	11,793	2.4	6,139	1.2	5,654	92.1
酒酔い、酒気帯び運転	305	0.1	304	0.1	1	0.3
駐・停車違反	67	0.0	56	0.0	11	19.6
無免許、無資格運転	682	0.1	756	0.1	−74	−9.8
その他	82,485	16.7	80,505	15.4	1,980	2.5

注　1　警察庁資料による。
　　2　構成率は，単位未満で四捨五入しているため，総数と内訳の計が一致しない場合がある。

られます。例えば、少年の非行問題は、警察や家庭裁判所が組織活動としてどのように扱うのか、またマスメディアではどのように語られるのか、どのような知識をもとに制度が運用されるのかなどが、そもそもの問題であると指摘します。

3．犯罪の機能

被害者にも加害者にもなることなく、犯罪とはできるだけ関わりたくないと思われています。「社会的逸脱」は、非難や処罰など否定的な社会統制の対象です。「正常」な社会にあって、犯罪は「異常」であって「病理」的な現象と考えられています。個人の病理もあれば、社会にも病理があります。犯罪社会学、社会病理学は、社会的逸脱を研究する分野です。しかしながら、何を「病理」とするのかはなかなか容易ではありません。

デュルケームは犯罪という現象は社会にとって「正常」な状態であると考えました。むしろ犯罪は有用で必要なものであるといいます。この見解は当時も多くの反響を呼びました。犯罪を正当化して許容するものとみなされたからです。

デュルケームが**犯罪の機能**を論じた背景には、犯罪が全くなくならないであろうという事実、そして犯罪があることによって道徳や法が進化してきた歴史があります。「犯罪を非難すること」と「犯罪が正常である」という認識は両立し得るのです。何が否定的な社会統制とされているのかを知ることで、「正常」と「異常」の境界線が見えてきます。

デュルケームによれば、**刑罰**には２つの機能があります。１つは**顕在的機能**です。刑罰によって犯罪者を矯正させ、犯罪を未然に防ぐ機能です。ただ、もう１つの**潜在的機能**の方がより重要だとデュルケームは指摘します。それは刑罰があることによって、人々が同じ社会を支えている意識をより強くするからです。犯罪に対する嫌悪感を社会の人々が示すことによって、社会的連帯が維持されると考えたのです。

4. イタリア犯罪学派・ロンブローゾ

C. ロンブローゾは、19 世紀のイタリアで医師として活躍した人物です。ロンブローゾの「生来性犯罪人説」は、犯罪者には顔や腕、脳ほか身体的な特徴があり、また生まれつき犯罪者になることが決まっていると考えます。

コントに由来する実証主義をロンブローゾは犯罪研究で継承しました。実証主義は単に理論的な考察のみならず、データに基づいた議論を重視します。実際、ロンブローゾは犯罪者たちの身体を調査し、自説を唱えました。ただ、現代においては根拠のある学説と認められていません。

ロンブローゾの生物学的本質主義を厳しく批判した社会学者の 1 人が、デュルケームです。デュルケームは、犯罪や自殺を遺伝・心理学・精神病理説によって説明することができないと主張しました。犯罪は自然現象ではなく、社会現象と考えられるというわけです。もし、進化や遺伝などの先天的な要因によって犯罪者が決まるのであれば、時代によって犯罪の発生件数や犯罪者数が増減することの説明がつきません。先天的な要因は、短期間で変化するとは考えにくいからです。

5. 分化的接触理論とホワイトカラー犯罪

E.H. サザーランドの**分化的接触理論**によれば、「犯罪行動」は人々との相互作用（人間関係）の中で**学習**されます。分化的接触理論は、文化学習理論または社会的学習理論とも呼ばれ、社会的逸脱（犯罪や非行）は遺伝など先天的なものが原因であるとする生物学的本質主義を批判する学説です。

社会集団には、犯罪を禁止せず容認する**犯罪文化**を持った集団と、そうではない集団があります。分化的接触理論によれば、どちらの集団を準拠集団とするかによって犯罪者となるか否かが変わります。

例えば、就職するときに組織の一員として積極的に犯罪者となろうと決意している人はまれです。ただ、私企業でも公務員でも、配属された部署の慣習的な業務を先輩・上司から引き継いだことで、談合や贈収賄など犯罪に手を染める人たちがいることも事実です。これらも学習の結果といえるでしょう。犯罪文化は、外部から見てわかりやすい組織ばかりではありません。

A.コーエンの**非行サブカルチャー論**も文化に注目します。サブカルチャー（副次文化、または下位文化）は、メインのカルチャーに対してその担い手が一部の人に限定されている文化のことです。マンガやアニメをサブカルチャーと呼ぶこともありますが、逸脱に関わるサブカルもあります。

A.コーエンによれば、非行サブカルチャーは、下位の階層に形成されやすいといいます。非行サブカルチャーは、学校に通って勉強して進学し、卒業後は就職して経済的な基盤を強くするとの規範が必ずしも共有されていません。むしろ、このような規範は中流階層のものであるとして反発することで醸成された文化です。社会的な成功を目指しますが、それを達成する制度的な手段がありません。そのため積極的に中流階層と競って独自の規範を形成します。階層的な格差という社会構造が、犯罪を生み出すのです。社会的に不利な立場にある人々が現状に反抗することはありますが、それらの行動は「犯罪」として扱われることもあるのです。

ただ、犯罪が下位の階層に多いとの認識にも問題があります。サザーランドは、上流階層・中流階層の犯罪は隠蔽《いんぺい》されていると指摘しました。粉飾決算や虚偽申告などの企業犯罪、贈収賄のような政治的な汚職などの**ホワイトカラー犯罪**は、上流階層・中流階層に特徴的な犯罪です。統計的な事実としては下位の階層と犯罪率は相関しているように見えても、ホワイトカラー犯罪が隠されているだけだとの指摘です。

もう1つ、ホワイトカラー犯罪の特徴は、その影響にあります。例えば、コンビニエンスストアでの強盗事件の報道に接すれば、人々はそれを非難します。その犯人の動機はともあれ、安易に強盗などするものではないと感じる人もいるでしょう。犯罪は、それが報道されて社会的な非難が高まることで、社会規範を再び活性化させる機能もあります。まさに、デュルケームが指摘したように「犯罪は社会が健康であることの証」です。

しかしながら、ホワイトカラー犯罪はどうでしょうか。特定の団体と政党の利害関係が捜査対象になっていることが報じられると、多くの人が非難する一方で、非合法な方法によって利益を上げる一部の人たちの存在が知られることになり、モラルハザードを引き起こし、遵法精神が低下する懸念もあります。ある意味では、ホワイトカラー犯罪の方が社会的な影響が大きいといえます。

6. アノミーと緊張理論

アノミー（anomie）とは社会規範が弱くなった状態のことです。もともと宗教的な用語であったアノミーを社会学の用語として導入したのがデュルケームです。**デュルケームのアノミー概念**は、主に2つの意味があります。

1つは、人々が支え合えなくなった**分業の異常形態**です。デュルケームは、近代化によって人々の人間関係が変化し、見ず知らずの人々が社会的分業を通じて協力し合う社会を有機的連帯と呼びます。しかしながら、資本主義の苛烈な競争によって有機的連帯が実現しなくなったと考えます。人間関係の弱まった社会的分業を、アノミー的分業といいます。

もう1つは、**目標を見失った状態**です。個人的に生きる目標を見失った状態もありますが、社会全体としての目標を見失った状態もあります。

例えば、戦争に敗れた社会は、それまでの価値観を大きく変えなければなりません。第１次大戦後のドイツでナチズムが生まれた状況、第２次世界大戦後の日本の社会的混乱はアノミーの事例です。

個人的に目標を見失うのはどのようなときでしょうか。失業や失恋など悲しい出来事を通じて目標を見失うこともあるのかもしれません。ただ、デュルケームは、急速に景気が良くなったときもアノミーの事例として挙げています。経済的な困窮から急に資産を得た場合も同じです。宝くじの高額当選者が意外にも数年以内に自己破産をする事例は、これに当てはまるかもしれません。

今日の夕飯は何を作ろうかとの悩みもまたアノミーといえるかもしれません。無限とも思えるような調理可能なメニューの中から決断を迫られ続けます。この場合は、目標ではなく、選択肢や「手段」が多すぎることによるアノミーです。

デュルケーム以降も多くの社会学者、犯罪学者によってアノミー論が展開されました。代表的な存在が**R.K. マートン**の**緊張理論**（ストレイン理論）です。マートンは「アノミー」を文化的目標と制度的手段の乖離《かいり》によって定義しました。アメリカの社会を例に、犯罪と社会構造、すなわち犯罪が個人の生物学的、あるいは心理的な原因ではない社会のしくみを明らかにしようと考えました（『社会理論と社会構造』1949年）。

文化的目標とは、社会の中で共有されている価値観のことです。アメリカ社会では、経済的な成功が文化的目標です。文化的目標は、単なる経済的成功ではなく、倫理的にも正しいものと考えられています。日本社会においてもビジネスで成功すると、その業績のみならず当人の人格的な評価を高めることは珍しくありません。その情熱や流儀がドキュメンタリーとして放送され、多くの人の支持を集めます。経済的成功が文化的目標であることは、アメリカに限らず資本主義社会においては一般的なことといえるでしょう。

制度的手段とは、文化的目標を実現させるための合法的な手段のことで、学歴がその代表的なものです。統計的には学歴と経済的な所得は多くの社会で相関があります。

マートンは文化的目標と制度的手段によって、5つの類型を示しています（図8-5）。この2つを兼ね備えている人々は、社会的逸脱への社会的な圧力や緊張が少ないと考えます。図8-5において、「＋」は受容、「－」は拒否、「±」は古いものを拒否し新しいものを受容することです。

文化的目標と制度的手段をともに受容するのは、**同調**です。ただ、それは社会のエリートと呼ばれる階層に限定されています。マートンは、同調的行為と非同調的行為を区別しています。マートンが強調するのは、社会構造がいかにして人々に「同調」以外の類型、革新、儀礼主義、逃避、反抗という非同調的行為を促すかという視点です。

革新は経済的な成功を求めますが、制度的手段はマイナスになっていますので、非合法な手段によって達成します。

儀礼主義は、文化的目標はマイナスになっていますが、経済的な成功を求めていないのではなく、諦めているという意味です。ただし、非合法な行動をするわけではなく、日々の小さな幸せを求めて暮らしています。私生活を重視する態度は社会的な問題、公共的な問題にコミットメントせず、政治的無関心につながる類型でもあります。儀礼とは宗教的な意味ではなく、形式という意味です。日常生活を形式的には合法的に過ごしていますがそれは深い諦観によって支えられています。マートンの5つの類型のうち、儀礼主義は最も多くの人々が当てはまると考えられるでしょう。

逃避は、アルコールやドラッグなど刺激によって現実を逃避する類型です。「被害者なき犯罪」がこれに該当することがあります。

反抗とは、そもそも文化的目標と制度的手段が適切ではないと考えている人々です。これらは資本主義の特徴ですから、革命によって新しい社会を希求する人々のことです。より善き社会に向けての積極的な提案も、こ

図8-5　マートンの社会的逸脱の5類型

類型	文化的目標	制度的手段	事例
同調	＋	＋	エリート
革新	＋	−	非合法的な手段
儀礼主義	−	＋	無関心や諦め
逃避	−	−	嗜癖
反抗	±	±	革命／社会の変革

こに含まれると考えることができるでしょう。新しい価値の変革に結びつく反抗に対して、敵意や無力感を繰り返すのみで文化的目標の変更に結びつかない類型を、マートンは怨恨《えんこん》（ルサンチマン）と呼びます。

このように、同調以外の類型は、文化的目標と制度的手段の乖離（不統合）した状態です。この乖離によって、社会規範が衰耗したことによるアノミーと社会的逸脱を考えました。

7. 名誉の文化

マートンが社会的逸脱をアメリカの社会構造のレベルで論じたのに対して、R.E. ニスベットは牧畜が盛んなアメリカ南部の地域文化を取り上げました。**名誉の文化**です。『名誉と暴力：アメリカ南部の文化と心理』（1996 年）では、アメリカ南部における白人は、北部の白人より殺人率が 3～4 倍が高いことに注目しています。南部の殺人率の高さは、銃の所持率が高いことが理由の 1 つとして挙げられることもあります。銃所持率の高さそれ自体が、文化の違いとして注目に値します。ただ、北部と南部で銃所持率が同程度である地域を比較しても、南部の方が高い殺人率を示しています。

ニスベットが注目した「名誉」とは、自分の強さや男らしさについての評判のことです。マートンに倣えば、「名誉」は文化的目標となっています。「なめられてはいけない」ですから、財産を奪われそうになったときだけではなく、名誉に対する脅威は暴力によって対処されます。侮辱されても報復しないのならば、体面を傷つけることになります。名誉のためであれば「暴力行為」も「手段」として選択することが容認されるのです。

「名誉の文化」と「ホルモン濃度の変化」の調査によれば、南部の人々は侮辱されるとテストステロンやコルチゾールの濃度が上昇しました。文化の影響は、生理的反応にも表れていました。生物学的な要因を「原因」と考える生物学的本質主義に対して、生理学的な反応もまた文化の影響と示唆されています。

8. ラベリング理論

レッテル貼り（ラベリング）は、私たちの日常でも使われる言葉です。ラベリング理論によれば、犯罪は、遺伝的な要因でも個人の内面で発生するものでもなく、社会や周囲の人からのラベリングによって生じます。社会的逸脱を「社会的な反作用」によって定義する方法です。

H.S. ベッカー（Howard Saul Becker 1928～・図 8-6）がラベリング理論の代表的な存在です。ラベリング理論は社会構築主義にも影響を与えました。ベッカーは、「犯罪とは何か」という問題とともに、「誰が犯罪者とされているのか」という問題が存在することを発見しました。

アメリカ社会では白人よりも黒人の方が犯罪率、投獄率が高い傾向があります。なぜ、ある社会においてエスニシティによって犯罪率や投獄率に違いがあるのでしょうか。同じように逸脱したとしても、特定の人種がより発見されやすく、逮捕されやすく、起訴されやすく、有罪になりやすいからです。

図8-6　H.S.ベッカー

生物学的本質主義の差別や偏見に基づく認識が、社会的逸脱を促していると考えられます。私たちがいったい何を犯罪として扱い、誰を犯罪者と見ているのかという点に問題があるといえるでしょう。

E. レマートは、「第１次的逸脱と第２次的逸脱」を区別しました。**第１次的逸脱**とは、周囲から逸脱者と認識されていないときの逸脱行動のことです。興味本位でやってしまう逸脱などが、その例です。対して**第２次的逸脱**とは、社会的反作用としての逸脱のことで、他者から逸脱者とみなされ、本人もその自覚がある逸脱行動です。

第１次的逸脱から第２次的逸脱へと移行する過程に**逸脱的アイデンティティ**が形成されます。これによって、社会的逸脱に積極的に関与するようになります。周囲が逸脱者として認識するという社会的な反作用によって形成されたものですから、根拠のない認識であっても、現実化するプロセスは「予言の自己成就」にとてもよく似ています。

ベッカーはアメリカのシカゴ学派を代表する存在です。シカゴ学派はコミュニケーションなどの相互作用論のほか、実際に調査対象者と共に活動しながら調査する参与観察の方法による都市研究など、フィールドワークを得意とする社会学者を多数輩出しました。ベッカーは、ピアニストとしても活動し、『アートワールド』(1982年）では、音楽以外にも絵画や写真など幅広い作品とアーティストについて論じています。最も有名な業績は1963年の著書『アウトサイダーズ』です。ダンスミュージシャン、マリファナ使用者、禁酒運動家を独自のフィールドワークに基づいて記述しました。

ベッカーは次のように述べています。社会集団は、これを犯せば犯罪となるような規則を設け、それを特定の人々に適用し、**アウトサイダー**であるとのラベリングによって逸脱を生み出します。この観点からすれば、逸脱とは人間の行為の性質ではなくて、むしろ、他者によってこの規則と制裁が違反者に適用された結果です。社会的逸脱は、「動機が行動を導くのではなく逆」なのです。

ラベリング理論の知見によれば、マジョリティよりもマイノリティの方がラベリングされやすいのです。犯罪を社会全体で捉える視点は、ラベリングするマジョリティもまた社会構造の影響です。そのため、マイノリティとマジョリティを生じさせて分断させる社会そのものを社会的逸脱の原因と考えるのです。

9. スティグマ

ベッカーのラベリング理論と似た発想を持つ概念として、アメリカで活躍した社会学者ゴフマン（Erving Goffman 1922～1982）の**スティグマ**があります。スティグマとは、**負の烙印《らくいん》**です。例えば、汚名、恥辱、焼印、入れ墨、身体的特徴など、否定的なしるしのことです。

もともとは宗教的な意味でしたが、刺青や焼印を入れて、一目で犯罪者であることを示すようになります。現在ではこういった刺青や焼印などのほかにも、スティグマと呼ばれるものは多々あります。例えば、身体的な特徴や障害、病、宗教や信仰、儀礼です。さらには、「空気が読めない人」、

「ちょっと変わった人」という評価がスティグマとなることもあるでしょう。

セーフティ・ネットである社会保障制度にも、スティグマがあります。社会保障制度は、トランポリンのような役割を果たすことが求められます。綱渡りで落下したとき、その下が単に網であるだけではなく、トランポリンのように跳ね返り、また綱渡りに戻れる状態となるような役割が期待されます。

しかしながら、セーフティ・ネットの代表である生活保護制度は、スティグマが強いといわれます。生活保護を受けること自体がスティグマであることから、自らを否定的に評価してしまいます。これによって積極的に労働することから一段と遠のいてしまうこともあります。

日本の生活保護制度の問題点は、捕捉率が低いことです。捕捉率とは、生活保護の基準にある世帯が実際に制度を利用している割合のことです。日本のおおよその捕捉率は 20～30% 程度、また利用率は約 1.6% で、不正受給は 0.4% 程度といわれています。

10. ドリフト理論と中和の技術

犯罪の原因とは何かと考えたとき、確かに多様な要因があり、偶然としかいえないような事例もあるでしょう。D. マッツァと GM. サイクスは、伝統的世界（日常の生活）と犯罪的世界の間を**ドリフト**（漂流）するというソフトな決定論を提起しました。ソフトな決定論とは、特定の状況と犯罪を結びつけるハードな決定論とは異なり、犯罪との関わりは微妙な境界線上をさまよっている状況を捉えようとしたものです。

ドリフトする非行少年たちは、日常生活と犯罪を結びつけるハードルを下げるため、いくつかの「中和の技術」があるといわれます。その内容は主に 5 つです。逸脱行動を「自分のせいではない」と考える**責任の否定**、逸脱しても実害はないと思うことにする**加害の否定**、被害者にも落ち度があったと責める**被害者の否定**、逸脱を非難する資格はあるのかという反発である**非難者への非難**、仲間との絆をより重要なものだとすることで一般的な規範を相対的に低く評価する**より高い忠誠心への訴え**です。

11. ボンド（社会的絆）理論

「なぜ人は犯罪に関わるのか」ではなく、「なぜ犯罪に関わらないのか」を問うたのが**T. ハーシの「ボンド（社会的絆）理論」**です。ハーシは著書『非行の原因』で、愛着、投資、巻き込み、信念の４つを挙げています。

愛着とは、身近な他者への愛情や尊敬の念です。身近な人間関係に愛着を感じているのであれば、逸脱行動に結びつきにくくなります。**投資**とは、キャリアに関することです。勉強をした結果として入学できたこと、単位の修得、卒業など、それまで積み重ねてきたことを考えたとき、社会的逸脱は投資に見合わないと考えます。

巻き込みとは、逸脱する時間がないほど社会的活動していることです。中学生や高校生であれば、平日の昼間は学校での諸活動が中心です。学校以外にも部活動や習い事など、社会的逸脱に関わる時間がない状態のことです。

信念とは、規範意識のことです。法規範のほか、法規範以外も日常生活の中で人々と共有することで、社会的逸脱とは関わることのない生活を送ります。

これらの絆は、周囲の人々と作り上げるものでもあります。社会的な絆によって犯罪に関わらないことの説明が可能になりますし、なぜ人は犯罪に関わるのかという問題も絆の弱まりによって考えることができます。

12. 環境犯罪学

なぜ犯罪が起きるのか、またボンド理論の「なぜ犯罪に関わらないのか」との問題設定は**犯罪原因論**と呼ばれます。犯罪の原因を知ることは、次の犯罪の予防・防犯にもつながります。犯罪の起こりにくい環境を整備することを目的とした研究が、環境犯罪学です。環境犯罪学は犯罪原因論に対して**犯罪機会論**といわれます。

L. コーエンとM. フェルソンは**日常活動理論**（Routine Activity Theory）を提唱しています。この理論は、①動機をもった犯罪者、②ちょうどいい標的、③役に立つ監視者の不在によって、犯罪が起きることを指摘します。そのため、犯罪者がいて、標的があったとしても、警察官、地域の住民、通行人などの監視者がいることで防犯が期待できると考えました。

ジョージ・ケリングの「割れ窓理論（Broken Windows Theory）」は、街中の破られたガラス窓を修理せずに放置することで、やがて犯罪につながるというものです。窓だけではなく、放置された生活ゴミや廃車などが街にあれば、その家や建物だけでなく、コミュニティが崩壊しているイメージにつながります。秩序がないと判断されると、規範意識は低下し、犯罪への罪悪感も少なくなります。

ニューヨーク市のジュリアーニ市長（在任1994～2001年）は、ケリングを顧問にして劇的な治安の回復を実現したといわれ、この理論が広く知られるようになりました。特に、警察の予算の増大・増員、落書き・駐車など軽犯罪も取り締まるなどのゼロ・トレランス政策（寛容を示さない厳しさ）でも知られています。ただし、犯罪統計上は犯罪が減少したものの、ニューヨーク市以外の地域も犯罪が減少しており、必ずしもすべてがケリングの理論に基づく環境犯罪学の成果とは考えられていません。

田中智仁は、環境犯罪学への批判を通じて、別の社会問題がもたらされることを指摘しています（岡邊健編『犯罪・非行の社会学－常識をとらえなおす視座－補訂版』有斐閣、2020年)。第1に、犯罪・非行を解決する犯罪原因論の視点がないことです。第2に、社会の要塞《ようさい》化です。犯罪のない「環境」を求めて防犯性や監視を高める塀に囲まれた住宅街「ゲーティッド・コミュニティ」が形成され、社会が部分的に要塞化する可能性です。第3に、犯罪転移です。環境犯罪学は犯罪を減少させるのではなく、別の場所に転移させているという懸念があります。第4に、ホームレスや精神障害者など「社会に望ましくない」と思われている人々を「割れ窓」として扱うことで、差別や社会的排除が助長されるということです。第5に、監視カメラでの撮影、身分証明書の提示など、プライバシーの侵害です。第6に、街並みを損ねることです。街路樹や植え込みなどは監視を妨げるものとなるため、伐採や撤去の対象になります。「安心・安全なまちづくり」を目指すことは、誰を包摂して、誰を排除しているのでしょうか。「まちづくり」にも排除型社会の特徴が見られるといえるでしょう。

13. 宿命主義と少年犯罪

メリトクラシーとは、能力（メリット）によって誰が社会の中心的な役割を担うのかが決まることです。身分や階級による支配ではなく、能力ある者による支配です。入学試験や資格試験、業務の成果のほか、いわゆる努力や実力、成果など、個人の能力によって社会的な地位が決まることが望ましいと考えられています。

しかしながら、「世帯収入と学歴」の相関が一般的にも知られるようになりました。親の経済資本（経済力や資産があること）や文化資本（親が教養を身につけていることなど）が子どもに影響するのです。

実際のところは、生まれ育った家庭環境がそのまま生涯の階級や身分に結びつくような社会の状態に問題があるのですが、「自己責任」の規範が強い社会では、社会問題とは認識されず、社会的な原因が顧みられにくくなります。

土井隆義は『少年犯罪〈減少〉のパラドクス（若者の気分）』（岩波書店、2012年）において、少年犯罪の減少を**宿命主義的**な人生観にあると指摘しています。社会の規範を過剰に内面化した状態のことを宿命主義といいます。例えば、社会全体においても個人の私生活においても、未来がすでに決定してしまっていると考えます。自分自身が行為を選択することによって、未来の帰結が変化すると考えられないのです。

もちろん、宿命主義も個人的な性格ではなく社会的に共有された規範のうちの１つであり、社会状況がこのような宿命主義をもたらします。社会学的な宿命主義で最も代表的な存在がデュルケームです。デュルケームは、宿命主義の事例として、厳しい身分制度における奴隷を挙げています。

前近代的な身分制度がなくなった今日においても、生まれ育った社会環境によって将来を悲観する諦観も広がっており、宿命主義的な規範が強まっていると考えられます。

本章では、社会的逸脱を遺伝でもなければ個人的な心理的状態でもなく、社会的なものとして記述してきました。社会的逸脱の社会学から見えてくることは、「犯罪・非行」を取り巻く「社会」の姿です。同調と逸脱ともに社会的なものですから、反社会・非社会・脱社会も広義には「社会的なもの」です。社会問題を発見・解決するためには、社会秩序がもたらす社会的包摂と社会的排除を明らかにすることが求められるのです。

第９章
宗教と社会

１．宗教の社会学

宗教的アイデンティティ

つらい出来事があったときに、「もう死んでしまいたい」と言う人がいます。しかし、死を迎えた後に、本当にそのつらさから解放されるのでしょうか。それとも神の審判、または閻魔天が待っているのか、人間以外に生まれ変わるのか、これらを明確に回答することは困難かもしれません。ただ、信仰があるならば、すでに答えを持っていることでしょう。宗教には、生まれる前や死後の世界の存在としての時間論、または宇宙の誕生、宇宙空間の果てなどを含めた空間論があるからです。

亡くなった人がよみがえってくるという宗教があります。死者が私たちの世界に戻ってくるわけがないと言う人もいます。しかしながら、迎え盆・送り盆は、亡くなった人たちが家々に戻ってくるという宗教的な慣習です。お盆にお墓参りに行き、ご先祖様を数日間ほどわが家に迎え、そしてまたお墓にお送りしています。死後の世界はわからないけれども、８月の猛暑の時期に子や孫が迎えに来て、一時的に家に帰ります。このような宗教観は日本の社会では特異なものとは考えられていません。

「人間は死んだら灰になってしまうだけ」という死生観もまた、証明はできません。「灰」は火葬を前提としていますが、土葬や鳥葬、水葬、風葬などもあり、それぞれに宗教観が表れます。無神論など、神や仏が存在しないということも証明できません。また、厳しい生活上の戒律はあっても、死生観をほとんど示さない宗教もあります。これらの信念も含めて宗教的アイデンティティです。

2011 年の東日本大震災の後は、東北の一部の地域でいわゆる「霊」の目撃が相次ぎました。その体験に寄り添うことは、地域の復興には不可欠の問題です（金菱清（ゼミナール）編『呼び覚まされる霊性の震災学』新曜社、2016 年／高橋原、堀江宗正『死者の力：津波被災地「霊的体験」の死生学』岩波書店、2021 年）。

このようにさまざまな宗教的な価値観が私たちの社会に存在していますが、普段は自覚されないこともあるでしょう。みんながやっている「伝統的」なこと、ごくごく「自然な感情」、あるいは宗教ではなく慣習にすぎないとの感想も聞かれそうです。

伝統や感情、慣習が宗教的なものであることもあります。近代社会はそれまでの前近代社会と比較して、宗教的な影響が低下していると考える人もいます。ただ、果たして、宗教観がない、または宗教的アイデンティティがない状態を想像することはできるのでしょうか。

宗教的アイデンティティには２つの意味があります。第１に、宗教はアイデンティティのうちの１つです。「宗教観」や「死語の世界」について問われたときに表現されるものです。「私とは何か」という、アイデンティティの最も根本的で究極的な問題を宗教が担っているとも考えられます。第２に、アイデンティティそれ自体が宗教的な問いであることです。日々の悩みの向こう側も宗教的アイデンティティにつながります。自分自身が何のために生まれ、どのように死を迎えるのかなどの生老病死の問題に答えを出すには、「宗教観」が前提となることもあります。

宗教の定義

宗教とは何でしょうか。特定の組織集団や個人の内面的な世界のほか、死後の世界、死者と霊的な存在、輪廻《りんね》転生《てんしょう》、天国と地獄、先祖崇拝など、あまりにも多くの「宗教」や「宗教的なもの」があり、統一的な定義を決めることは非常に困難です。

ただ一方で、宗教は多くの人々が比較的イメージしやすい現象でもあります。これは、宗教的な行為や儀式が日常生活で決して珍しいことではないからでしょう。

日本の社会で、宗教に関連するものを挙げてみるならば、初詣、御守り、結婚式、お盆に墓参り、葬式と焼香、地域社会の神輿《みこし》などお祭り、七五三、厄年のお払い、クリスマス、ハロウィン、「聖地巡礼」、物語における異世界転生、御朱印帳、マインドフルネスなど、「伝統」と観念されるもの、信仰に基づくものもあれば、日常生活に浸透するイベントとして消費されるものもあります。

宗教の定義は研究者の数ほどあるといわれます。その一部を紹介しましょう。E. デュルケームは宗教を次のように定義します（『宗教生活の基本形態』1912 年）。

> 宗教とは、聖なる事物、すなわち分離され禁止された事物に関わる信念と実践とが連動している体系であり、それらの信念と実践とは、これに従うすべての人びとを、教会と呼ばれる同一の道徳的共同体に結びつけている。

宗教学者の岸本英夫による定義です（『宗教学』1961 年）。

> 宗教とは、人間生活の究極的な意味をあきらかにし、人間の問題の究極的な解決に関わりをもつと、人々によって信じられているいとなみを中心とした文化現象である。

『社会学小辞典 新版増補版』（有斐閣、2005 年）には、次のように記述されています。

> 超人間的・超自然的な超越的絶対者、あるいは俗なるものから峻別された禁忌された聖なるものに対する帰依・信仰という行為の体系であり、社会組織ないし文化としては、共有された教義・慣習や法規によって規定された礼拝儀礼などの行事、恩寵や利益（りやく）の獲得配分の制度の複合体として現れる。形態的に、アニミズムやトーテミズムにもとづく部分宗教、民族宗教および世界宗教に分類できる。

宗教学や宗教社会学における「宗教の定義」は、どれもさまざまな批判を受けてきました。その理由の１つは、どの定義も宗教全般を説明しきれないものが残るからです。もう１つの理由は、宗教が人々のアイデンティティと深く結びつくため、特定の信仰のある人々にとっては、宗教一般を定義することに意義を感じないからです。宗教の定義は人間の数ほどあるのかもしれません。

信仰のある人々、戒律に従って日常を送っている人々、定期的に宗教的な施設などに通う習慣がある人々にとっては、宗教は生活そのものです。ただ、自覚的には信仰を持たない人々が宗教と無縁の日常生活を行っているかは疑問です。「宗教」や「宗教的なもの」は私たちの生活に深く根づいているがゆえに、時として「宗教」であることが忘却されていることもあります。

社会問題には、日常生活と乖離して「遠すぎて見えない問題」もあります。一方、「伝統的」、「自然」、「普通」などと考えられるため、あまりにも「身近すぎて見えない問題」もあります。宗教はどこか遠くにあって捉えどころのない存在であると感じられている一方で、あまりにも私たちの日常社会に浸透しすぎて見えにくい現象でもあります。

宗教は、超人間的、超自然的、超社会的な存在や現象への信仰や儀礼などの行為を広く含むものです。2020年には急激な感染症の広がりを背景に、「アマビエ（疫病から人々を守るとされる妖怪）」の存在が改めて人々に認知されました。厚生労働省はこれを感染予防キャンペーンのキャラクターとして採用しました。

一方で、個人の内面的な価値観など「内在的なもの」として宗教を理解することもあります。静謐《せいひつ》な環境は信仰生活に欠かせないと考える人もいます。社会を超越する世界観と個人に内在する価値観をあわせて宗教と考えられるのです。

宗教社会学

マックス・ヴェーバーの**比較宗教社会学**は、儒教、ヒンドゥー教、仏教、キリスト教、イスラーム、ユダヤ教など、さまざまな宗教の**エートス（宗教的な規範）**を比較する社会学です。しかし、ヴェーバーは**価値自由**の立場ですから、どの宗教が正しいのか、またはどの信仰を選ぶべきなのかを判断することが目的ではありません。国家や家族など宗教以外の社会現象を研究するときと同じく、それぞれの宗教の規範の違いによって、社会や人々の生活の変化を観察・記述することを目指しました。

A. ギデンズは、社会学者による宗教研究の特徴として、次の４点を挙げています。１つ目に、**「宗教的信念の真偽」に関心を示さない**ことです。

図9-1　M.ヴェーバー

ヴェーバーの価値自由と同じ立場です。2つ目に、**制度**または**組織**としての宗教に高い関心があります。デュルケームは制度や組織を「道徳的共同体」と呼び、社会的なものに宗教の本質を見いだしていました。3つ目に、**社会的な連帯**（人々のつながり）の源泉は宗教にあると考えていることです。4つ目に、宗教に関する個人の心理や精神について、**社会秩序**との関連で考察することです（『社会学第5版』而立書房、2009年）。

本章では、「統計から見える宗教」、「宗教の類型」、「宗教社会学の思想」、「日本社会と宗教」、「現代社会と宗教」の観点から、「宗教と社会」を概観します。

第2節「統計から見える宗教」では、宗教は心の内側にあり、「見えないもの」でもありますが、各種統計によって見えてくることもあるでしょう。

第3節「宗教の類型」では、社会の中で実践され、現象として現れるものとしての信仰や宗教を考えます。また、組織や制度としての特徴を通じて、宗教は社会の中にあるという意味で「社会現象としての宗教」を考察します。

第4節「宗教社会学の思想」では、その代表的な存在であるヴェーバーやデュルケーム、T.パーソンズの思想に学びます。宗教を社会の対義語と考えることもできます。例えば、宗教と社会はどちらがより広い世界観を持っているでしょうか。「社会現象としての宗教」と「宗教現象としての社会」のように、社会学では代表的な2つの見方があります。

第5節は「日本社会と宗教」です。宗教の社会史、新宗教と新新宗教にふれます。

第6節「現代社会と宗教」では、宗教と社会貢献、セーフティ・ネットとしての機能を果たす宗教の事例を紹介します。

2．統計から見える宗教

宗教年鑑

文化庁『宗教年鑑』（令和３年度版）によれば、日本の宗教団体数は約18万、信者数は約１億8,146万人です。日本の人口は約１億2,600万

図9-2　社寺教会等単位宗教法人数

項目	宗教団体（宗教法人を含む）					
	神社	寺院	教会	布教所	その他	計
総数 系統	80,884 (81,317)	76,815 (77,128)	30,111 (33,274)	19,146 (27,121)	6,347 (7,277)	213,303 (226,117)
神道系	80,804 (81,243)	15 (20)	4,922 (5,932)	824 (1,182)	630 (806)	87,195 (89,183)
仏教系	22 (17)	76,746 (77,074)	1,905 (2,571)	1,704 (2,566)	3,816 (4,358)	84,193 (86,586)
キリスト教系	– (–)	5 (2)	7,096 (6,835)	676 (1,365)	767 (1,126)	8,544 (9,328)
諸教	58 (57)	49 (32)	16,188 (17,936)	15,942 (22,008)	1,134 (987)	33,371 (41,020)

項目	宗教法人					
	神社	寺院	教会	布教所	その他	計
総数 系統	80,764 (81,212)	75,495 (75,759)	21,881 (23,847)	284 (245)	1,723 (1,186)	180,147 (182,249)
神道系	80,691 (81,150)	13 (17)	3,360 (3,724)	149 (93)	231 (214)	84,444 (85,198)
仏教系	20 (15)	75,432 (75,710)	939 (1,217)	90 (83)	406 (489)	76,887 (77,514)
キリスト教系	– (–)	1 (–)	3,986 (3,882)	5 (37)	755 (191)	4,747 (4,110)
諸教	53 (47)	49 (32)	13,596 (15,024)	40 (32)	331 (292)	14,069 (15,427)

令和２年12月31日現在
（　）内は平成12年12月31日現在の数
「宗教年鑑」令和３年版・平成13年版より

人です。信者数が人口より多いことを不思議に思う人もいるかもしれません。信者数は宗教団体・宗教法人によってその数え方が異なりますから、その点は考慮しなければなりません。

ただ、宗教は1人につき1つと決まっているわけではありません。もちろん、1つの宗教に専念して他の宗教を排他的に捉える教義も存在します。一方で、時間や場所、行事の内容や人間関係によって関わりを持つ宗教が変わることも珍しくありません。よく言われることですが、結婚式はキリスト教で、お葬式は仏教で、初詣は神社など、さまざまな宗教が生活に浸透している日本の社会もその事例の1つです。

岡本仁宏は、宗教法人や施設の数を、教育や福祉の法人数、施設数などと比較しています（坂本治也 編『市民社会論』法律文化社、2017年）。文部科学大臣所轄の宗教法人に限っても、神社、寺院、教会、布教所、その他の宗教施設は約20万5,075あります。他方、文部科学省によれば、学校法人の数は7,992です。幼稚園から大学まで「学校」の数が、5万6,651で、在学者数は1,834万人です（「文部科学統計要覧」令和4年）。高校野球の甲子園強豪校として知られている団体もあります。日本の社会では、病院や福祉関係の施設なども宗教系は多いですし、私立大学の20％程度は「宗教系」です。

また、コンビニエンスストアの店舗数は、2022年8月現在、5万5,926です（一般社団法人日本フランチャイズチェーン協会）。全国には、コンビニエンスストアの数倍、宗教的な施設があります。

日本では、内在する思想や精神だけではなく、実際に社会を動かす学校や病院、福祉法人などさまざまな形で宗教活動があります。

日本人の国民性調査

「日本人の国民性調査」は、統計数理研究所が行っている統計調査です。1953年から5年ごとに実施され、60年目の2013年には第13次調査が実施されています。

「宗教を信じるか」の設問では、年齢層が上がるほど「信じている」の割合が多いことがわかります。他方、「あの世を信じるか」は60歳以上の方が「信じる」との回答が低下します。

図9-3　信者数

項目	信者数（人）
系統＼総数	181,146,092 (215,365,872)
神道系	87,924,087 (107,952,589)
仏教系	83,971,139 (95,420,178)
キリスト教系	1,915,294 (1,771,651)
諸教	7,335,572 (10,221,454)

令和2年12月31日現在
(　)内は平成12年12月31日現在の数
「宗教年鑑」令和3年版・平成13年版より

図9-4　宗教を信じるか

Q. 宗教についておききしたいのですが、
たとえば、あなたは、何か信仰とか信心とかを持っていますか？

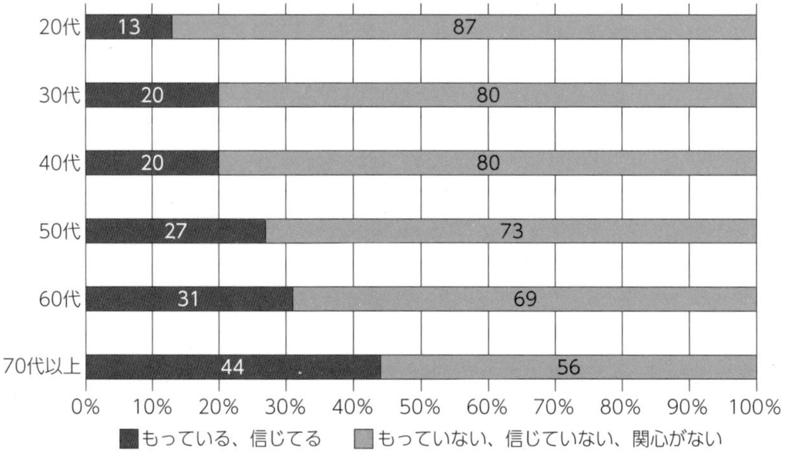

中村 隆・土屋 隆裕・前田 忠彦　2015「国民性の研究 第13次全国調査ー2013年全国調査ー」統計数理研究所 調査研究リポートNo.116.

図9-5　「あの世」を信じるか

Q. あなたは、「あの世」というものを信じていますか？

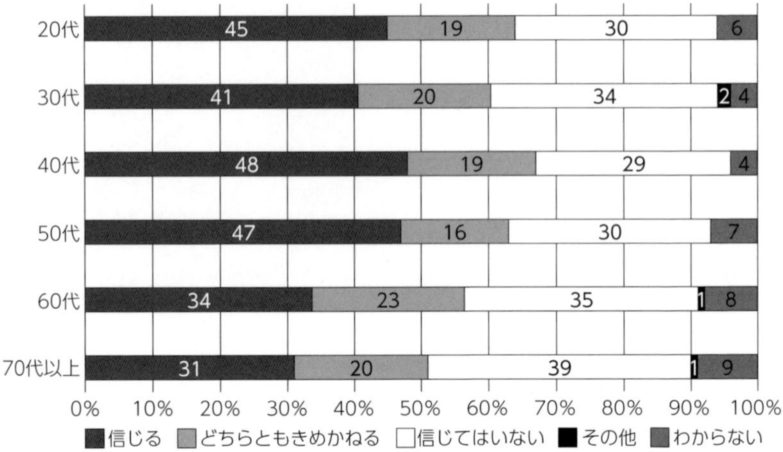

中村 隆・土屋 隆裕・前田 忠彦　2015「国民性の研究 第13次全国調査ー 2013年全国調査ー」
統計数理研究所 調査研究リポート No.116.

現代日本人の意識

NHK放送文化研究所による「現代日本人の意識」調査は、1973年から５年ごとに実施されています。結婚観や理想の家庭、政党支持態度などの政治、日本に対する愛着や天皇に対する感情、仕事と余暇など、調査項目は多岐にわたります。ここでは、2018年の「宗教的行動」の調査結果を紹介します（『現代日本人の意識構造　第９版』ＮＨＫ出版2020年)。

「宗教的行動」は「宗教とか信仰とかに関係すると思われることがらで、あなたがおこなっているものがありますか」という設問で、次の８つの選択肢で構成されています。

・ふだんから、礼拝、お勤め、修行、布教など宗教的なおこないをしている《礼拝・布教》
・おりにふれ、お祈りやお勤めをしている《お祈り》
・年に一、二回程度は墓参りをしている《墓参り》

・聖書・経典など宗教関係の本を、おりにふれ読んでいる《聖書・経典》
・この一、二年の間に、身の安全や商売繁盛、入試合格などを、祈願しにいったことがある《祈願》
・お守りやおふだなど、魔よけや縁起ものを自分の身のまわりにおいている《お守り・おふだ》
・この一、二年の間に、おみくじを引いたり、易や占いをしてもらったことがある《おみくじ・占い》
・宗教とか信仰とかに関係していると思われることがらは、何もおこなっていない《していない》

本調査では、墓参りを「慰霊的な行動」、礼拝・布教、お祈り、聖書・経典を「精神的負担を伴う自己修養的な行動」、祈願、お守り・おふだ・おみくじ・占いを「現世利益的な行動」と、宗教的行動を３種類に区別しています。1973年から2018年の45年間で比較すると、最も多いの

図9-6 宗教的行動

複数回答、単位%

	1973年	1978年	1983年	1988年	1993年	1998年	2003年	2008年	2013年	2018年
墓参り	62	65	68	65	70	68	68	68	72	71
お守り・おふだ	31	34	36	35	33	31	35	35	35	30
祈願	23	31	32	32	28	29	31	30	29	25
おみくじ・占い	19	23	22	21	22	23	23	25	25	24
お祈り	17	16	16	14	14	13	12	12	12	11
礼拝・布教	15	16	17	15	13	11	12	12	11	10
聖書・経典	11	11	10	9	7	7	6	5	6	5
していない	15	12	10	10	9	11	10	9	8	12

『現代日本人の意識構造　第９版』（129～132ページ、NHK出版2020年）をもとに作成

は「墓参り」で変わりませんが、「現世利益的な行動」は増加傾向にあり、「自己修養的な行動」が減少傾向にあります。

3．宗教の類型

組織集団としての宗教

政治や経済、教育などと同じように、宗教もまた、社会集団の１つとして考えることができます。社会集団論には、基礎集団／機能集団、内集団／外集団の類型があります。

地縁関係や血縁関係に基づいた宗教は**基礎集団**的な存在です。身内の冠婚葬祭がどの宗教・宗派に基づくのか、「家」や親族で決まっていることもあるでしょう。家族間で宗教が異なることもありますが、家族よりもより広く地域社会で共有される信仰もあります。地域社会の宗教としては、地域を守る鎮守神を中心とした「氏神／氏子」の関係があります。いわゆる「お宮参り」は新しく氏子になる儀礼です。「氏神／氏子」の関係は地縁関係と血縁関係の両方にかかわることもあります。基礎集団的な宗教と分類できても、血縁関係と地縁関係を明確に区別できない事例もあります。

また、政治権力が宗教を統制することもあります。近世の幕藩体制では、檀家制度（寺請制度）が強化されます。人々は檀家として寺院に所属して葬儀や供養を任せ、また檀家として寺院を支援する制度です。これはキリスト教などの宗教を社会的に排除する政策でもありました。

機能集団としての宗教にはどのようなものがあるでしょうか。例えば、人生の途中で新たに選択した信仰から集団に属した場合、その集団は機能集団です。新たに入信する要因は、さまざまな調査研究があります。経済的な苦境、病気やけがなどの身体的な危機、知り合いから勧誘された経験などの個人的な契機のほか、民主化や戦争・紛争、景気の変動などの社会的な出来事や状況の変化などの諸要因です。

非組織集団・脱組織化としての宗教

歴史的には、宗教の流布や伝達、布教は、教団などの宗教組織や政治権力によって担われることもありました。現代社会では特定の組織集団に限定されない宗教現象もあります。代表的なものとして、見えない宗教、市民宗教、世俗化があります。

第 1 に**見えない宗教（invisible religion）**です。1960 年代以降、組織化された宗教が弱まり、個々人が私的な宗教的な価値観を持つようになったことが指摘されました。T. ルックマンは、1967 年の著書『見えない宗教』で、宗教的な世界観を解釈したり実現したりする担い手が、社会制度や組織集団ではなく、個々人に変化したと指摘しています。見えない宗教とは**宗教の私事化**のことで、個人化された宗教、脱組織化された宗教といえるでしょう。

第 2 に**市民宗教（civil religion）**です。もともとは、J.J. ルソーが『社会契約論』（1762 年）で説いたのが、キリスト教に代わる市民が共有する新しい信仰の必要性でした。市民宗教は、特定の宗教に基づいたものではなく、民主主義や人権など共有された価値観のことです。ロバート・ベラーは、自由や正義の理想を実現する使命を神から委ねられ、そのための犠牲をいとわずに戦うというアメリカ社会に見られる集合意識を市民宗教と考えていました（『社会変革と宗教倫理』未来社、1973 年）。

第 3 が**世俗化（secularization）**です。世俗化には 2 つの意味があります。1 つ目は、宗教の価値ではなく、宗教以外の世俗的な価値が優位になり、宗教の影響が小さくなる意味です。例えば、信者数や宗教団体数の減少、定期的な宗教施設に通う出席率の低下などは、世俗化の一例です。ただ、A. ギデンズは、世俗化は非欧米社会では見られない現象だと指摘します。ヴェーバーは近代化を**合理化の過程**と捉えました。人々の思考や組織が合理性を重視するようになり、宗教的なもの、呪術的なものはその影響が小さくなるという見通しです。**呪術からの解放**（**脱呪術化**または**脱魔**

術化）と呼ばれます。

2つ目に、社会秩序が宗教的な規範により近づくことで、「宗教と社会」が緊密な関係性になることです。この意味での世俗化とは、宗教的なものと世俗的なもの、または超越的なものと現世的なものの区別が曖昧になることで、社会がより宗教的になるという意味です。

組織としての宗教活動は低下しているものの、依然として強い影響力があるとの見解です。伝統的な宗教組織も影響力を失っていないばかりか、政治的にはより強い影響を有しているとの指摘もあります。脱呪術化に対して、再び宗教の影響力が高まっていることを**再魔術化**といいます。

基本的には世俗化は、1つ目の「合理化」として理解されています。ただ、合理化だけでは説明のつかない宗教現象も見られます。2つ目の視点は、合理化論に対しての批判として意義があります。

A. コントは、人類の歴史を**三段階の法則**で捉えました。人間の精神が「神学的段階」から「形而上学的段階」を経て「実証的段階」に至る三段階です。また、政治は「神聖政治」から「王政」、「共和制」へと発展します。宗教が中心の神学的段階・神聖政治から、科学による「実証的段階」への社会変動論です。

ただ、後にコントは「人類教」という「神なき宗教」を説きました。コントの思想は科学哲学としてアメリカ大陸にも影響しましたが、ブラジルでは宗教思想として受容されていました。脱魔術化と再魔術化は、どちらか一方ではなく、両方の傾向が現代社会に見られるものです。

社会的宗教と反社会的宗教

宗教にも「内集団／外集団」の区別があります。同じ信仰を持つ人々を「われわれ意識」による内集団と認識され、人間関係が強まる場合もありますし、信仰しない人々、または異なる信仰の人々を排除、敵対することもあるでしょう。私たちの宗教は正統だが、あの人たちの宗教は異端であるとの価値判断です。外集団への非難は、「内集団／外集団」の特徴の1つで、必ずしも宗教そのものの評価ではありません。

自ら所属していない宗教であっても、「社会的な宗教／反社会的な宗教」の区別に基づいて評価されることもあります。マートンの「反抗」の類型にあるように、反社会的な宗教は既存の社会規範にはない新しい価値観を提案することもあります。

一般的に、「新興宗教」は否定的に評価されます。ただし、「新興宗教」や「教祖」という表現は、マスメディアではいまだによく使用されますが、学術的には使用が避けられている表現です。怪しい、だまされている、金銭トラブルなどといった否定的なイメージがあり、価値中立的な言葉ではないからです。

違法な勧誘、多額の献金などの活動をする団体をカルト（cult）と呼ぶことがあります。カルトは宗教集団のみならず、政治的または経済的な集団にも使用されることもあります。ただ、個別の行為の合法／非合法は判断できても、カルトを明確に定義することは難しい問題です。

もともと、**カルト**の概念は、比較的に素朴な信仰を持つ人々の緩やかな集まりで、その社会の既存の宗教から逸脱した教えを持ち、しばしば特定の事物や人物の崇拝を伴うようなものを指していました。そのため、何を反社会性と捉えるのかは、宗教集団そのものではなく、社会との関係で決まると考えることができるでしょう。

個人のライフコースにおいて、宗教や信仰は頻繁に変化するものではありません。伝統的、基礎集団的、マジョリティ、内集団と考えられている宗教は、社会的に包摂されやすく、これらに含まれない宗教は社会的に排除されやすいと考えられます。

チャーチ・セクト・デノミネーション・カルト

キリスト教を事例とした宗教組織の類型としてチャーチ、セクト、デノミネーションがあります。**チャーチ**とは、宗教のみならず、公的な政治権力を有する正統な宗教組織のことです。典型例は、キリスト教のカトリック教会です。

チャーチに対する批判的な宗教集団が**セクト**です。セクトはチャーチと比較して小規模の集団で、排他的、閉鎖的な性格、凝集性が高いこと（集団内部の人間関係が強いこと）を主な特徴とします。既存の価値体系への挑戦という意味では「反社会的」な集団と評価されることもあります。ただ、対立していたほかの宗派と協調したり、または社会制度に適合したり、その性格が変容することもあります。

現実的に社会の規範や制度と協調関係を構築するような変化を経た段階にある宗教集団が、**デノミネーション**です。M.B. マクガイアは、「正当性の自己理解」と「集団と社会の緊張関係」を軸に４類型を整理しています（『宗教社会学　―宗教と社会のダイナミックス』明石書店、2008年）。

「正当性の自己理解」とは、「独自的／多元的」に分けられます。独自的な宗教は、ほかの宗教の正当性を認めません。多元的な宗教は、他の宗教にも正当性を認めます。「集団と社会の緊張関係」については、社会と対立する宗教は「否定的」、対立しない宗教は「肯定的」に分けられます。これらの類型では、日本の社会でいわゆる「カルト」とされている宗教は「セクト」に近いものです。

文化宗教・制度宗教・組織宗教・個人宗教

井門富士夫は日本の宗教を「文化宗教・制度宗教・組織宗教・個人宗教」の４つに類型化しています（『神殺しの時代』日本経済新聞社、1974年）。**文化宗教**は、初詣や先祖供養などです。ベラーの「市民宗教」と類似します。文化宗教は、危機的な状況において社会秩序を再統合する「安定の機能」があります。ただ、文化宗教はオリンピックや万博といったイベントなどで時の政権に都合よく利用されることもあると指摘されます。

図9-7　宗教の4類型

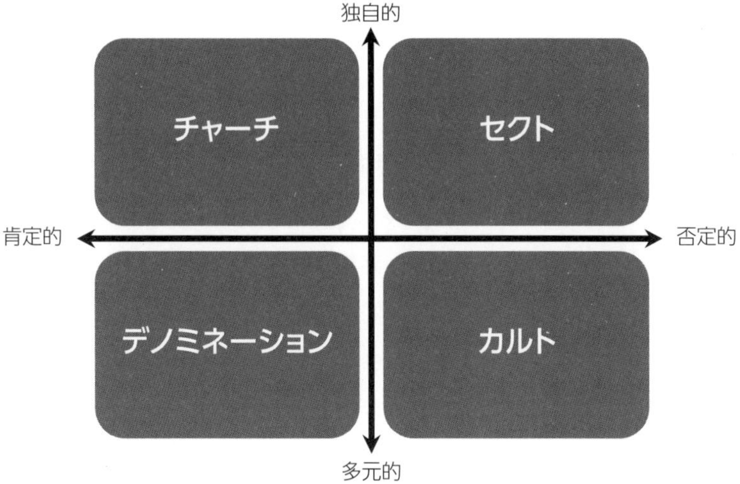

制度宗教は、檀家制度や氏子制度など特定の集団と結びついた宗教です。文化宗教と同じように、既存の社会関係を安定させる機能があります。チャーチ型の宗教といえるでしょう。制度宗教は基礎集団的であるのに対して、**組織宗教**は機能集団的な宗教です。第2次世界大戦後、日本の都市部で広がった新宗教はこの典型例です。階層によって構成されやすい特徴があります。制度宗教にはない特徴として、社会問題の解決のためには政治体制に批判的な態度をとることが、組織宗教に見いだせます。

個人宗教はルックマンの「私事化」と類似し、組織を忌避する人々による宗教です。組織集団ではないものの、宗教運動として広がることもあります。

残余範疇としての宗教

「宗教とは○○である」と積極的に定義し難いため、「△△以外のもの」と消極的に定義する方法です。例えば、精神分析で知られるS.フロイトの「無意識」は、宗教に似ています。「ちょっとした言い間違い」や「どうしてもやめられない癖」など、日々の行動の背後には**無意識**があります。ただ、無意識は意識できないものですから、「意識以外の何か」としか表現できません。

また、無意識と意識を切り離したり、また自分自身のすべての行動を意識したりすることもできません。「意識する／意識しない」にかかわらず、行動することも、意識すること自体も無意識の領域に支えられているからです。このような無意識の特徴は、**非認知的な残余範疇**といわれます。

パーソンズによれば、「社会と宗教」の関係は、「意識と無意識」の関係に類似していると考えられます。社会的行為や社会現象には、その前提となっている基本的な価値、究極的な価値としかいえないような何かしらの世界観に支えられています。これが宗教と考えられます。無意識によって意識があるように、宗教が生み出す現象として社会があるという認識です。

社会秩序としての宗教

宗教は社会秩序の源泉です。宗教現象を政治現象や経済現象と同様に考えることができないのは、そもそも宗教が社会秩序を成り立たせていると考えられているからです。

「社会秩序と宗教」は、主に二項関係と三項関係に分かれます。二項関係論には、デュルケームの「聖と俗」、ヴェーバーの「カリスマと日常」、三項関係論には「コスモス・ノモス・カオス」、「ハレ・ケ・ケガレ」のほか、ホイジンガ『ホモ・ルーデンス』に影響されたロジェ・カイヨワの「聖・俗・遊」があります。カイヨワは既存の秩序から自由になろうとする行為を「遊」と呼びました。

①カリスマ

カリスマとは、ある人物の「非日常的な資質」のことです。ヴェーバーは「カリスマ」という言葉によって、認知することができない社会を超えた「宗教的なもの」を表現しています。社会と宗教を比較したとき、宗教は非日常性、社会は日常性と区別することもできるでしょう。組織が危機にあるときは、良くも悪くもカリスマ的なリーダーが求められることがあります。カリスマは日常的な社会を大きく変える非日常的な現象です。

②コスモス・ノモス・カオス

P.L. バーガーは宗教を**聖なる天蓋**と表現しています。バーガーによれば、宗教は宇宙全体を人間的に意味のある存在として想念する試みです。そこで、コスモスは「究極的な秩序」、ノモスは「社会秩序」、カオスは「混沌状態」を区別します。

宗教はコスモスの１つです。カオス（混沌状態）からコスモス（究極的な秩序）は生まれ、ノモス（社会秩序）はコスモス（宗教的な秩序）によって成り立っています。社会秩序がない状態であるアノミーは、ノモスの危機的な状況です。これを防ぐ盾となっているのがコスモスです。

バーガーは、外在化・客体化・内在化の３段階によって、個人と社会を捉えています。社会は、もともと人間の活動によって生まれたものですが、やがて人間自身を拘束して、人々は社会の規範を受け入れるようになります。このように、外在化は社会が人間の所産であることです。客体化は、社会が現実となると、人間と対立し、人間を疎外する存在となることです。内在化は、社会の現実を再び人間の内面に組み入れることです。これは「社会の弁証法的過程」と呼ばれます。

③ハレ・ケ・ケガレ

民俗学では、晴れ着・晴れ舞台、冠婚葬祭の儀礼など代表されるように**ハレとは非日常**です。普段着はケギなどと呼ばれますが、**ケは日常**です。学校生活でいえば、ケは授業や日々の学習のことで、ハレは入学式・卒業式・運動会・文化祭などの定期的に繰り返す年中行事のことです。ハレとケを交互に繰り返し、循環しながら社会の秩序を形成しています。

また、ハレとケにケガレを加えることもあります。ケ（気）は、元気や気持ち、または農作物などのエネルギーを意味しており、ケというエネルギーが枯れた状態をケガレと考えるなどの説があります。「非日常的なもの」を**清浄（ハレ）と不浄（ケガレ）**とに分け「ケ・ハレ・ケガレ」の3つで社会秩序を捉えます。

4．宗教社会学の思想

デュルケームの宗教社会学

『宗教生活の基本形態』（1912年）は、デュルケームの後期の宗教社会学の代表作です。本書は、オーストラリアのトーテミズム（動植物のほか、自然などの信仰）の研究です。デュルケームは、トーテミズムには宗教の基本的な要素が表れていると考えて、人類に共通する宗教の特徴を考察しました。デュルケームの宗教社会学の特徴を、「聖俗論」、「沸騰論」の2点にまとめてみましょう。

①聖俗論

デュルケームは宗教を**聖と俗**を区別するものと定義しました。聖と俗の世界観はスポーツにも見られます。例えば、野球、サッカー、テニスなどの球技は、ある境界線によってインとアウトを明確に区別します。境界の内側であれば、ボールは「生きている」ものの、境界線を越えれば「死ぬ」のです。スポーツや遊戯の文化的な現象の多くは宗教的な背景があります。

聖俗論の第1の特徴は、スポーツと同様に、宗教は「聖／俗」によって、「時間と空間」を線引きすることです。聖なる時間は、日々の祈りの時間、祭の期間、四十九日などで喪に服する期間などは、人々の生活に息づいています。聖なる空間といえば、神社や仏閣、教会など宗教施設もありますし、自然信仰では山や川もあります。社会の中に聖／俗の区別をするのが宗教です。

第２の特徴は、さらに重要となる宗教の役割です。デュルケームによれば、年月などの時間的なカテゴリー、また空間的なカテゴリーも宗教的な儀礼の中から生まれてきました。時間と空間の概念それ自体を生み出すのが宗教であるということです。

例えば、年、月、週、日を使用して日々の生活を過ごしていますが、西暦がキリスト教による時間軸であることは周知のとおりです。日曜日は安息日です。日本の元号にも宗教的な背景を指摘できるでしょう。当然のことながら、１年間という時間を地球の自転と公転など自然科学的に説明することもできます。ただし、時間論・空間論に限りませんが、常に自然科学的な知見に基づいて物事を判断しているわけではありません。時間という概念自体が「宗教と社会」の関係から生み出されたものであることを**社会的時間**といいます。

②沸騰論

デュルケームは、宗教の起源を集合的沸騰にあると考えました。集合的沸騰とは、人々が集って宗教的な儀礼を実践する際に見られる感情が高揚した状態です。

例えば、お祭りが盛り上がって人々が興奮し、一体感を得るのも集合的沸騰です。お祭りは「非日常」ですから、日常の規範を忘れることもあります。オリンピックやワールドカップでは、自国の選手を応援することで、普段は自覚することの少ないナショナリズムを実感します。スタジアムでの熱狂的な応援は自他の区別を忘れさせ、「みんな同じ」との一体感との感覚を覚えることもあります。

デュルケームが考えた集合的沸騰による**社会統合**の機能は、次の２つの意味があります。１つは集団内の結束です。連帯といってもよいでしょう。集合的沸騰によって、社会の一員であることを強く自覚します。それは日々実践されなくても、定期的な儀礼に更新されることによって、社会的連帯が維持されます。

もう１つの社会統合は、人間関係そのものをつくり出すという意味です。時間の感覚や空間的な認識は宗教によってもたらされたのと同様に、宗教によって社会がつくられたという考えです。デュルケームは「神とは社会である」と表現しています。

社会学では、「社会現象としての宗教」と「宗教現象としての社会」の２つの視点で「宗教と社会」を考察します。この視点を提示したのがデュルケームです。前者は社会現象の１つとして宗教を捉える視点です。後者は社会という現象そのものが宗教によって生まれた宗教現象であると捉える視点です。

ヴェーバーの宗教社会学

経済と宗教

いつから労働は、私たちの人生に欠かせないものと考えられるようになったのでしょうか。私たちが労働することの目的の１つは、収入を得て生活を維持するためです。唯一にして最大の目的と考える人もいます。

お金をもうける行為は日常生活を維持する上で欠かせないにもかかわらず、お金に関する規範は複雑です。たとえ業務上の契約であったとしても、直接的に金銭的な条件のやりとりをすることにおいては控えめです。「いやらしい話ですが……」と前置きしてから、給料や報酬の条件を確認することもあります。他人の年収が気になっても気軽に質問できるわけではありません。お金を主題にすることは直接的に言及してはいけない、あるいは控えめであるべきとの規範があります。

また、レストランで食事した際に会計をいつの間にか済ませている——こうした態度をスマートだと評価する規範もあります。お金を支払う姿を見せない方が肯定的な評価を得ます。このほか、お年玉、ご祝儀、香典など、現金を他者に渡す場面は人生の節目でやってきます。このときも、紙幣を裸の状態で渡すことは避けなければなりません。お金は直接的に触ってはいけないのです。

このように、私たちの生活においてお金は欠かせないものであり、人々の関心が高いにもかかわらず、言及してはいけない、見てはいけない、触ってはいけない存在です。

皆さんは、お金以外にこのような存在は思い当たりますでしょうか。ご本尊や仏像などの信仰の対象物が同様の扱いを受けることがありますので、ひょっとしたら、私たちの資本主義社会はお金を信仰している可能性が高いのかもしれません。いずれにしても、お金は関心があっても直接的に触れてはならないというある種の「儀礼的無関心」を求められるのです。

マルクスと唯物史観

カール・マルクス（1818～1883）は、宗教を鎮痛剤にたとえました（「宗教はアヘンである」）。マルクスにとって宗教は社会問題の解決にはならず、あくまで一時的に痛みを和らげるものでした。

マルクスが取り組んだ社会問題は「資本主義」です。マルクスが資本主義に見いだした原理は、自由ではなく不平等でした。そしてこの問題が人々に認識すらされていないという問題だったのです。マルクスによれば、貨幣は経済活動の手段であるはずでしたが、資本主義ではその獲得自体が目的化します。人間関係が「物と物」の関係、または「商品」としての関係になります。マルクスは、この状況を**物象化**や**物神崇拝**と呼び、これを批判的に考察しました。

マルクスの社会理論によれば、**下部構造と上部構造**のうち、土台となる経済的な関係である下部構造が、法や政治、文化、意識などの上部構造を規定します。例えば、経済状況や階級によって、同じ人物でも価値観は変わります。これは社会全体も同じことです。人々の意志や理念ではなく、経済的な合理性や資本主義の論理に従って事物が変容していくことを意味します。このように、下部構造を中心とする歴史観を**唯物史観**といいます。唯物史観（史的唯物論）では、**原始共産制・奴隷制・封建制・資本主義・社会主義**へと段階的に移行すると考えます。

プロテスタンティズムの倫理と資本主義の「精神」

お金に対する微妙な距離感は、日本の社会独自のものではありません。直接的にお金を稼ぐ行為を推奨していなかったり、お金を貸して金利を稼ぐことは宗教的な倫理観に反すると考える社会もあります。ヴェーバーは、経済的な関係などの利害関係以外にも**理念**が歴史の動因となることもあると考えました。

宗教と経済倫理を考えると、お金に関する厳しい規範が強い社会には資本主義にはなじまないように考えられます。しかし、**近代資本主義**はキリスト教が中心であるヨーロッパで生まれました。資本主義の起源について、ヴェーバーは次の３つの疑問を提示します。

第１に、中国やイスラームの地域ではなく、なぜヨーロッパにおいて**合理的な経営**に基づく資本主義が始まったのか。ルネサンスの３大発明といえば火薬・羅針盤・活版印刷です。これらは中国で発明され、シルクロードを通じてヨーロッパに伝わり、実用化されたものです。学校教育の世界史ではヨーロッパを中心に勉強することもありますが、歴史の全体を振り返れば中国にもイスラームにも数々の巨大な帝国があります。科学技術文明の発達もすさまじく、世界史において中国の存在感が大きいことは現代に限りません。そのような中国やイスラームの地域ではなくなぜヨーロッパなのでしょうか。

第２の疑問として、現世の財貨に対して禁欲的な態度を貫くべきであるという宗教的な規範を、キリスト教が有していることです。金利によって利益をあげる金融業は忌み嫌われました。

第3に、キリスト教の中でも、カトリックよりもプロテスタントの方が資本家や経営者など所得の高い職業にあるという統計的な事実です。1517年のルターは「95か条の論題」で、贖宥状のよって救済されるとして、いわゆる免罪符を販売したカトリックを批判します。これに反抗した人々であるプロテスタントは、教会の儀礼ではなく「信仰」による救済を主張します（信仰義認説）。贖宥《しょくゆう》状をめぐる対立は、領主、農民など当時の社会構造の対立に発展しました。

3つの疑問を解明したのが、ヴェーバーの『プロテスタンティズムの倫理と資本主義の精神』(1904～1905・以下、『プロ倫』) です。本書はヴェーバーの宗教社会学の全体の中で最も核心的な内容です。

ヴェーバーは**カルヴァン派の予定説**に資本主義の「精神」の形成を見いだします。フランクリンの「時は金なり」に代表される「合理化」の思想です。予定説は、善いことをしたら救われるという教義ではありません。人間の振る舞いによって天国に行ける、または成仏できることが決まるのではなく、予定説によれば、あらかじめ救済される人物が決まっています。ただ、人間は自身が救済されるのかわかりません。「神のみぞ知る」です。

教会を批判したプロテスタントの人々は「祈りかつ働け」を実践します。教会（世俗外）で働く聖職者のように倹約し、質素な生活を心がけ、個々人が聖書を解釈して実践します。世俗の労働であっても宗教的には**天職**です。これは**世俗内的禁欲のエートス**です。

宗教的に救済される確信を求めた労働は、結果として経済的な利益にもつながります。その利益はどのように使われたのでしょうか。リタイヤ、セミリタイヤすることによって残りの人生を謳歌することもあり得るかもしれません。しかし信仰の実践として労働に励む人々には、このような選択肢はありません。利益は次の事業のために投資されます。

投資は事業の拡大、さらなる利益をもたらすこともあるでしょう。その利益をさらに投資し続けますが、この再投資の繰り返しに終わりはありません。なぜなら、予定説に基づく宗教的な救済を求めて、その確信を得たいという動機による行為だからです。

単に経済的な行為、お金もうけをするための行為であるならば、ある程度の目標額が達成された時点で止めることもできるでしょう。働くことは、宗教的な行為であり、経済的な行為でもありました。信仰が合理的な行為を促進させ、営利活動を宗教的に意味のあるものとして正当化します。こうした過程を経て、宗教と経済はそれぞれ別々のシステムとして機能分化します。**経済と宗教が機能分化**した後は、それぞれが別々の行為であるように感じられます。ただ、元々は不可分の行為であったと考えることによって、資本主義の精神の形成が理解できます。

先述のヴェーバーの３つの疑問はどのように答えを見つけることができるでしょうか。第１に、ほかの地域や宗教ではなく、合理化を促すエートスがプロテスタントにあったことです。第２に、プロテスタントのエートスの営利活動に厳しく反対する禁欲的な態度が、営利活動の実践に適合的であったという逆説です。第３に、エートスは経済的な成功に結びつきやすく、それが信仰による階層分化につながったという結果です。

このように、予定説が合理化を促しました。経営や投資は先々を見据えて、最も目的に合った手段を徹底的に吟味されるようになります。ヴェーバーはドイツの東エルベ地方で労働調査を実施しました（『東エルベ・ドイツにおける農業労働者の状態』1892年）。そこで見られる労働観は、日々に必要な分だけ働くにとどめて、将来のために現在を犠牲にする規範ではありませんでした。

ヴェーバーは、**利害と理念**の関係を転轍《てんてつ》手（鉄道で線路変更する装置の担当者）にたとえて、次のように述べています。

人間の行為は直接的には利害によって支配されています。ただ、理念はしばしば利害関係とは別の方向に進路を変えたり、利害を超えた「世界像」に向かって推進したりすることがあります。

『プロ倫』は、エートスという理念が転轍手となって社会変動を促した事例です。マルクスとは異なる歴史観の提示でもあります。

宗教も歴史を動かしていきました。宗教改革は、すべての宗教ではなくて、あくまでキリスト教から始まった出来事です。ただ、カトリックとプロテスタントの対立による影響は、資本主義の精神の形成だけではありません。宗教戦争である30年戦争の後には1648年のウェストファリア体制によって**国際関係**、すなわち国家を単位とした世界観が始まります。

また、カトリックの布教はヨーロッパの外にも広がりました。これを統制したのが日本の檀《だん》家《か》制度です。ピューリタン（イギリスのカルヴァン派）は市民革命の担い手となりました。ユグノー（フランスのプロテスタント）は信仰の自由を求めて国外に出ることで、フランス経済への大きな打撃がありました。歴史は宗教史といわれるほどですから、宗教の影響が強いのは、ヨーロッパだけではありません。

いずれにせよ、救済を求め信仰に励んだ行為の帰結として、近代資本主義の「精神」が形成されました。『プロ倫』は、社会学で最も重要な**意図せざる結果**の事例です。

パーソンズの宗教社会学

「社会現象としての宗教」と「宗教現象としての社会」という2つの視点を社会システム論として展開したのが、パーソンズです。パーソンズは「システム」概念を本格的に社会学に導入した社会学者です。

パーソンズのシステム論は、主に2つの段階に分けられます。1つは、**文化システム・社会システム・パーソナリティシステム**による3つのシステム論です。もう1つは、AGILの4機能によってシステム論を展開した段階です。パーソンズの社会学は「人間の条件」を探った壮大な試みです（『行為理論と人間の条件』1978 年）。

①文化システム・社会システム・パーソナリティシステム

３つのシステム論の中では文化システムが宗教的な規範を意味しています。パーソンズは、文化システムの価値が社会システムに制度化され、パーソナリティシステムに内面化されると表現しています（図 9-8）。プロテスタントの宗教倫理（文化システム）が資本主義（社会システム）として制度化されて、個々人の人格（パーソナリティシステム）に内面化していると解釈できます。『プロ倫』の内容を独自に表現したもので、宗教という社会の基本的な価値を中心に、社会秩序問題を考察しています。

② AGIL による「人間の条件」

文化システム・社会システム・パーソナリティシステムの３つのシステム論の後に、パーソンズは**AGIL4 機能図式**によってシステム論を発展させます。A（Adaptation：適応）、G（Goal attainment：目標達成）、I（Integration：統合）、L（Latency：潜在的パターンの維持）の４機能です。

最終的にパーソンズは**人間の条件**を４機能図式に表現しました。物理

図9-8　文化システム・社会システム・パーソナリティシステム

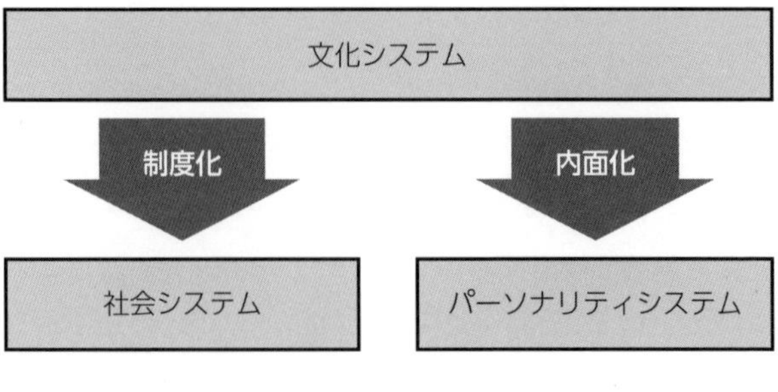

−化学システム、人間有機体システム、行為システム、テリックシステムです。自然科学的な意味での人間（物理−化学システム、人間有機体システム）、社会的な意味での人間（行為システム）、そして宗教的な意味での人間（テリックシステム）を含めて、総合的に人間の存在を表現したものです。

パーソンズの「人間の条件（生命システム）」は階層的な入れ子構造の構成になっています。例えば、社会システムは経済システム（A）、政治システム（G）、社会的共同体（I）、信託システム（L）の４機能によって成り立っていますが、社会システムは行為システムのI機能であり、行為システムは「人間の条件（生命システム）」のI機能です（図9-9）。

パーソンズの理論の特徴は、宗教が各階層にあることです。社会システムにおける信託システム、行為システムの中の文化システム、そしてこれらの上位にあるテリックシステムも、宗教的なものを意味します。社会の中にある宗教的なものを信託システムとして、社会を超える宗教的な世界観をテリックシステムとして位置づけています。

社会システムは、行為システムのうちの１つです。宗教社会学としてパーソンズのシステムを見たときに、人間の条件を最も規定するのがテリックシステムという宗教的なシステムでした。一方で、社会システムの

図9-9　パーソンズの「人間の条件」

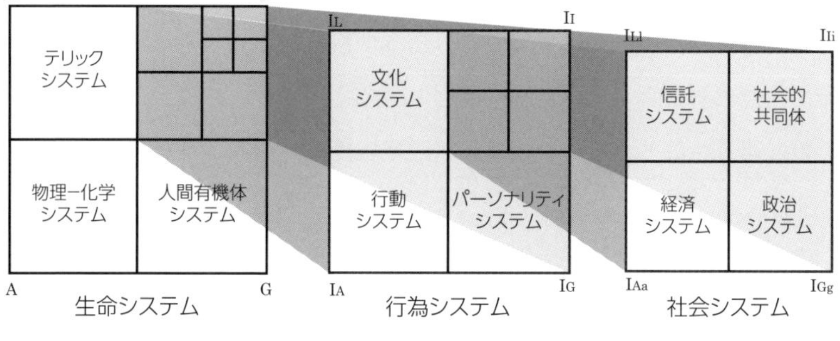

中の１つとして宗教も位置づけています。別言するのであれば、「社会の中の宗教」を社会システムのＬ機能として表現しました。「宗教の中の社会」として、社会を超える究極的な価値として、テリックシステムを示しています。

パーソンズはテリックシステムを、デュルケームの宗教社会学から着想を得たと述べています。ヴェーバーとデュルケームの社会学、特に宗教社会学を収斂《しゅうれん》させたのがパーソンズの社会学です。

5．日本社会と宗教

日本社会の宗教史

教科書で学習した日本史に限っても、神道や仏教、儒教、キリスト教など、宗教または倫理、思想として取り上げられるものは数多くあります。日本の神道は日本書紀にも記述がある自然宗教と考えられています。

推古天皇の在位中604年に制定された十七条憲法《じゅうしちじょうけんぽう》には、「和を以て貴しと為し」の第一条に続き、第二条には「篤《あつ》く三宝を敬へ」と、外来の宗教である仏教の「仏《ぶっ》・法《ぽう》・僧《そう》」を重視する規範が示されています。約1400年前、聖徳太子は仏教信仰に篤く、法隆寺や四天王寺などを建立したとされています。

シンクレティズムとは、既存の複数の宗教が融合し、継承していることを示す概念です。例えば、日本の**神仏習合**のように外来の宗教（仏教）／土着の宗教（神道）が代表例です。日本の宗教といっても、諸外国との関係や自然崇拝など、宗教や信仰のあり方は１つではなく、「伝統」を定めるのは難しいことかもしれません。近代以降に「創造された伝統」もあります。

中世の仏教は「チャーチ」にあたる存在となりましたが、鎌倉新仏教という「セクト」が興ります。法然の浄土宗、親鸞《しんらん》の浄土真宗、日蓮《にちれん》の法華宗、栄西の臨済宗、道元の曹洞宗などこれらが代表的です。この時代に現代にも大きく影響する新しい宗教的な運動が生まれます。戒名など、いわゆる葬式仏教は江戸時代に広まったとされ、江戸の後期には石柱のお墓も一部で見られるようになったといわれています。**檀家制度**は、外来の宗教であるキリスト教を統制する政策でもありました。

明治時代になると、神道が国家の中心的位置を占めてきます。明治天皇による招魂社《しょうこんしゃ》を起源として、1879（明治 12）年に靖国神社と改称されます。明治の初期には戸籍制度が開始され、明治中期には徴兵制度が確立します。第 2 次世界大戦では、国家神道が宗教的なイデオロギーとなりました。そのため、日本にとっては宗教戦争の性格もあったと考えられます。

新宗教

新宗教とは、主に幕末から第 2 次世界大戦後に誕生した宗教です。敗戦後の日本国憲法では**信教の自由**が保障されたこともあり、多数の宗教が誕生します。新宗教だけで 1 冊の事典ができるほどです（『新宗教事典』）。

信仰を始めた動機のことを、入信動機といいます。新宗教の**入信動機**の仮説の 1 つが剥奪理論です。**剥奪理論**は**貧・病・争**（貧困と病気と家庭不和）の問題解決を入信動機として説明する理論です。貧困から脱出、病気の克服、家庭内の和楽など、目の前にある現実的な困難を解決する「現世利益」が中心的な課題です。このように、人々の期待に応える新宗教が大きく成長していきます。

「貧・病・争」の問題は現在でもなくなっていませんし、これらの解決を宗教に求めるのは現代社会でも変わりません。しかし、戦後の日本社会においては、ある意味で現在よりも問題は深刻でした。ただ、当時は高度経済成長期（1954～1973 年）を経て、「貧・病・争」の問題は劇的に改善されました。人々の所得は倍増し、大きく生活は変わります。

この時代は、家電（家庭用電化製品）など、耐久消費財の所有が拡大していきます。家の中に家電が増え、家電が増えると多くの人々は「豊かさ」を実感します。これは**消費革命**と呼ばれます。豊かになれば病気を治療することも可能になり、家族関係も変化していきます。消費革命は**生活革命**でした。

戦後に新宗教が広がった背景には、**都市化**が挙げられます。農村・漁村から大量の人口が都市に流入し、都市に人口が集中しました。東京や大阪、福岡など都市部へ、また「開拓」と称して北海道に渡った人々は長男ではなく、次男・三男の人々です。家や村落共同体の宗教を離れ、ある意味で基礎集団的な宗教から離れた人々が都市部において新宗教の担い手となりました。

新新宗教

豊かな社会における悩みとは、どのようなものでしょうか。「物質的な豊かさ」は満たされ、その次に何を求めるのか。それは「心の豊かさ」、「自己実現」、「自分探し」など、**アイデンティティ**です。貧困や病は、乗り越えた状態がある程度は想像できます。問題解決のための具体的な目標を設定しやすく、それを達成する手段も明確なことがあります。

これらと比較して、自己実現や自分探しは、目標が設定しにくいことがその特徴です。また、目標を達成するための手段は、必ずしも明確なものとはいえません。この意味でアノミーになりやすい問題です。

1970年代以降の新しい悩みに対応する宗教を**新新宗教**と呼びます。癒やし、オカルト、占星術、ニューエイジ、精神世界など表出されたものは多種多様です。**新霊性運動**や**スピリチュアリティ**と呼ばれることもあります。

スピリチュアリティは、1970年代以降欧米諸国において宗教とは異なる概念として定着してきたものです。スピリチュアリティを宗教と明確に区別して定義するのは難しいことです。ただ、宗教が「洗脳」や「マインドコントロール」などと否定的に評価されることがあるのに対して、比較的に肯定的な評価があるとの指摘もあります。R.ベラーは、アメリカの社会では、人々は自身の宗教的な行為を「宗教」ではなく「スピリチュアリティ」と表現すると指摘しています。

伊藤雅之はスピリチュアリティを次のように定義しています。「おもに個々人の体験に焦点を置き、当事者が何らかの手の届かない不可知、不可視の存在（例えば、大自然、宇宙、うちなる神／自己意識、特別な人間など）と神秘的なつながりを得て、非日常的な体験をしたり、自己が高められるという感覚を持ったりすること」（『現代社会とスピリチュアリティ』渓水社、2003年）。

医療技術の進展におけるホスピス、福祉的なケア、学校教育における「命」の教育、ポジティブ心理学なども、スピリチュアリティと考えられています。

宗教と価値自由

宗教（religion）は、もともと仏教の言葉である「宗教」をreligionの翻訳語にあてたものです。このため、「宗教」という概念それ自体も再検討する必要性が指摘されています。宗教概念は西洋中心主義的、または西洋にとってのエスノセントリズム（自民族中心主義）によって構成された概念だと考えられているからです。そのため、キリスト教を規範とした意味があると考えられます。西洋以外の地域では事情が異なる場合があることに、注意が必要でしょう。

日本の「仏教」も、近代的な概念です。現在では仏教と呼ばれる宗派がそれぞれ存在していますが、それらを総称した「仏教」は近代社会において誕生したものです。これは日本の近代化の過程で、西洋のキリスト教に対して、日本で該当するものを表現した結果と考えられています。宗教も仏教も「伝統の創造」です。

ヴェーバーは、信者数の多さを基準として、儒教、ヒンドゥー教、仏教、キリスト教、イスラーム、ユダヤ教を主な世界宗教として挙げています（『宗教社会学論選』みすず書房、1972 年）。国家や文化を超えて信仰されている宗教を**世界宗教**と呼び、特定の国家や地域で信仰されている宗教を**民族宗教**、または**民俗宗教**と区別することがあります。

ヴェーバー以外にも「世界宗教／民族宗教・民俗宗教」の分類の仕方はさまざまあって、ヒンドゥー教、ユダヤ教は「民族宗教」に分類されることもあります。どちらかといえば、民族宗教・民俗宗教に比べて世界宗教の方がより普遍的な宗教として肯定的に評価されることがあります。「世界宗教／民族宗教・民俗宗教」の区別は単に信者の多さではなく、時代や社会によってどの宗教が世界宗教にふさわしいかという価値判断が含まれた概念であることは、注意が必要です。宗教の概念それ自体にも価値自由の理念、すなわち特定の価値観から距離を保つことが求められます。

日本人と無宗教

「日本人は無宗教である」といわれ、これが自己意識や社会意識となっているようです。「無宗教」とはどのような宗教なのでしょうか。

第 1 に、**宗教概念**です。宗教概念が近代西洋の価値観を反映したものであるため、日本社会の「宗教」は宗教とみなされにくいということです。例えば、日常生活の行動を規制する規範の存在が強くないこと、明文化されていないことなどが挙げられます。日常生活で当たり前のように慣習化された行動は、宗教とは感じられないというわけです。

第 2 に、**自然宗教**です。宗教の類型に、創唱宗教、啓示宗教、自然宗教があります。創唱宗教が特定の人々によって人為的に始まったとされる宗教です。啓示宗教は、神など人間を超えた存在を中心とした宗教です。

自然宗教には、2 つの意味があります。1 つは、人間の理性や合理主義に基づいた宗教のことです。もう1つは、自然界の霊魂（アニマ）の存在を信仰するアニミズム、太陽や山岳などの信仰を意味する自然崇拝などが含まれます。また、組織化されていないものの慣習化した宗教を、自然宗教と呼ぶことがあります。どちらかといえば、創唱宗教や啓示宗教のみが宗教であって、主に後者の意味での自然宗教が宗教と認識されにくいことも「無宗教」の背景にあると指摘されています。

第3に、**入会のない信仰**です。政治的無党派とは、支持する政党がないだけで、必ずしも政治的な無関心ではありません。支持政党がなくても政治的な問題に高い関心を有して、欠かさず投票に行き、社会問題に対してデモに参加することもあります。

「無宗教」は宗教がない状態ではなく、宗教と考えられていないものの、宗教や信仰はある状態でもあります。宗教は「やっている」とか「入っている」と表現されることがあります。どちらかといえば、機能集団的な宗教を指す場合に特徴的な表現のようです。ただ、「**入会のない信仰**」もあります。基礎集団や市民宗教のほか、世俗化もこの事例の1つです。

また、宗教活動は組織や儀礼、布教など多くの要素を含みますが、これらの諸活動を除いた「内面的な行為」を信仰と呼んで区別することがあります。「宗教と信仰」を区別することによって、「**宗教のない信仰**」、「**信仰のない宗教**」を考えることができます。信仰は組織活動の中にのみあるわけではありません。初詣や地域のお祭りに参加するなどの宗教的行動には、「信仰のない宗教」も含まれていると考えることができるかもしれません。

第4に、**不信仰**です。「信仰（belief）／非信仰（disbelief）」は、信仰者であるか、信仰者でないかを区別した意味です。パーソンズは、信仰がある／ないという対立を避けて、信仰から距離を取りつつも、信仰が伏在することを**不信仰**（unbelief）として提案しています。これは、ヴェーバーの「価値自由」を継承した概念です。価値自由は没価値的です。価値観から完全に自由とはいえないものの、特定の価値観から離れようとする態度です。不信仰もあらゆる宗教と関係しないとはいえませんが、特定の宗教とは距離を取る没価値的な態度です。

6．現代社会と宗教

近代社会の新しい宗教

宗教の機能を果たすものは、宗教だけではありません。第1に、**合理主義**です。ヴェーバーの脱呪術化による合理化論は、その代表です。合理主義の優位は、科学主義として現れます。感染症の原因を探ること、組織の利益を増加させることは、「祈る」ことではなく、「分析する」ことによって解決や目的が達成されるという世界観があります。

第2に、**ナショナリズム**です。「国家のために命を捧げる」など、人々の死に意味を与えているのがナショナリズムです。「死ぬ意味」は「生きる意味」にもつながります。I. ウォーラーステインは「ゲゼルシャフトからゲマインシャフトへの回帰」を現代社会の特徴を指摘しました。ゲマインシャフトという共同体的な関係は、地域社会などの地縁関係は弱くなっているものの、「想像の共同体」として人々の生活を意味づけしているのです。

第3に**人格崇拝**です。デュルケームは、近代社会の「新しい宗教」として**人格崇拝**を挙げています。ヴェーバーは、カリスマ性のある人物が社会変動を担うことを考えていましたが、デュルケームの人格崇拝はカリスマ的な存在のことではありません。人格崇拝とは、個々人の人格を尊厳あるものとして尊重することです。既存の宗教の力が弱くなる中で、最も基本的な道徳となり得るのは人格崇拝だと考えたのです。

デュルケームによれば、「個人」という概念には「宗教性」があります。1人ひとりの存在が、「神」なのです。人権を侵害することは、神への冒《ぼう》瀆《とく》と同じ意味になりました。

デュルケームは「人格の非人格的要素」を指摘しています。「非人格的要素」とは、人格崇拝が「宗教」となった歴史的な背景には、社会的分業が発展して、個人化と機能分化が進行したことがあるからです。個人化は「心」だけではなく「身体」の見方も変えました。お互いの心や身体が1人ひとりにとって別個のものであるという認識も、「個人化」の結果と指摘されています。ランドル・コリンズが指摘するように、個人主義という宗教は、個々人にとっては選択の余地なく迫られる宗教なのです。

宗教とセーフティ・ネット

宗教は、社会的に弱い立場の人々を支援するセーフティ・ネットの役割を果たしてきました。第1に、宗教はアジールとして意義もあります。アジールとは、聖域の意味です。歴史的には世俗の関係で追われる立場の人々を保護してきました。例えば、犯罪人や債務者、離婚を希望する女性にとって避難所の役割を果たしました。

社会的に弱い立場にある人々、世俗的な権力によって排除されてきた人々を支えることは、宗教の重要な**脱社会的機能**です。例えば、聖職者は日常生活の人間関係では他人に相談しにくいことを聴くこともあります。また、宗教団体は病院や福祉施設の機能を担うことのほか、ホームレスなどの貧困支援もしています。貧・病・争の問題にもともと取り組んでいたのが宗教です。

第2に、慈善活動としての宗教です。宗教と災害支援について、稲場圭信は「宗教的利他主義」の観点から、宗教の社会貢献を論じています。利他主義とは、他者への「思いやり」のことで、自己の利益のためではなく他者のために心遣いをする態度です。

2011年の東日本大震災では、宗教団体が救援の拠点となり、復旧や復興を支援しています。1995年の阪神淡路大震災においても、宗教団体のボランティア活動が見られました。その活動は緊急支援物資の運送・配布、炊き出し、トイレ掃除など多岐にわたっていました。ただ、「心のケア」は布教活動につながるとの警戒感もあり、救援活動を伝える報道は少なかったと指摘されています（『利他主義と宗教』弘文堂、2011 年)。

第 3 に、共同体やコミュニティとしての宗教です。新宗教は都市部における共同体の機能を果たしています。新宗教は、地方から都市に来た人々がお互いの生活を支え合ったことで、発展してきたという側面があります。大都市で働く地方出身者は決して裕福な人々ではなく、都市の地域共同体、または企業という会社共同体に所属することが難しい、階層的には下位の人々でした。政府による社会保障制度というセーフティ・ネットに期待できないとき、新宗教がその役割を果たしました。

また、海外での日本人のコミュニティにて宗教が紐帯《ちゅうたい》になる事例もあります。日本だけではなく、海外で自国の宗教を信仰し続けると、現地では独自の変容を遂げる事例もあります。また、変化せずに、自国ではすでに見られなくなった儀礼が現地では現存し続けることもあるのです。

社会関係資本としての宗教

社会学では、日常生活の支えとなる人間関係を**社会関係資本（ソーシャル・キャピタル）**といいます。ボランティア活動もコミュニティも社会関係資本の 1 つです。

ここで、筆者が直接聞いた、ある地方都市に住む男性の事例を紹介します。娘さんが進学のため東京に行くことが決まり、父親として、東京で新生活を始めるわが子のことを想像すると心配は尽きないとのことでした。経済的な負担が大きいことは容易に想像できますが、彼自身はその心配はなく、むしろ経済力には自信があるようでした。彼の悩みは別のところにありました。1 つ、彼が出した結論は「宗教団体に娘を加入させればいいのではないか」ということでした。できるだけ大きい宗教団体に所属すれば、日常生活を見守ってくれる人間関係がすぐにできるのではないか、そう考えたというのです。

友達ができないこと、知り合いがいないこと、これらは経済力だけでは簡単に解決できません。経済資本が十分であっても、社会関係資本がないことの不安。その対策として、新宗教への加入を考える父。おそらく一般的には、親元を離れて新しい生活を始める子どもには「新興宗教にだまされないように」と忠告する保護者の方が多いことでしょう。この父親の考えには賛否それぞれあるでしょう。筆者は最終的に、この男性がどのような決断したのかを知りません。ただ、私たちの社会では、大都市や海外などの知らない土地で安定した人間関係を築きたいという問題を解決するために、どのような選択肢をいくつ示すことができるのでしょうか。このような社会関係資本の弱さ、すなわち「社会の弱さ」は、私たちが共有している問題でもあるのです。

宗教と社会学

「あなたは信仰がありますか」、「宗教は大切だと思いますか」と質問されたとき、皆さんはどのように回答するでしょうか。本章では、「宗教と社会」の関係を「社会現象としての宗教」とともに「宗教現象としての社会」という２つの見方によって概観しました。信仰や入会などは宗教的アイデンティティに関わるものである一方、アイデンティティの問いそのものが宗教的なものとつながるのです。社会制度とアイデンティティともに、「宗教と社会」がその源泉であることは、社会学の伝統的な視座です。この意味で、すべての社会学は宗教社会学に通じているといっても過言ではないのです。

第 10 章

エゴイズムとアノミー

1．社会学主義

デュルケームの社会学主義

もし、社会学者を１人だけ取り上げて、社会学の諸領域を全体的に学ぶとすれば、エミール・デュルケーム（Emile Durkheim 1858～1917・図 10-1）の名前が最初に挙がることでしょう。哲学の原点がソクラテスならば、「社会学はデュルケームに始まり、デュルケームに帰る」といえるでしょう。「社会学的な考え方」を学ぶのに最もふさわしいのはデュルケームであり、**社会学主義**の思想です。

社会的な**分業**の研究から出発したデュルケームは、当時のフランスで自らの学派を形成するほど大きな影響力がありました。宗教、集団、家族、

図10-1　E.デュルケーム

法の研究など多岐にわたりますが、最も有名なのは自殺の研究です。

デュルケームは、社会学の研究対象は**社会的事実**であると考えました。例えば、社会的事実には、規範、知識、神話、世論、集合表象などがあります。社会的事実には主に２つの側面があります。１つは、**集合表象**です。集合表象とは、みんなが共通して持っているイメージのことです。「神」といえば、宗教的な神でも、神対応の神でもいいのですが、具体的な実体がなくても尊いもの、崇高なものとして想像できます。「日本」や「国家」、また「個人」も集合表象の１つといえるでしょう。

社会的事実のもう１つの側面は、合計特殊出生率、婚姻率、離婚率など、統計資料によって明らかになります。これらの数値は、社会現象が見て取れます。集合表象を含めて、社会的事実は、より身近な言葉でいえば、社会現象と呼ばれているものを考えるとよいでしょう。

デュルケーム自身は「**社会学主義**」の立場を表明しています。社会学主義は、社会主義とは別物です。この社会学主義には２つの意味があります。１つ目は、私たち１人ひとりが社会からさまざまな影響を受けているという意味です。２つ目が、ある社会現象は、個人的な要因ではなく、ほかの社会現象によって発生や変化が説明できるという意味です（図 10-2）。

デュルケームは『社会学的方法の規準』(1895 年）にて、**「社会的事実は社会的事実によって説明されるべきである」**と主張しています。社会現象を説明する際、個人的な要因による説明は不十分であるという考え方です。これはどういう意味なのでしょうか。

第１章で、「社会」という言葉の対義語を確認しました。個人、集団・組織、反社会的存在、自然現象などがこれにあたります。本章では、社会・自然・個人という３つのキーワードから統計資料を読み解いてみたいと思います。合計特殊出生率や高齢化率などの人口の動態、結婚行動、事件や事故の発生件数、物価や株式など経済指標、投票率に見られる政治行動など、統計資料は私たちの社会を知る手がかりです。

図10-2　社会学主義の考え方

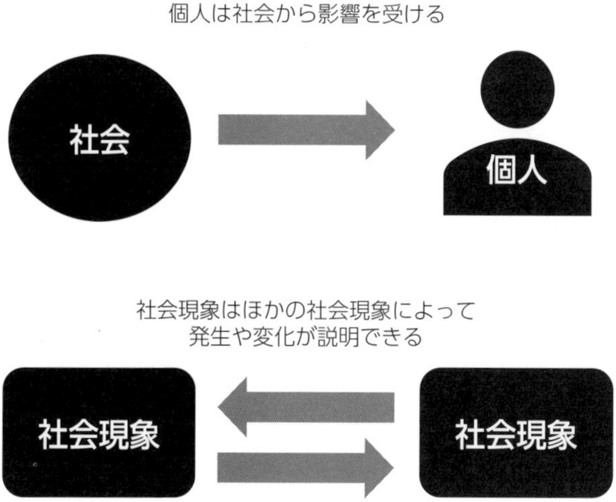

社会・自然・個人

近年、出生数・出生率、婚姻件数、離婚件数はどのように変化しているのでしょうか。図 10-3 は「出生数の年次推移」です。1899（明治 32）年から 120 年ほどの変化がわかります。

第 2 次世界大戦後の 1947～1949（昭和 22～24）年の「第 1 次ベビーブーム」、1971～1974（昭和 46～49）年の「第 2 次ベビーブーム」が特徴的です。また、合計特殊出生率は「第 1 次ベビーブーム」には 4 を超えますが、その後急減しました。第 2 次ベビーブームに上昇したものの、1974 年に人口置換水準（人口が増加も減少もしない均衡した状態となる合計特殊出生率）を下回り、減少傾向が続いています。

婚姻件数、離婚件数を見てみましょう（図 10-4、図 10-5）。1970 年代半ば以降、婚姻件数は緩やかな減少傾向です。離婚件数は、2002 年以降急激に減少し、20 年間で約 3 分の 2 になっています。現代の日本は、年間約 50 万組が結婚して約 18 万 4,000 組が離婚する社会です。

図10-3　出生数の年次推移

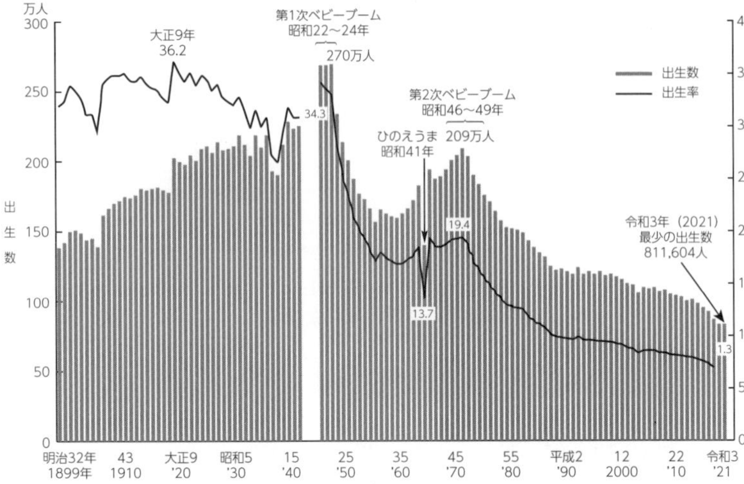

厚生労働省　人口動態調査より一部加工

図10-4　婚姻件数と婚姻率の年次推移

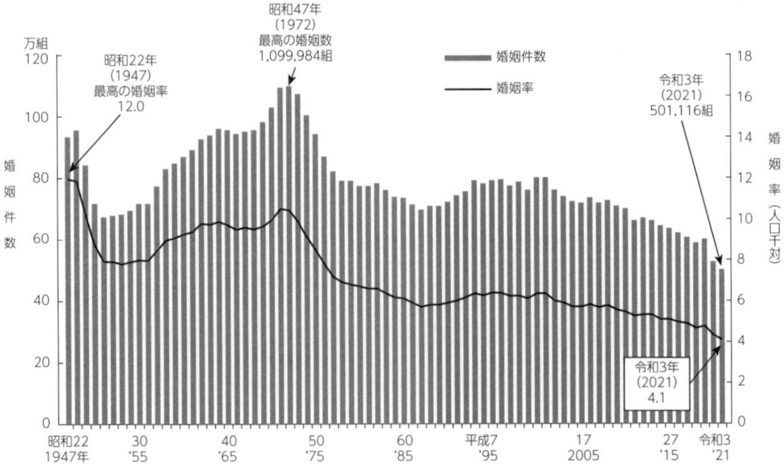

厚生労働省　人口動態調査より

図10-5　離婚件数および離婚率の年次推移

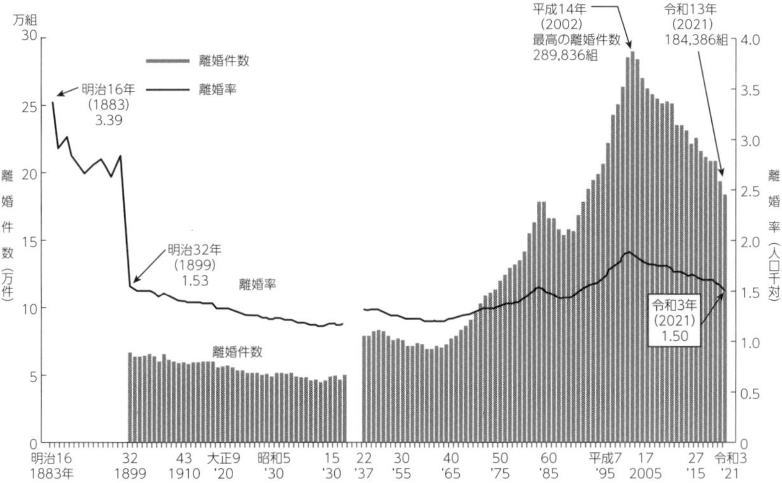

「厚生労働省人口動態調査」と「男女共同参画白書 令和４年版」をもとに作成

出生数、婚姻件数、離婚件数の統計資料は、社会・自然・個人のうち、どの観点から考えることが最も妥当といえそうでしょうか。これらは、社会現象でしょうか、それとも自然現象でしょうか。また社会現象でも自然現象でもなく、あくまで個人的な問題と考えた方がよいのでしょうか。

出生という生命誕生のメカニズムは、社会科学よりも医学・生物学で研究対象とされる領域です。その意味では「自然」と考えられます。結婚に至ったきっかけはオープンに語られることがありますが、一方で離婚の原因は「当事者である２人にしかわからない」とされ、プライベートな問題と感じられていることでしょう。

統計資料は一定の傾向を示す

出生数、婚姻件数、離婚件数ともに、その原因として考えられるものは多数あります。「なぜ、子どもの数が減っているのか」、「なぜ、結婚する人も離婚する人も減少しているのか」、このような問いの立て方によって、景気の影響、結婚に関する価値観の変化、子育て環境の不十分さなどが指摘されたりもします。どれも重要な考察です。

しかし、ここで考えてみたいことは**「なぜ、統計資料に一定の傾向が見られるか」**ということです。出生数であれば2回のベビーブームがあって、その後は長期的な減少傾向にあります。結婚も離婚も減少傾向にありますが、特に離婚はこの20年間で急速に減少しています。結婚は緩やかに減少していますが、それほど大きく変化していないともいえます。これらは社会全体で目標となる数値を示した結果ともいえません。

子どもを産むか産まないかの選択や、そのための実践は私的な領域での出来事であって、他人からは見えないプロセスであることがほとんどです。結婚も離婚もまた、私的な領域の出来事です。当人たちにしかわからない原因によるものでしょうし、もしかしたら、当人たちもその原因がわからないこともあるでしょう。

しかし、統計資料には一定の傾向が見られます。なぜ、株価チャートのように乱高下せずに、増減はありつつも一定の傾向が見て取れるでしょうか。

社会は実在する

この問題を正面から取り上げたのが、デュルケームです。この問題へのデュルケームの回答はシンプルです。**「社会は見えないけど実在する」**——社会によって1人ひとりが影響を受けているため、一定の傾向が見られることを指摘したのです。自殺や離婚という社会現象を説明する際に、個人的な心情を説明したところで社会的な統計が一定の傾向を示すことの説明にはなりません。見えないかもしれないけど「社会」は実在し、社会が私たち個々人に影響を与えているというのです。社会は見えないけど「ある」。これを**社会実在論**といいます。

デュルケームの社会学主義は、社会現象を「個人的要因」ではなく、**社会的原因**によって説明すべきと主張します。もしも、ある社会現象を説明しようとするならば、それは個々人の内面の動機ではなく、ほかの社会現象によって説明されなければならないのです。

交通事故や火災の発生件数などのほかの統計も同じです。個々の事故や事件を詳細に見れば見るほど、1つひとつの出来事は、偶然の塊であるかのような印象を与えます。しかし、日本の社会は毎年約3,000人が交通事故によって、約1,300人が火災によって犠牲になる社会です。繰り返しになりますが、誕生する80万人も、結婚する50万組も、離婚する18万組も、すべて「個人」の問題と考えては説明がつかないものばかりです。

社会学主義に善いも悪いもありません。それは物理法則を善悪で論じないのと同じです。リンゴを空に投げたときに落下したことについて、この現象を説明する物理学者を非難することはありません。デュルケームは、物理学のように、社会現象を**「物のように」**扱うことが望ましいと提案します。

創発特性

鉄と硫黄は化合によって硫化鉄となり、水素と酸素は水になります。創発特性とは、個々の要素には見いだされない特徴が全体として生み出されることです。1＋1＝2になることもあれば、2以上になることも、2以下になることもあります。社会現象も同じです。1人ひとりの人間にはない特徴が、全く別物のように変容して、社会には見いだされることがあります。社会的事実にも**化合の法則**が当てはまると考えられます。

社会的事実

デュルケームによれば、**社会的事実**には2つの特徴があります。1つは、個人にとって**外在的**なものであるということです。例えば、「あいさつ」という規範も社会的事実です。「おはようございます」のせりふは、特定の誰かが決めたわけではなく、私たちの内面から自然と湧き上がってきたものでもありません。統計資料で示される各種の数値は、私たちの「心」の問題ではなく、1人ひとりの外側にあるように感じられます。

2つ目に、個人にとって**拘束的**な存在です。「おはようございます」のあいさつは、適切に実践することが求められます。また、実践できない場合は「非難」という社会的な制裁に遭います。

デュルケームは、個人的な心理的事実ではなく、生物学的事実でもない社会的事実に注目することで、社会学固有の問題設定を可能にしました。デュルケームが明らかにした「社会的なもの」を、これ以降の社会学は継承したり、批判したりしながら、社会学の歴史が続いてきたのです。

2. 日本の自殺統計

統計と動機

2021（令和3）年における自殺者数は、日本全体で約2万1,000人です（図10-6）。1978（昭和53）年以降の統計ですが、1998（平成10）年に急激に増加し、2011年まで3万人台が続き、2012年に2万人台となると、その後しばらくは減少傾向にありました。

1998年以降、日本ではどのような出来事があった年でしょうか。1998年長野冬季オリンピックが開催された年でもありますが、消費税の増税、

図10-6 日本の自殺者数の年次推移

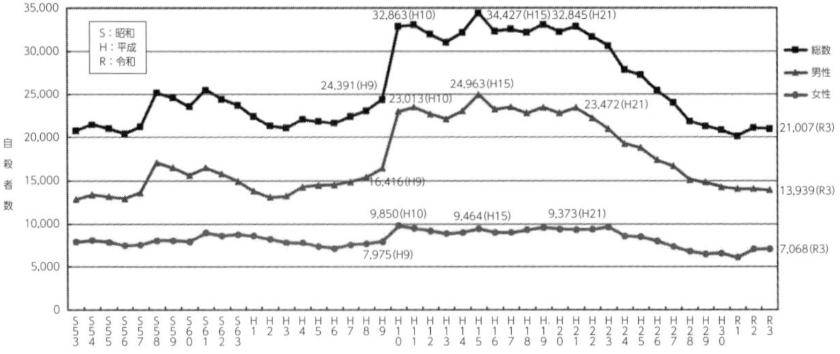

「令和3年中における自殺の状況」（令和4年3月15日厚生労働省自殺対策推進室 警察庁生活安全局生活安全企画課）より

アジアの通貨危機、失業率の上昇などの経済的な要因が背景として指摘されることもあります。実際、日本は自殺率と失業率が相関していました。

ただし、不景気で失業率が上昇しても自殺率が上昇しない国もあります。経済的な環境が自殺に結びつくこともあれば、そうでないこともあります。「経済問題と自殺」を容易に結びつけること自体にも問題が存在しています。「不況で自殺が増加する」と「予言」されている社会において、実際にそのとおりになるのだとしたら、「予言の自己成就」とも考えられます。

もし、「経済的な危機」と「自殺の増加」が相関するのであれば、可能な限りエビデンスに基づいて経済政策を講じなければなりません。ただ、これらが相関するという事実とは別の問題もあります。経済的な危機があるたびに、自殺の増加が予見され続けるような社会、または好況／不況という経済的な要因が人々の生死に直結するかのような社会の問題も考えなければならないはずです。

統計資料は、その定義や集計の方法によって数値が大きく変わることがあります。不審死をどのように扱うのかなど、司法解剖が進まず死因を特定できないこともあります。各国の自殺統計をどのように扱うのかは大きな課題です。デュルケームは、統計資料を注意深く検討しながら社会実在論を主張しています。

動機

C.W. ミルズは、人々の動機として語られるものは内面的なものではなく、社会的に動機といわれているものの中から選択されているにすぎないことを指摘しています。例えば、「貧困ゆえに」、「寂しさや孤独」、「感情的になって」など、なぜそのような行為に至ったのかは当人にも不明なことだとしても、何かしらの言葉に当てはめます。これを**動機の語彙**といいます。

日本の警察庁の統計では、自殺者の動機の主な類型は３つに分類しています（図 10-7）。第 1 位が健康問題、第 2 位が経済問題、第 3 位が家庭問題です。「貧・病・争の問題」のほか、学校や職場の問題も含まれています。健康・経済・家庭の順位は、長期的に見ても大きく変化するものではありませんでした。1973 年以降、個人的な動機はあまり変化せず、全体的な統計の数値は変化しています。

比較

ジェンダーに注目してみましょう。1997 年から 1998 年にかけて、女性の自殺者数も伸びましたが、特に男性の伸びが著しいことが特徴です。男性が多いことは、この年や日本に限ったことではなく、デュルケームの『自殺論』でも言及されています。ジェンダーで見ると、2021 年は男性が全体の 3 分の 2 を占めており、女性の約 2 倍であることがわかります。

このように、統計をさまざまな形で比較・検討することは可能ですが、デュルケームはまた別のところに注目しました。それは、**社会的自殺率**がどこの国や地域でもほぼ一定の割合で推移しているという事実です。

日本は比較的に自殺率の高い国です。こうした国際比較が可能なのは、

図10-7　自殺の原因・動機別自殺者数の年次推移

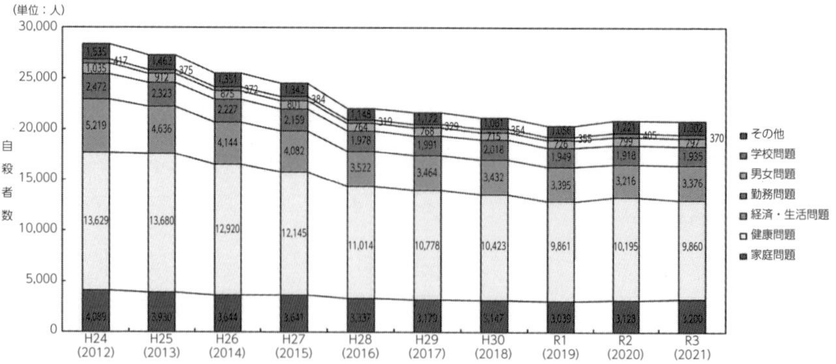

「令和３年中における自殺の状況」
（令和 4 年 3 月 15 日厚生労働省自殺対策推進室 警察庁生活安全局生活安全企画課）より

イギリスやアメリカなどの他国でも、社会的自殺率が一定程度存在するからです。それゆえ、社会的自殺率ほか統計資料を比較することは社会学主義の特徴の１つです。

3．デュルケームの『自殺論』

自殺論の概要

結婚や離婚が「2 人の問題」、自殺は「本人しかわからない問題」と考えられています。これらを社会問題として取り組んだのがデュルケームの『自殺論』(1897 年) です。本書は、当時のヨーロッパ各国の自殺統計を分析したもので、「1 日の時間帯ごと」、「1 週間の前半と後半」、「季節」ほか「宗教」、「教育」、「景気」、「家族」、「戦争」、「地域」などのさまざまな属性、状況によって比較されています。本書の目次は、次のとおりです。

『自殺論』の目次

第1編　非社会的要因（自殺と精神病理的状態；自殺と正常な心理状態―人種、遺伝、自殺と宇宙的諸要因、模倣）

第2編　社会的原因と社会的タイプ（社会的原因と社会的タイプを決定する方法、自己本位的自殺、集団本位的自殺、アノミー的自殺、種々の自殺タイプの個人的形態）

第3編　社会現象一般としての自殺について（自殺の社会的要素、自殺と他の社会現象との関係、実践的な結論）

第１編では、自殺が遺伝や自然現象、心理的な模倣などの**非社会的要因**によって把握されることの限界を指摘しています。デュルケームと論争したことで著名なガブリエル・タルドは資料の収集に協力しましたが、タルドが**模倣**という心理的な現象によって社会現象を説明しようとしたことをデュルケームは批判しています。

第２編では、個人的動機ではなく、社会的原因によって集団本位・自己本位・アノミー・宿命主義の４類型を提案しています。例えば、宗教と社会的な規範との関係を明らかにすることを目指しました。

第3編で「実践的な結論」では、「同業組合」という中間集団の存在意義、また、個人と社会をつなぐ社会集団の重要性を指摘しています。

社会的原因の４類型

個人的動機から社会現象を説明できないのは、動機は本人にも必ずしも自明ではないからです。そこで、デュルケームは、社会的原因によって、集団本位・自己本位・アノミー・宿命主義の４類型を提示しています（図10-8)。自殺を促進するのも抑制するのも「社会」と考えていたのです。

①集団本位

集団本位と自己本位は、**社会統合**（人間関係）の強弱によって区別された類型です。集団本位とは、人間関係が強く、集団を優先する規範です。

軍隊組織は、集団本位が強い組織の代表例です。デュルケームによれば、一般市民よりも軍人の方が社会的自殺率が高い傾向にあります。現代においても各国の軍隊組織では自殺率が高いことが指摘されています。

また、デュルケームは日本の「切腹」も、この事例の１つとして挙げています。現代の日本では、**過労死**が社会問題となっていますが、これも集団本位的な規範から考えることができます。すなわち、自分の体調を最優先すれば休むのが最善ですが、会社の雰囲気や仕事の状況などによって、自分よりも集団を優先しなければならないという規範が強いと考えられます。

図10-8　統合と規制

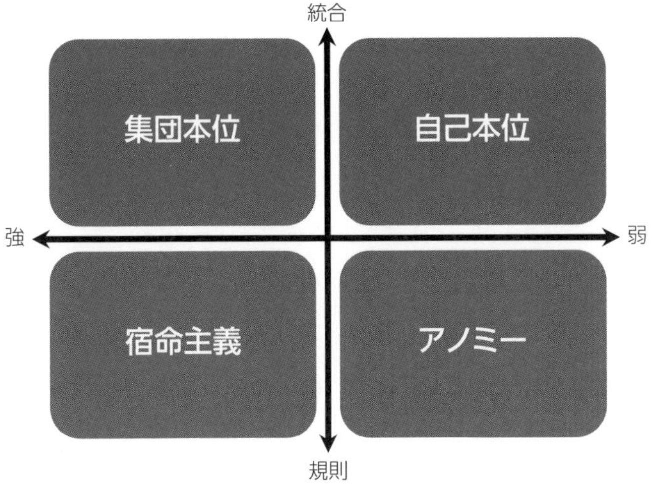

②自己本位

自己本位とは、社会生活において、集団ではなく自己を優先すべきとの規範です。**エゴイズム**とは自己本位のことですが、わがままや自分勝手であるといった性格のことではありません。ある社会状況においては、私たちは自己本位的に振る舞うことを求められます。他人に頼ることなく、自立しなければならないという規範は自己本位的です。

例えば、デュルケームは、農村と比較して、都市の自殺率が高いことを指摘しています。背景には、人間関係が弱く、人々が孤立しやすい社会状況があります。社会問題の原因を個人に帰責する規範が強いともいえます。

結婚は、性別や年齢によってどのような影響があるのでしょうか。デュルケームは、未婚と既婚の比較によって、男性が各年齢階級で割合が低いことから、家庭生活の恩恵は女性よりも男性に大きいとの仮説を示しています。図 10-9 は、デュルケームが挙げたフランスの事例（1887 年～1891 年）です。

柴田悠は、日本の統計から「新規結婚率の上昇による自殺率の低下」を

図10-9　年齢別、未婚・既婚別による男女の自殺の割合

年齢	男女の自殺の割合			
	年齢別の未婚者の自殺 100 件あたり		年齢別の既婚者の自殺 100 件あたり	
20 ～ 25	男子 70	女子 30	男子 65	女子 35
25 ～ 30	73	27	65	35
30 ～ 40	84	16	74	26
40 ～ 50	86	14	77	23
50 ～ 60	88	12	78	22
60 ～ 70	91	9	81	19
70 ～ 80	91	9	78	22
それ以上	90	10	88	12

『自殺論』（デュルケーム、中央公論新社、2018 年）

指摘しています（『子育て支援が日本を救う』勁草書房、2016 年）。

デュルケームは家族関係のほか、戦争と平和、カトリックとプロテスタントとユダヤ教の比較を通じて、次のことを示しています。

自殺は、宗教社会の統合の強さに反比例して増減する。
自殺は、家族社会の統合の強さに反比例して増減する。
自殺は、政治社会の統合の強さに反比例して増減する。

これらをまとめると、**自殺は所属している社会集団の統合の強さに反比例して増減する**といえます。家族や宗教集団の人間関係の強さが、自殺を抑制しているとの仮説です。

自己本位は過度な個人化のことです。近代社会は、個人化が進行します。そのとき、社会集団が弱くなればなるほど、人々は他人や集団を頼ることができなくなり、過剰な個人化を招きます。ただ、人間関係が強い社会集団であれば、過度な個人化に陥ることがないと考えられます。例えば、ユダヤ教はカトリックとプロテスタントと比較すると社会的自殺率が最も少ないことについて、デュルケームは宗教的共同体の強さに注目しました。

デュルケームによれば、戦争のない状態である「平和」の方が自殺率は高まります。戦争がナショナリズムを高揚させて、一時的にせよ社会統合が高まるためです。そのとき、人々は自分自身のことよりも共通の出来事に関心を示します。過度な個人化が進む社会においては、ナショナリズムが求められる背景が示唆されています。

③アノミー

集団本位と自己本位は規範が強い状態です。これに対してアノミーは、規範が弱くなった状態です。例えば、目標を失って、どうしたらよいのかがわからない状況です。デュルケームは規範という**規制**の強弱によってアノミーと宿命主義を区別しています。社会の規範が弱くなるのは、社会が大きく変化するときです。

アノミーの事例として、「繁栄という危機」があります。経済的な危機が自殺を促進するといわれています。ただ、経済的な繁栄であっても社会秩序を大きく揺るがすものであることに変わりません。好況によって、人間の欲望を規制するものがなくなると、何をしても満たされない焦燥感や虚無感が広がります。社会的な均衡の状態が破壊されるような出来事が社会的な危機なのです。

デュルケームは、当時の万国博覧会の開催期間中に自殺が増加したことを指摘しています。社会においては歓迎すべき出来事のように見えても、繁栄がもたらす人々への影響を複眼的に考察しています。

また、経済的な窮迫によって、自殺が抑制される事例も挙げています。「危機を乗り越える」などの「目標」が明確になることもあるからです。

自己本位の事例として挙げた「戦争と平和」と「結婚」も、アノミーとして考察できます。例えば、平和の方が目標を見失いやすくアノミーになることも考えられます。また、結婚生活の大きな変化は**夫婦アノミー**と呼ばれます。

④宿命主義

宿命主義は、「過度の規制」がある状態のことです。アノミーと対立する類型として考案されましたが、ほかの３類型と比較してデュルケームは詳しく論じていません。「奴隷」を例にして「極端な物質的・精神的独裁の横暴」の状態と表現されています。

アノミーと同様に、人間関係の強さは直接的には関係ありません。選択肢が過剰なため混乱する状態がアノミーであるのに対して、選択肢が極端に少なく、今ある状況が不可避的に感じられ、未来が閉ざされた状態といえます。宿命主義は、社会変動がほとんど見られないことによってもたらされると考えられます。

⑤基本タイプと混合タイプ

社会的原因によって４類型を提示したデュルケームですが、基本タイプは３類型としています。社会現象としての自殺に限らず、社会の影響を個人がどのように受けるのかを示したのが図 10-10 です。

社会関係資本と自殺

現代日本社会の研究成果として、以下の２つの研究を紹介しましょう。１つ目に、自然災害と社会的なつながりに注目した研究です。自然災害後の復旧活動などは、周辺住民の社会的つながりを一時的に高めることで自殺率を低下させる可能性があると指摘されています（澤田康幸・上田路子・松林哲也『自殺のない社会へ －経済学・政治学からのエビデンスに基づ

図10-10　基本タイプと混合タイプ

社会的タイプのとる個人的形態

		基本的性格	二次的な変種
基本タイプ	自己本位的自殺	無気力	自己満足をともなった、ものうげな憂鬱 懐疑者のさとりきった冷静さ
	集団本位的自殺	情熱的あるいは自発的な力	平静な義務感をともなう 神秘的な霊感をともなう 落ち着きはらった勇気をともなう
	アノミー的自殺	焦燥、嫌悪	生一般にたいする荒々しい非難 ある特的の人物にたいする荒々しい非難（殺人－自殺）
混合タイプ	自己本位的・アノミー的自殺		動揺と無気力、活動と夢想の混淆
	アノミー的・集団本位的自殺		怒りの沸騰
	自己・集団本位的自殺		ある種の道徳的堅固さによって和らげられた憂鬱

『自殺論』（デュルケーム、中央公論新社、2018年）

くアプローチ』有斐閣、2013年)。

もう1つは、住民同士の結びつきと援助希求の研究です。岡檀によれば、自殺多発地域における住民同士の関係は、自殺希少地域よりもつながりが強いと指摘します（『生き心地の良い町 －この自殺率の低さには理由（わけ）がある』講談社、2013年)。その理由として、「援助希求が抑制される」との仮説が示されています。岡は「ゆるやかな紐帯」を提案しています。

この2つの研究は、どちらも地域社会と社会関係資本について重要な示唆を与えています。

4．制度化された個人主義

社会現象としての個人主義

デュルケームは、近代社会はエゴイズムとアノミーが社会問題になるであろうと予見しています。例えば、**社会現象としての個人主義**です。機能分化と個人化が同時に進行する近代社会において、個人主義が広がります。個人主義が「過度の個人化」とならないことが、デュルケームにとって最も重要な課題でした。

自殺論の「実践的な結論」は社会的連帯によってエゴイズムとアノミーの問題に取り組むことでした。具体的には、同業組合、同じ職業を中心としたヨーロッパのギルドのような中間集団を通じて、人々のつながりが強まることを期待しました。

心理主義化する社会

デュルケームは、近代社会の新しい宗教として**人格崇拝**を挙げています。人々の人格を尊重することは、既存の宗教に代わるもの、または既存の宗教も、人格崇拝の価値観に基づくべきと考えられるようになります。人格崇拝は、「人権」や「個人の尊重」として肯定的に評価されることもありますが、否定的な評価の１つが心理主義です。

ミルズによれば、**心理主義**とは、社会現象を「個人の性質」や「個人の生活範囲」によって説明することで、構造的な問題を「執拗《しつよう》に拒否」する態度です（『社会学的想像力』1959 年）。心理主義は、心理学主義とも呼ばれ、出来事の原因を「心」の問題として捉えることが過剰なこと、あるべき「心」のあり方を強要されるという意味で用いられます。

心理学において、心の存在は、いまだに証明されているとはいえません。ただ、人々にとって心は明確にイメージしやすいものかもしれません。そのため、社会問題について、心の問題と捉えて心に原因を求め、心に解決策を求めることもあります。これを**過度な内的帰属**といいます。

デュルケームは、自殺論の第１編で「非社会的要因」として、社会現象を心理（学）的な観点では説明できないと指摘しました。社会学主義は心理主義を批判する意義もあるのです。

道徳的個人主義

デュルケームは『社会分業論』(1893年) で次のように述べています。

> 個人がますます自立的になりつつあるのに、いよいよ密接に社会的に依存するようになるのは、なぜなのか。個人は、なぜいよいよ個人的になると同時に、ますます連帯的になるのか。

個人化と連帯が同時に進むことが、デュルケームの理想とした有機的連帯です。

社会的な分業が進む近代社会の中で、「人格崇拝」を前提とした上で、それを否定するのではなく、いかにして社会全体で個人主義を支えていくことができるのか。デュルケームの中間集団論は、その試みの一環でした。デュルケームの個人主義論は**道徳的個人主義**と呼ばれます。また、これを継承したT. パーソンズは、**制度化された個人主義**と呼びました。

デュルケームは、『社会学講義』において、「中間集団と国家」の関係性を考察しました。例えば、全体主義の社会は、国家が中間集団を通じて個人を抑圧する体制です。国家や中間集団の力が強すぎることは、人々にとって望ましいことではなく、国家と中間集団がそれぞれの力が拮抗《きっこう》することによって、個人の自由が実現できると考えました。また、排他主義的な国家であれば、国際社会における**分業**も難しくなると指摘しています。「分業」は、経済的な関係だけではなく、政治的、社会的な関係でもあります。個人・中間集団・国家の三者がそれぞれ自律する関係であることが、**有機的連帯**の社会像と考えられるのです。

第 11 章
行為・相互作用・システム

1．社会学の考え方

本章では、これまでの中間考察として、改めて社会学の考え方をまとめてみたいと思います。M. ヴェーバー、E. デュルケーム、G. ジンメルの社会学を中心に、**方法論的個人主義、方法論的全体主義、方法論的関係主義**の古典的な「方法論」、その後「構造と機能」の社会学を踏まえて、統合と分化の視点から「社会学の考え方」を概観します。

心理学と社会学

ヴェーバーとデュルケームは、心理学と峻別することで社会学独自の方法を示そうとしました。例えば、ヴェーバーは行動ではなく、意味や動機、他者との関係性から社会的行為を定義しました。デュルケームは、社会心理は個人心理の法則とは異なった固有の法則があると考えました。現在では、社会心理学は、アメリカの心理学者 F.H. オールポートに始まる個人を対象とした社会心理学と、デュルケームに始まる社会を対象とした社会心理学に分かれています。前者は**心理学的社会心理学**、後者は**社会学的社会心理学**と呼ばれます。

自然現象と社会現象

ヴェーバーは「主観的に思念される意味」によって社会的行為を類型化し、自然現象と区別しました。伝統的行為、感情的行為、目的合理的行為、価値合理的行為の４つの理念型によって、「主観的な意味」を理解する因果連関を考察しました。デュルケームも自然現象や遺伝など「非社会的要因」によって説明できない社会現象があることを指摘しています。

経済と社会

社会学は、経済現象を含めた社会現象を理解する際に、経済的な決定論に陥らない方途を求めました。例えば、「経済的な理由で結婚しない」といわれることがあります。ただ、M. モースやC. レヴィ＝ストロースは、結婚も経済も「交換」という社会関係の中の１つであると考えました。

また、ヴェーバーの『プロテスタンティズムの倫理と資本主義の精神』は、資本主義の「精神」の形成について、経済的な要因とはほど遠いように感じるプロテスタンティズムに注目しました。経済体制の背景にある宗教的な理念があったと考えるヴェーバーの説は、マルクスの歴史観とは別の観点を示したものです。

さらに、デュルケームも、単純に経済的に好況であれば自殺が減り、不況であれば自殺が増えるなどということを主張してはいません。経済現象をもたらす社会的な規範や社会秩序との関係が主な関心でした。

論理的行為と非論理的行為

経済学の「パレート最適」でも知られるV. パレートは、経済学が対象とする**論理的行為**と区別して、社会学が対象とする**非論理的行為**に人間の本質的なものがあると考えていました。例えば、残基と派生体など、パレートは、論理的行為の前提にある非論理的な行為に注目しました。目的に対して適切な手段を選択する「論理的思考」であっても、その目的が非論理的なものであることがあります。感情を表出することを目的に論理が用いられることもあるからです。

哲学と社会学

デュルケームによれば、社会学は社会現象を超越したところにある「存在」や「根拠」を求める神学や哲学から独立した学問であり、経験的に観察できる社会現象を対象とした科学です。

例えば、犯罪とは何か、家族とは何か、愛とは何か、そして「みんな」とは誰なのか。これらを客観的に定義することは非常に難しいのですが、一方で日常的な言葉としては共有されて、何気なく使用され、他人とのコミュニケーションが可能になっています。社会的に規範である「あいさつ」は、その語源を説明することは難しくても、実践されています。社会学は、厳密に定義することが難しいことであるにもかかわらず、人々が「実践」していることを研究対象としています。

家族は、多義的な概念ですので、定義できません。しかし、実際には人々は「家族」を現実として生きています。明確な線引きができないまま、ある概念を定義することは時としてパラドキシカルな側面もあります。「家族とは何か」と聞かれたとしても、「それは家族だから」としか言えないこともあるからです。

そこで、家族を客観的に定義するのではなく、人々が経験的に家族と考えているものを観察します。家族が定義できない言葉であるにもかかわらず、家族を形成していることに注目します。経験的な事実に基づくことで**脱パラドックス化**とされていると考えられます。

技術と社会

科学技術の発展は、社会を大きく変容させました。ただ、科学技術のレベルは同程度にあっても、その社会的な影響は、時代や地域でさまざまです。例えば、「インターネットが普及したことによって犯罪が増加した」のであれば、それが普及している諸社会で同様に変化しているのかどうかも考える必要があるでしょう。

W.F. オグバーンは、科学技術などの「物質文化」は、法制度や社会意識など「非物質文化」に比べて進展が速いため、非物質文化が適応するまでのタイムラグによって社会問題が生じると指摘しました。これは**文化遅滞**と呼ばれます。

インターネットやSNSによって、新しいコミュニケーションの形態が出現したようにも見えますし、相変わらず人間は変わらないともいえます。どちらにしても、新しい技術は一般的には否定的な影響が警戒されやすいものですが、その影響を測定することもまた困難です。マスメディアの受容効果研究に見られるように、新聞の時代、ラジオの時代も、SNSの時代、またそれ以前も「群衆行動」は共通しているようにも見えます。

心理的な動機、経済的や自然科学的な要因、技術的な変化を踏まえつつ、それらのみでは説明できないことについて、社会学はもう1つアプローチを提供してきました。

2．社会学の方法論

総合社会学

社会学の第1世代であるA. コントとH. スペンサーの社会学は、**社会有機体説**に基づく**総合社会学**です。社会有機体説とは、生命あるものとして「社会」を総合的に捉えるもので、生物学的なモデルを社会学に援用した試みです。コントは、解剖学と生理学から発想を得ることで、社会を各部分の関連として捉える**社会静学**と、生物進化論に影響を受けた**社会動学**を区別して、社会変動論として「三段階の法則」を展開しました。

スペンサーは、環境に適応したものが生き残る**適者生存**を唱えて**社会進化論**を展開します。イギリス自由主義を基にした「**軍事型社会から産業型社会へ**」の社会変動論です。政治的に統制される「軍事型社会」を経て、個人主義によって人々が独立し自由な活動によって発展していく「産業型社会」の構想は、明治期の日本でも受容されます。

当時、スペンサーの著作は30冊以上翻訳されたといわれます。福沢諭吉などの知識人層、政治的な指導層とそれに対立する板垣退助を中心とする自由民権運動にも広く支持されました。森有礼らは、スペンサーと直接面会してさまざまな忠告を受けました。

また、南北戦争前後のアメリカでは、主に南部ではコントが、北部ではスペンサーが受容されていました。レッセフェール（自由放任主義）や社会進化論は、思想的、政治的に広い影響がありました。

方法論的個人主義と方法論的全体主義

社会学の第2世代は、デュルケーム、ヴェーバー、ジンメルです。社会学はA. コントが命名しましたが、現代につながる社会学の実質的な研究は、第2世代の影響が大きいと考えられています。第2世代の社会学者が考えたことは、「何を研究対象とすれば社会学といえるのか」という課題です。具体的には、ヴェーバーは**行為**、デュルケームは**社会的事実**、ジンメルは**相互作用**を提案しました。この時期、社会学は大学の制度の中でも地位を築きます。

社会学の歴史を雑駁《ざっぱく》に整理すれば、第2世代の3人のうち、誰に影響を受け、継承したのかによって、その後の社会学者をおおよそ分類することができます。そのため、この3人の考え方をまず知っておくことで、ほかの社会学者についての理解にも結びつくでしょう。

デュルケームの社会学は、**方法論的全体主義**（方法論的集団主義）と呼ばれます。集団や社会の全体的なあり方が個人に影響を及ぼすという考え方です。例えば、M. モースの贈与論、C. レヴィ＝ストロースの構造主義、H.S. ベッカーの「ラベリング理論」ほか社会的逸脱研究には、デュルケームの影響が見られます。

これに対して、ヴェーバーは、**方法論的個人主義**の代表的な存在といわれます。**行為**から社会現象を説明するという考え方です。E. フッサールの現象学に影響を受けたA. シュッツの現象学的社会学に継承されます。ヴェーバーの行為論における「動機」をいかに理解するかとの問題に対して、シュッツは主観的に構成される社会的世界の意味付与として、社会を把握しようと試みました。また、G. タルドの「模倣の法則」による心理学的社会学も方法論的個人主義に含まれます。

方法論的関係主義

ドイツのゲオルグ・ジンメル（1858～1918・図11-1）の社会学は、**方法論的関係主義**と呼ばれます。個人間の相互作用、または個人や社会に還元できない**相互作用**を社会学の対象としています。ジンメルの社会学は、G.H. ミードの**社会的相互作用論**などアメリカ社会学にも影響を与えました。

ジンメルは「生の哲学」としても知られます。生の哲学は、A. ショーペンハウアーやF. ニーチェ、W. ディルタイ、H. ベルクソンなどのほか、アメリカのプラグマティズムにも継承された哲学の潮流です。「生の哲学」もさまざまですが、人間の内奥にある「生」を求める思想です。合理主義や理性によって覆われた世界観ではなく、人間が本来的に持つ「生」の躍

図11-1　G.ジンメル

動を見いだそうとする思想として知られています。人間の「生」と社会制度の対立、また自己の内部での「生」の対立を通じて、文化や芸術を論じ、宗教を語りました。

ジンメルは、心的相互作用を研究対象と考えました。相互作用とは、人間関係のことですが、個人と個人の間に形成されるものではなく、相互作用によって、個人や社会が存在すると考えます。ジンメルは、「個人と社会」の関係を絡み合う「糸」のイメージで捉えました。相互作用という糸が結び合うところが「個人の人格」であると表現しています。

ジンメルの**心的相互作用**は、直接会話をすること以外にも、「まなざし」、「感情の表出」など、他者に何らかの作用を持つものを広く含む言葉です。社会を微視的に観察したジンメルは、心的相互作用の結晶化によって集団や組織、社会全体が成り立っていると考えました（図11-2）。

心的相互作用は、上位と下位の関係、派閥や党派形成、模倣、党派形成、競争や闘争などの「形式」となって現れます。ジンメルはこれらを**社会化の形式**と呼び、政治・経済・宗教などの領域である**社会化の内容**と区別しました。ジンメルの社会学は、「内容」である各領域に共通する心的相互

図11-2　心的相互作用

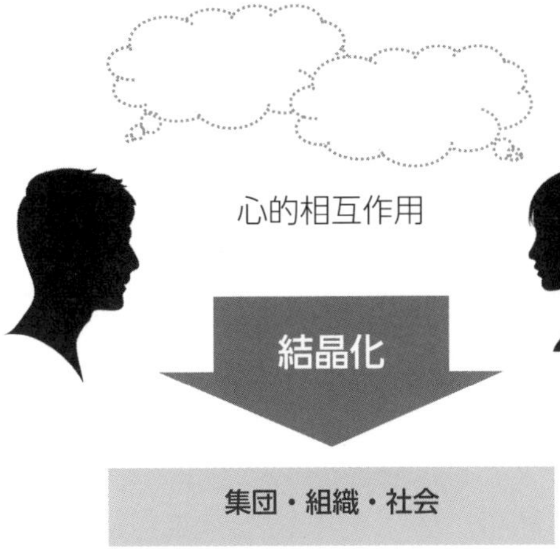

作用の「形式」を社会学特有の研究対象と考えたため、**形式社会学**といいます。

ジンメルの社会学は、アメリカ社会学にも影響を与えます。G.H. ミードを継承したH. ブルーマーの**シンボリック相互作用論**によれば、相互作用を通じて、人々が主体的に意味の解釈を行為によって社会を形成していくことを論じました。

ミクロ社会学とマクロ社会学

社会実在論と社会唯名論の異なる社会論があります。デュルケームに代表される、個人とは別に「社会」は存在すると考える**社会実在論**に対して、**社会唯名論**（社会名目論）は、社会は名前のみで実在しないと考える立場です。ヴェーバー、ジンメル、タルドが代表的な存在です。

社会学には、ミクロ社会学とマクロ社会学の分類があります。行為や相互作用など身近な日常性を微視的な視点で観察する**ミクロ社会学**、歴史的な社会変動や社会構造を巨視的な視点で研究する**マクロ社会学**と区別します。マクロ社会学では統計的な方法による量的社会調査、ミクロ社会学は事例研究などの質的社会調査など、調査方法を関連づけられることもあります。R.K. マートンは、経験的調査と理論的研究をつなげる**中範囲の理論**を提唱しました。

ミクロ社会学とマクロ社会学の「関係」について、2つの考え方があります。1つは、ミクロとマクロを分断したものと考えて、ミクローマクロをリンクさせる社会学を探求する立場として、A. ギデンズやP. ブルデューの「構造化論」があります。もう1つは、ミクローマクロは分断されておらず、もともとつながっているという考えです。「個人的なもの」に社会的なものを見いだし、「社会的なもの」に個人的なものをともに観察する考え方です。

先述の3つの方法論とも「個人と社会」を単純に対立させていたわけ

ではありませんでした。「社会的事実」、「行為」、「相互作用」それぞれに「社会的なもの」と「個人的なもの」を見いだしていた点では変わりません。

理解社会学と社会的行為

ヴェーバーは、社会的行為に「個人と社会」の関係を見ています。例えば、「なぜ子育てが負担に感じるのか」、「なぜ禁欲的に信仰するのか」、「なぜ犯罪に関わったのか」など、行為の動機はさまざまです。少子高齢化、宗教と経済倫理、犯罪・非行という社会的逸脱などについて、人々がどのような意味や動機に基づいて行為したのかを考えることで、社会現象を説明します。

ヴェーバーが提唱した社会学は「理解社会学」です。**理解社会学**とは、その名のとおり「理解することを重視する社会学」です。それでは、何を理解すれば社会学となるのでしょうか。ヴェーバーによれば、それは「**動機**」です。「社会的行為」とは、主観的に「思念された動機」や「意味」をもって、他者と関係する行為のことです。

社会学では「行動」と「行為」を区別します。「行動」は人間の成すことすべてを指し、生理的な反応やとっさの反射的なものなどを広く含む概念です。どちらかといえば、心理学は人間の行動全般を扱います。「行動」のうち、行動する者の「動機」が明確なものが「行為」です。

ヴェーバーは、「社会的行為」を「動機」によって区別しました。**伝統的行為、感情的行為、目的合理的行為、価値合理的行為**の４類型です。

①伝統的行為

「**伝統的行為**」は、伝統に基づいた価値を実現する、日々の慣習化された行為です。初詣、成人式、地域のお祭りなど、人々が伝統的だと感じるものがこれにあたります。

伝統といっても、実際には歴史的には新しい伝統、「伝統の創造」もあります。初詣が定着したのは、鉄道が整備された明治期以降です。神社の結婚式は、第２次世界大戦後に国家神道のイメージを払拭するために、一般的に広められました。

法律による強制的夫婦同姓も明治以降に人々に定着します。何を「伝統」と考えるかどうかは判断が分かれますが、今挙げた事例は近代以降のものです。伝統的行為は、人々が伝統的だと観念している行為なのです。

②感情的行為

ある場面で、どのような感情が生まれるかということは、社会的な問題です。時代や社会によって表出される感情は、それぞれ違うからです。ヤン・プランパーは感情にも「歴史」があるとし、**感情史**を研究しました。プランパーは、社会学の感情研究の代表として、パーソンズのパターン変数の１つである「感情性－感情中立性」を挙げています。感情をコントロールすることは、個人的にも社会的にも課題とされたのです（『感情史の始まり』みすず書房、2020年）。

例えば、アーリー・ホックシールドの**感情労働**は、感情が「自然」に生まれてくるものではなく、働く人がコントロールすべきものと考えます。また、恋愛感情は、近代社会の特徴的な感情の１つといわれます。R.K. マートンは**ロマンティックラブ・イデオロギー**と呼びました。このような社会的、歴史的に生まれた感情というものを満たすための行為が**感情的行為**です。感情的行為を中心に扱う社会学は**感情社会学**と呼ばれます。

伝統的行為と感情的行為は、日常生活では、「自然」に生まれる自明なものと感じられています。ヴェーバーの理解社会学の中で特に重視されているのは、行為者にとってより明確に「目的－手段」の組み合わせが意識される「目的合理的行為」と「価値合理的行為」です。

③目的合理的行為

ある目的に対して徹底的に手段を選択する行為です。例えば、短期間で試験に合格することが目的であれば、その試験の合格のために、いかに少ない労力で最大限の効果を発揮できるだろうかと考えます。どのような手段を選ぶのかということが徹底的に吟味されます。

ただ、「手段」にばかり注目することは、そもそもの「目的」を見失いやすくさせます。例えば、「何のために合格するのか」、「なぜ利益を追求するのか」などの「行為の目的」です。このため、目的合理的行為は「形式的な合理性」と呼ばれ、アノミーや疎外につながりやすいことが指摘されます。

④価値合理的行為

手段の選択ではなく、行為の目的そのものに価値を置きます。結果はどうであれ、その行為自体に価値を認めます。

目的合理的行為と比較して、「目的」と「手段」のどちらに基づくかによって区別されます。生活のために釣りをするのであれば、いかに効率的にたくさんの魚が釣れるのかを考えます。しかし、趣味で釣りをするのであれば、もちろんたくさん釣れた方がよいわけですが、釣り糸を垂らしているだけで幸福を感じられるかもしれません。どのくらい魚が釣れたのかという結果よりも、釣りという行為自体に価値があります。同様に、野球が趣味であれば、試合に勝つことも大事ですが、白球を追いかけていることが楽しいこともあります。行為自体に価値を見いだす行為を「価値合理的行為」といいます。

宗教的な行為は、「価値合理的行為」の代表的な例です。神社に初詣に行くという行為は、宗教的な価値を求めての行為であれば「価値合理的行為」ですが、周りのみんながやっているからという理由でお参りするのであれば、慣習化された行為ですから「伝統的行為」と考えられます。

プロ野球選手が日々野球をするのは、どれに当てはまるでしょうか。野球をすることがあくまでも生活の手段であれば「目的合理的行為」かもしれません。野球道を極めるといった考えであれば「価値合理的行為」といえるでしょう。

結婚はどうでしょうか。政治や経済、社会的な利益のために、結婚するのであれば「目的合理的行為」ですし、結婚することが目的ということであれば「価値合理的行為」です。皆が結婚しているから自分も結婚しなければと思うならば「伝統的行為」かもしれません。そのときの強い情熱で結婚に突き進むならば、「感情的行為」かもしれません。現実的な生活を超えて、愛を至上的な価値とするのが、ロマンティックラブ・イデオロギーです。

このように、動機をめぐる社会的行為を社会学の出発点とするところに、ヴェーバーの「理解社会学」の特徴があります。社会的行為の４類型のような概念のことを、ヴェーバーは**理念型**と呼んでいます。社会的行為の理念型は４つありましたが、ヴェーバーは、いずれかの理念型にのみ当てはまるのではなく、現実にはこれらは混在していると指摘しています（図 11-3）。先の例で見たとおり、野球や宗教、結婚など、ある行為が、伝統的行為であり、感情的行為であり、目的合理的行為であり、価値合理的行為であり得るというわけです。

現実は無限に複雑なものです。感情や伝統などは一側面であって、その

図11-3　社会的行為の4類型

①伝統的行為
②感情的行為
③目的合理的行為
④価値合理的行為
→ 現実

①～④はいずれかだけに当てはまるわけでなく、現実には混在している

行為のすべてではないでしょう。ヴェーバーが強調したのは、「現実」をそのまま理解することはできないこと、そして理念型を通じて「現実」を見ているにすぎないことです。理念型とは、あえて純粋な形を取り出した「虚構」です。人間が構成した虚構としての理念型を通じて、その因果連関を明らかにすることを目指す方法が理解社会学です。

ヴェーバーは、主観的な価値判断ではなく、理念型という虚構を共有にすることによって、客観的な認識を可能にしようと考えました。これが**価値自由**の社会学です。

3．構造と機能

文化人類学

デュルケームの方法論は、機能主義として社会学や文化人類学に影響を与えました。文化人類学のB. マリノフスキーやA. ラドクリフ・ブラウンの文化人類学は機能主義の代表的な存在です。**機能主義**、または機能分析の考え方とは、家族や宗教、慣習が社会全体をどのように支え、作用しているのかを明らかにすることです。

デュルケームは、イギリス経験論と大陸合理論（先経論）の２つの認識論から社会を説明しています。経験論とは、経験を通じてさまざまな認識が可能になっていくとの考え方です。経験は、個々人の行為を通じて感覚的に積み重ねていくため、個人を超えた集合的な認識がどのように可能になるかを説明することが難しくなります。

これに対して、先経論は、経験の有無ではなく、人間にはもともと集合的な認識が備わっていると考えます。このため、経験論の問題点を避けることができます。ただし、経験ではなく、あらかじめ備わっているものと想定することで、人間の認識が変化することについての説明が難しくなります。

経験論と先経論の矛盾を同時に乗り越えるのが、社会の存在です。認識は個々人の経験や能力ではなく、社会の影響によって可能になっていると考えたのです。人々が物事を認識することも社会の影響だとデュルケームは指摘しています。

こうした認識論は、人間の言語の特徴にも通じます。F. ソシュールの言語学などの影響を受け、社会構造をより普遍的なものと考えたのが**構造主義**です。C. レヴィ＝ストロース（1908～2009）の構造主義人類学は、「親族」や「神話」の分析によって構造主義を確立しました。

レヴィ＝ストロースによれば、構造は非歴史的なもの、すなわち歴史的に変化するものではなく、人類に共通する文化的な「しくみ」です。その「しくみ」とは**交換**です。社会関係を「交換」によって捉えたのは、デュルケームの甥《おい》であり、デュルケーム学派の中心的な存在であったマルセル・モースです。交換によって社会が形成されるというよりも、交換こそが社会関係であると考えられます。

モースが『贈与論』で指摘したのは、贈与・受贈・返礼の３つの義務です。贈与は個人間や家族間の交換のみならず、社会全体で実践されるもので、経済的な利害関係に限定されない社会現象です。

レヴィ＝ストロースによれば、交換によって親族構造が成り立っていることは、近代社会も前近代社会も変わりません。例えば、**インセスト・タブー**（近親相姦や近親婚の禁止）です。インセスト・タブーは生物学的な理由とは別に、文化的な意味があります。親族の基本構造は、「女性の交換」にあります。特に交叉イトコ婚（親同士が異性きょうだいであるイトコの結婚）は、平行イトコ婚（親同士が同性きょうだいであるイトコの結婚）と比較して、親族関係における交換の規範となっていることを指摘しました。

AGILの4機能

パーソンズは社会が維持・存続するためにどのような機能が必要なのかを考え、R.F.ベールズの小集団研究を援用しました。ベールズはパーソンズと共に研究した社会学者です。ベールズの小集団研究は、人間関係が変化する様子を捉えたものです。最初はお互いに慣れ、共に目標を持ち、それを達成する中で、人間関係が深まります。人間関係が形成されると、最初は緊張していた初対面の関係性も、お互いがどのような人物かわかるようになり、安心をもたらすこともあります。

アルバイトでも、新入社員でも、転職でも、同じでしょう。職場の初日はつらいものです。慣れてしまえば大きなストレスなく、昨日と同じように明日も過ごすことができます。小集団研究に見られた人間関係の変化をパーソンズは、適応（Adaptation)、目標達成（Goal attainment)、統合（Integration)、潜在的パターンの維持と緊張処理（Latent pattern maintenance and tension management）の４機能にまとめました。

小集団研究では、これらが順番に人間関係の変化をもたらしましたが、パーソンズは、これら４つの機能が社会の維持・存続のためには常に必要であると考えました。これを機能要件といい、頭文字をとってAGILの４機能と呼びます。パーソンズは、社会全体、または企業や宗教組織などの社会集団をAGILの４機能で考察しています。例えば、社会システムでは、経済（A)、政治（G)、法制度やマスメディア（I)、宗教や家族（L）がそれぞれの作用を果たしています。また、家族関係の中にもAGILの４機能があります。このように、行為と社会構造を重層的なシステムとして考察しました。

機能分析

機能主義の３公準とは、機能的統一性の公準、普遍的機能の公準、不可欠性の公準です。機能主義は、社会を維持・存続させている機能に注目しますが、時として統一性や普遍性、不可欠性ばかりを強調することになりがちであることが批判されました。

例えば、ある地域社会で、毎年真夏に開催される「恒例行事」を機能主義的に理解するとします。人々がその儀礼に伝統を感じて、集団全体を統合する作用があると考えます。この「恒例行事」について、集団を統合する機能ばかりに注目すること（統一性)、これまでも今後も変わらない作用があること（普遍性)、これがなくなると地域社会が維持できないと考えること（不可欠性）を重視しすぎる傾向にあると批判されました。「恒例行事」がなくなっても、集団は維持され、人々の人間関係は変わらないこともあります。

ただ、このような社会制度や社会現象を本質主義的に理解することは、機能主義に限りません。例えば、「階級的な格差があるので、人々はその階級に影響される」と考えることも、３公準に該当することがあります。階級構造が変わらないことは説明しやすいのですが、これが変化することは説明しにくくなります。

「機能主義の３公準」を指摘したR.K. マートンは、**順機能や逆機能、顕在的機能や潜在的機能**を提案し、「機能」の概念を広げました。順機能や逆機能は、社会にとってプラスに作用する機能とマイナスに作用する機能を区別しました。また、顕在的機能や潜在的機能は、行為者に意識されているものと意識されていないものを区別しています。「統一性」や「普遍性」だけではなく、人々に意識されていなくても、社会全体にとってマイナスになる潜在的な逆機能の作用もあります。

先の事例の場合、真夏の恒例行事がなくなっても、別の慣習によって集団が維持・存続されることも考えられます。「不可欠性」ではなく、同じ作用を持ち、代替可能な選択肢となることを**機能的等価**といいます。機能的に選択可能な項目を示して、その中で代替可能で等価な別の可能性を探る方法を**機能分析**と呼びます。T. パーソンズは「機能主義」と区別して、

「機能分析」と自らの立場を称しています。

ダブル・コンティンジェンシー

ダブル・コンティンジェンシーとは、パーソンズによって提起された「二重の偶発性」の問題です。二重の偶発性とは、自己と他者が相互に相手のことがわからない状況です。このようなときに、どのようにして関係性を形成して、社会秩序に結びつくのでしょうか。パーソンズの提案は**社会化**です。社会の**共通価値**を**内面化**し、互いに分有することが望ましいと考えました（図 11-4）。これに対して、ニクラス・ルーマン（Niklas Luhmann 1927～1998・図 11-5）は、ダブル・コンティンジェンシーの状況は伏在したまま、コミュニケーションが続いていると考えていました。

コミュニケーション

ダブル・コンティンジェンシーを代表する事例がコミュニケーションです。誰かと何かを話題にしてコミュニケーションをとりますが、言いたいことを言うのは大人になっても、いや大人になったからこそ難儀なものかもしれません。2 人きりで会話をする際も、コミュニケーションは常に相手の反応によって話題を変えなければなりません。「私」も話したいことを

図11-4　ダブル・コンティンジェンシー

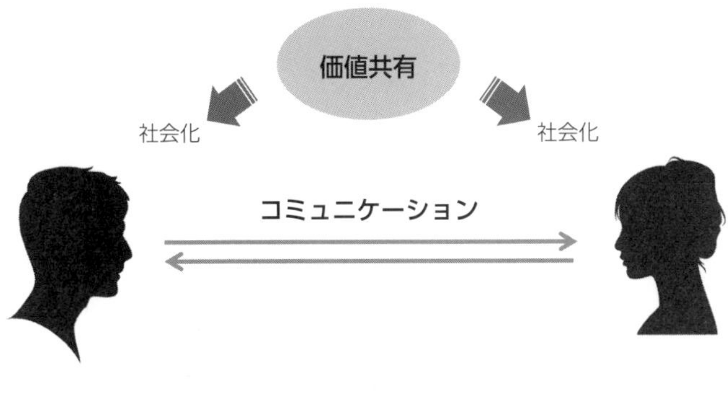

図11-5　N.ルーマン

発言しますが、「相手」の反応次第でコミュニケーションは楽しくも、哀しくもなり得ます。コミュニケーションの行方は、発話している本人たちの意思とは関係なく展開することがあります。結果として、お互いが対立してしまうことになっても、また深く理解し合えたと感じる関係になったとしても、それは最初から意図されたものではないこともあります。

ルーマンによれば、現代社会はコミュニケーションによって成り立っているコミュニケーション・システムです。ルーマンは「コミュニケーションがコミュニケーションする」と表現しているのですが、どのようなことでしょうか。

ルーマンは、コミュニケーションは、「情報」を相手に確実に伝える手段というようには考えませんでした。なぜならば、コミュニケーションが**情報／伝達／理解**の３つの次元の選択によって成り立っているからです。「情報」という次元は、何をコミュニケーションの主題とするかという選択の段階です。ある話題を選んでも相手が興味なければ別の話に変えます。それを相手に伝達するかどうかという選択、そして相手が理解するまたは理解しないという選択、この３つの不確実な状況があります。これはコミュニケーションにおいて「私」も「相手」も同時にお互いが抱えている不確実性です。ルーマンのコミュニケーション論は、なぜ私たちの会話が成り立ちにくいと感じるのかをよく説明してくれます。

コミュニケーション・メディア

言語やマスメディアは、私たちのコミュニケーションを成り立たせるものです。ルーマンは、コミュニケーション・メディアとして、文字などの**言語メディア**、マスメディアや電子メディアの**流布メディア**、各機能システムによる「象徴的に一般化されたコミュニケーション・メディア」の3つを挙げています。ルーマンによれば、**象徴的に一般化されたコミュニケーション・メディア**とは、経済における「貨幣」、科学における「真理」、権力や法、芸術や愛などです。これらは、それぞれの社会的な価値に基づくことでコミュニケーションを媒介するものです。社会の各領域で特有のコミュニケーション・メディアを通じてコミュニケーションしていると考えます（『社会の社会』1997年）。

4．社会学的想像力と社会学的啓蒙

社会の統合

社会学には、統合と分化の視点があります。まずは、統合の視点です。デュルケームの「個人的動機と社会的原因」を結びつけた社会学主義、C.W. ミルズの社会学的想像力、パーソンズの収斂理論がその代表です。

ミルズは、公的問題と私的問題を区別した上で、人々の生活圏で生じる私的問題を社会構造に起因する公的問題につなげることを**社会学的想像力**と呼びました。ミルズによれば、情報過多な時代では、どうしても「事実偏重」になります。あふれる情報に人々の関心は奪われます。そうした中で、社会学者のみならず公衆や芸術家、ジャーナリスト、編集者などの人々が社会学的想像力によって、世界を概観するための判断力や思考力を磨くことができると考えました。

パーソンズは**「行為はシステムである」**と考えました。社会的な行為はそれ単体で成立しているものではなく、システム全体の中ではじめて理解できるものです。パーソンズの社会学は、個人的なものと社会的なもの、行為と構造、理念主義と実証主義などアンチノミー（二律背反）から共通項を探る視点があります。これは**収斂理論**と呼ばれます。

パーソンズのこうした態度は国際社会論にも見られます。1960年代には、当時の東西対立の冷戦構造について、西欧に共通する「文化的な基礎」があることを指摘しています。例えば、それぞれ表出されたものは「資本主義と社会主義」とその違いはありますが、「自由」や「福祉」という共有された価値観、また宗教的な背景などが「基礎」にあると考えられるのです。一見すると、対立していたり矛盾したりしていると思われることから共通するものを見いだすことが、社会学の考え方の特徴です。パーソンズの収斂理論に見られる「アンチノミーの社会学」から学ぶことは少なくありません。

社会の分化

統合の視点は、「私的問題」と「公的問題」が構造的に「連関している」ことを指摘します。これに対して、分化の視点は、「私的問題」と「公的問題」が構造的に「連関していない」ことに注目します。

ルーマンによれば、現代社会の特徴は**分化**です。分化とは、別々に分かれていく過程のことです。現代社会は、個人化と機能分化が同時に進む社会です。社会は政治や経済、法、宗教、科学など機能によって分化します。個人の分化によって、自己と他者が異なる人格として観念されるようになります。人間を「個人」と捉えるようになったことも分化の結果と考えられます。「個人と個人」のコミュニケーションは、ダブル・コンティンジェンシーの状況にあります。

また、ルーマンは「相互作用と社会」も分化していると考えます。対面的な人間関係である「相互作用」は、そこに参加する人によってコミュニケーションは変わります。例えば、社会現象の「意図せざる結果」は、行為・相互作用・システムのそれぞれのレベルで帰結されるものが異なる事例です。ルーマンの社会学には、個人の行為、対面的な相互作用、社会全体それぞれが影響しつつも、別々に作動している社会観があります。

ルーマンは、生命の自己組織化を意味する**オートポイエーシス**の概念を社会学に援用しました。外部の環境からの影響をシステムの自律的な作動によって自らを再生産する発想です。社会システムは、社会全体だけでなく、諸要素それぞれが再生産する自己言及的なシステムと考えられます。

機能分化

ルーマンが現代社会の最も中心的な分化と指摘したのは機能分化です。**機能分化**とは、機能によってそれぞれのシステムに分かれることです（図11-6）。ルーマンは政治システム、経済システム、宗教システム、科学シ

図11-6　機能分化した社会

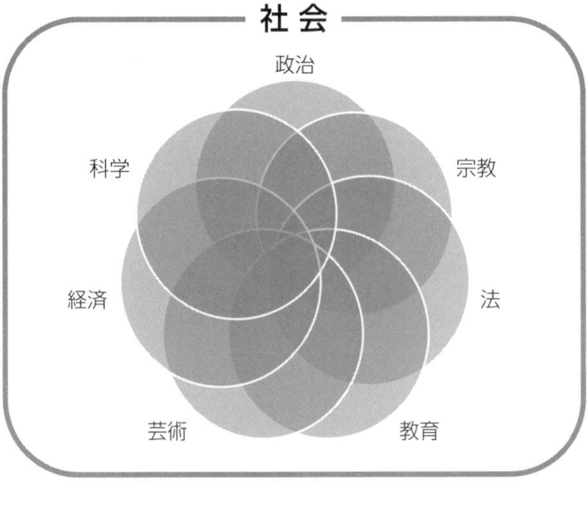

ステム、芸術システム、法システム、教育システムのほか、マスメディア・システム、家族システム、道徳システムなどを挙げています。

全体主義や権威主義の政治制度では、政治権力・行政権力によって、何が「真理」で、何が「美」なのか、そして「法」も制御されます。権力によって統制されることは望ましいものではありません。三権分立のように権力が集中しないこと、「政治と宗教」、「公的な問題に対して私的な事情を挟まないこと」など、「分化」は望ましい価値でもあります。

機能システムにはそれぞれの**システム合理性**があります。個人の行為レベルの合理性とは別に、機能システムにとっての合理性です。機能システムは「成果」となるものに動機づけられてコミュニケーションします。経済システムは「生産」、科学システムは「研究を通じた新しい発見」、宗教は「信仰」など、各システムにとって何を「成果」となるのかは異なります。

ルーマンによれば、ヴェーバーの資本主義論は、もともと未分化であった経済システムと宗教システムの機能分化です。デュルケームの社会分業論は、道徳システムによって経済システムを制御しようとする試みと考えられます。ただ、ルーマンは、宗教的な世界観によって機能システムを制御することはできなくなったと考えます。それぞれのシステムが独自に進化しているのが現代社会であると指摘します。私たちの身近な社会現象も、どの機能システムから見るのかによって、その意味は相違します。

例えば、本書『社会学概論 社会のしくみを 1 から学ぶ』を出版することについて考えてみましょう。社会学の入門書である本書について、各システムではどのように関係づけられるのでしょうか。ルーマンはこれをシステムによる「観察」と呼びます。

科学システムは、本書の内容が学術的に「真理」であるかどうかを問題にします。経済システムは、本書が市場でどのように取引されるのか観察します。法システムは、本書が法律を遵守しているかという合法／非合法を判断します。教育システムは、人格の陶《とう》冶《や》や学習計画にかなうものを求めます。本書を教科書に指定された学生にとっては大きな関心事です。本書の政治的な立場は、政治システムの問題とするところです。マスメディア・システムが持つのは、本書がメディアにとって取り上げるべき情報か、そうではない非情報かという関心です。道徳システムは、人々の倫理的な価値判断への影響です。本書を読んで信心深くなるかどうかは宗教システムが問題とすることです。芸術システムは、本書の美的判断に関する評価です。このように、機能システムは、それぞれの環境を観察しながら作動しています。

セカンド・オーダーの観察

ここでは、どのシステムが正しいのかを問うことはできません。出版に限らず、行為やコミュニケーションは、どのシステムから観察するのかによって見えてくる全体像が異なります。そして、現代社会では、私たちはすでにそれを知っています。ほかのシステムではどのように観察されるのかを、自らも観察しながら日々の生活を過ごしています。

自己と他者の関係も同じです。自分のコミュニケーションが他人からどう見えるのかを観察しながら、コミュニケーションします。こうしたコミュニケーションにおいて、主語となるのは、自己でも他者でもなく、コミュニケーションそのものとルーマンは考えたのです。「コミュニケーションがコミュニケーションします」。「相手が観察しているもの」を「観察すること」がコミュニケーションであるという、私たちの日常をよく表現しています。「観察の観察」を**セカンド・オーダーの観察**と呼びます。

このような観察は社会学者のみならず、現代社会を生きる多くの人々に求められるものといえるでしょう。ルーマンは、人々が社会を認識するにあって資するものを社会学研究の主要な課題としました。この研究プログラムは**社会学的啓蒙**と呼ばれます。

社会学的啓蒙

ルーマンは、**環節分化**から**階層分化**を経て**機能分化**した社会へと変化したと述べています。環節分化の社会では、同じ共同体の一員であることがコミュニケーションを支えていました。階層分化の社会で、コミュニケーションがそれほど複雑ではないのは、上下の関係性が基本となっていたからです。機能分化した社会では、全体を統制する宗教や道徳がありません。宗教もまた、機能システムの1つにすぎないからです。

この状況では何が「正解」となるのでしょうか。ルーマンは、「正解」を導く「理性啓蒙」ではなく、**社会学的啓蒙**を目指しました。社会学的啓蒙は、行為やコミュニケーションで「選択されたもの」による「意図せざる結果」、そして「選択されなかったもの」の機能的等価な選択肢を考えます。ダブル・コンティンジェンシーの状況にある機能分化した社会において、「観察」することの可能性を広げることが社会学的啓蒙です。

12 章
行政と政治

1．国家観の変遷と資本主義の変容

本章では、「行政と政治」から社会問題を考えます。近代社会は、国民国家という政治体制、資本主義という経済体制を中心としています。まず、資本主義の変容によって国家に求められる役割を概観します。次に、政治権力と行政に関する学説を紹介します。

格差と貧困への対応

19 世紀末、資本主義社会に格差と貧困が広がります。20 世紀の各国の対応は大きく 2 つに分かれました。1 つは、資本主義に代わる**社会主義**です。もう 1 つは資本主義を維持したまま、社会保障を充実させる**福祉国家**です。

資本主義は、**産業資本主義**から**独占資本主義**、**修正資本主義**へと変容しました（図 12-1）。近代資本主義の初期段階は**産業資本主義**と呼ばれます。18 世紀後半の産業革命以降に広がった資本主義です。A. スミス、T. マルサス、D. リカード、J.S. ミルなど、古典派経済学は、自由主義を理念として、自由な経済活動によって産業化し、豊かになることが理想とされました。この時代の自由主義を古典的自由主義と呼びます。レッセフェール（自由放任主義）の源流もここに見いだされます。

しかしながら、自由競争の結果、19 世紀末には、資本が特定の企業や人に集中し、富の偏りが顕著になりました。**独占資本主義**です。巨大な金

図12-1　資本主義の変容

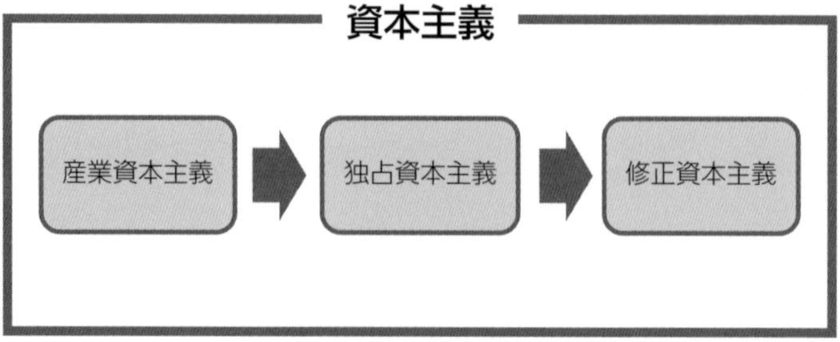

融資本や財閥の形成などがその典型例です。不況は、景気循環の１つとして資本主義に内包されている現象です。独占資本主義も例外ではなく、1929年の世界恐慌に苦しみます。豊かになるはずの資本主義によって貧困と格差が広がっていきます。

修正資本主義は世界恐慌の経験を踏まえ、資本主義の基本原理である自由主義を抑制して、資本主義の矛盾に取り組みつつ、その存続を図る方法です。1930年代のアメリカのニューディール政策は先駆的な取り組みの１つです。経済学では、ケインズ革命が生まれます。J.M. ケインズの著書『雇用、利子および貨幣の一般理論』(1936年) により、不況期に**有効需要**を大きくするためには、市場原理に任せておくのではなく、政府が積極的に市場に介入することによって景気を調整するという経済政策が採用されます。行政学では、政治行政二元論から政治行政融合論に転換します。社会学では、パーソンズが社会秩序の問題に取り組みます。デュルケーム、パレート、マーシャル、ヴェーバーなどの社会学の歴史を踏まえて「主意主義的行為理論」に収斂されると考えました。主意主義とは、社会の危機にあっても積極的に社会秩序を実現しようとする行為者像です。

社会主義

ロシアでは1917年に帝政を打倒し、社会主義政権を樹立しました。ロシア革命を指導したレーニンは、独占段階にある資本主義を最も資本主義の本来的な形態と批判しました。また、資本主義は経済のみならず、**帝国主義**の経済的な基礎となることを指摘しています。ソビエトは、ロシア語で「会議」や「評議会」の意味で、労働者の代表であることを表現しています。ソビエト連邦は1922年に複数の共和国からなる多民族国家として成立し、1991年に解体します。社会主義は「計画経済」により経済の発展を目指し、資本主義国とは対照的に世界恐慌の影響が少なかったといわれます。

ロシア革命を支えた思想がマルクス主義です。K. マルクスは、盟友エンゲルスと共に『共産党宣言』や『資本論』を著し、**科学的社会主義**を標榜し、マルクス以前のオーエン、サン＝シモン、フーリエらの社会主義思想を**空想的社会主義（ユートピア的社会主義）**と区別しました。マルクスは、社会変動は労働者階級と資本家階級による階級闘争により実現するとし、資本主義のイデオロギーによって搾取され、疎外された労働者が社会主義社会の担い手と考えました。労働者・資本家といった階級の対立もしくは階級そのものがもはやなくなった社会体制を共産主義と区別することがあります。

共産主義の予言は、ロシア革命によって実現しました。しかしながら、日本を含めた周辺諸国は、革命が自国に波及することを懸念します。そのため、積極的に労働環境や社会保障を整備することによって、「福祉国家化」が進行したといわれます。これは「意図せざる結果」の一例で、もともとの予言とは異なる結果を招いた「予言の自己破壊」です。

国家観の変遷

資本主義の変容に対応するように、近代国家も**夜警国家から福祉国家へ**と変遷していきます。**夜警国家**とは、国家の役割を、主に**国防と治安維持**に限定した19世紀の国家観です。ドイツの社会主義者 F. ラッサール

(1825～1864) によって名づけられましたが、そもそも皮肉を込められた表現です。産業資本主義を背景に、軍隊とも警察とも関係のない福祉や経済対策などは、国家が積極的に担うことがないからです。**自由国家、消極国家**とも呼ばれます。

福祉国家は、20世紀から見られるようになった国民の福祉を増進する国家です。**社会国家**や**積極国家**とも呼ばれます。積極国家は、国民生活に国家が積極的に介入するとの意味があります。

西尾勝は、福祉国家の3要素として**生存権の保障、所得の再分配、景気の調整**を挙げています（『行政学 新版』有斐閣、2001年)。

生存権は、国民が生存するために国家に対して求める権利で、日本国憲法では25条がその代表的な条文です。

第25条

1　すべて国民は、健康で文化的な最低限度の生活を営む権利を有する。

2　国は、すべての生活部面について、社会福祉、社会保障及び公衆衛生の向上及び増進に努めなければならない。

「所得の再分配」の代表的な制度として「累進課税制度」があります。担税力のあるものが負担することによって、国民の福祉を実現する制度です。

「景気の調整」は、不況期に政府が経済政策を実施し、好況期に景気が過熱しないように調整し、安定を図る国家の役割です。

新自由主義

1970年代初頭のオイルショックは、先進各国に大きな影響を及ぼしました。原油価格の高騰によって日本は高度経済成長期が終わり、経済は低成長の時代となります。財政的に厳しくなった先進各国は福祉国家からの転換、**脱福祉国家**を模索します。

脱福祉国家は、それまで国家が担っていた役割を小さくすることを目指します。**大きな政府から小さな政府へ**の転換です。「政府の失敗」を市場原理によって乗り切ろうとする思想は、夜警国家や産業資本主義に見られる「古典的自由主義」に対して、「新自由主義」と呼びます（図12-2）。民営化、民間委託、市場化などが主な政策です。それまで行政が担ってきた業務は「非効率」であると批判されるようになり、民間企業の方が「効率的」であるとの言説が説得力を持ち始めます。

ディビット・ハーヴェイによれば、1980年代の新自由主義を代表する政治的なリーダーは、イギリスのサッチャー首相のサッチャリズム、アメリカのレーガン大統領のレーガノミクス、中国の鄧小平国家主席の改革開放路線です（『新自由主義』作品社、2007年）。1980年代の日本では、中曾根康弘首相が第二次臨時行政調査会を経て、三公社民営化（国鉄、電電公社、専売公社）を進めます。2005年には小泉純一郎首相が郵政民営

図12-2　国家観の変遷

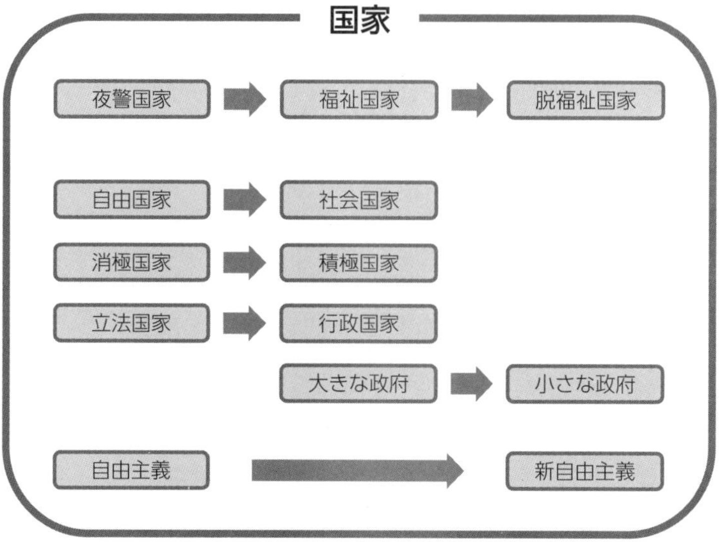

化を公約に掲げた選挙で多くの議席を獲得しました。新自由主義の政策は、多くの有権者にも支持されました。

公務員の数を積極的に削減すべきと主張する政党に対する支持が高いのも、日本の政治状況の特徴です。一方で、より充実した福祉国家を望むのであれば、公務員は不足しているとも考えられます。また、大学のキャリア教育やキャリア支援では、学生やその保護者から公務員志望が多いことを実感します。前田健太郎は、『市民を雇わない国家』(東京大学出版会、2014年) において、日本は相対的に公務員の数が少ない国のうちの1つであることを指摘しています。

経済政策や雇用政策にはさまざまな方法がありますが、国民を政府が直接雇用するのが公務員です。労働者の非正規化は、公務員でも、臨時職員や契約社員、派遣社員という名称で進行しています。「公務員」をめぐる議論は、国家観を反映します。私たちの社会にとってふさわしい国家観が求められているのです。

2. 政治権力論

権力と権威

なぜ他人の指示を積極的に聞き入れるのでしょうか。誰かに支配されることは避けたいと思いつつも、一方で積極的に服従することもあります。社会学では、**権力**と**権威**を区別します。「世界で最も権力ある人物は誰か」と聞かれたら、何を思い浮かべるでしょうか。超大国の政治指導者、国際的な金融資本、圧倒的な軍事力などという答えも聞こえてきそうです。では、「世界で最も権威あるものは何か」という質問ではどうでしょうか。ノーベル賞は権威ある賞ですが、権力ある賞とはいわれません。

M. ヴェーバーの定義によれば、**権力**とは**相手の抵抗を排除してでも自己の意思を貫徹できる可能性**です。「権力」とは支配者が持つ力です。歴史上、超大国は経済力や軍事力を背景に、他国に対して強い影響力を保持しています。これは「権力」の代表的な事例です。

対して**権威**は、支配される側の人々、つまり被支配者が正当なものとして受け入れているものです。ノーベル賞の受賞者に対して、尊敬の念を抱くのは、そこに権威があると捉えているからです。権威は、積極的にその**正当性**を認める「自発的な服従」です。「支配者の権力」と「被支配者の権威」の両方があることで、安定的な**支配関係**が成り立っています。

権力概念には、実体概念と関係概念があります。例えば**実体概念**では、N. マキャヴェリは**暴力**、K. マルクスは生産手段など**経済**、H.D. ラスウェルは権力、尊敬、徳義、愛情、健康、富、技能、知識などの**基底的価値**を付与または剝奪する力を権力と定義します。

関係概念の代表的な存在は、R. ダールです。**「AがBに対して、Bが本来やりたくない何かをさせることができる時に、AはBに対して権力を有する」**と定義されます。

国家と地域社会の権力構造

権力エリート論は、権力が特定の人々や階層に集中していると考えます。R. ミヘルスは、ドイツやイタリアの社会民主党の分析から**寡頭制（オリガーキー）の鉄則**を主張しました。民主主義を標榜する政党においても、現実的な組織運営では効率を重視するなどの理由から「少数者による支配」になるのです。

C.W. ミルズは、アメリカ社会は政治・経済・軍事の**パワー・エリート**によって構造的に支配されていることを論じました。これに対して、D. リースマンは、多数の利益集団が相互に競争や拮抗し合う状況から、権力は分散され、多元的であると論じました。

地域社会の権力を社会調査したのがF. ハンターとR. ダールです。ハンターは地域社会では実業家が中心となっているため、住民の意思は反映さ

図12-3　アメリカの国家と地域社会の権力構造

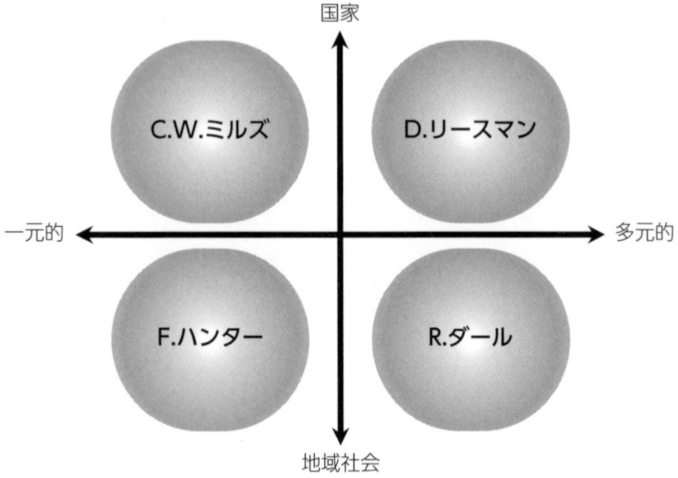

れにくいことを聞き取り調査（声価法）によって明らかにしました。ダールは、一部の権力エリートが地域社会を統治しているのではなく、争点によって影響力が異なることを指摘しています。この調査方法は「イシュー（争点）法」といいます（図12-3）。

支配の3類型

ヴェーバーは、**支配の正当性**の内容によって**伝統的支配**、**合法的支配**、**カリスマ的支配**の3つの理念型を提案しました（図12-4）。

伝統的支配とは、伝統によって権威づけられたもの、神聖な慣習といわれるものに正当性を認める支配の形態です。伝統的支配を継続させるためには、支配者もその伝統に従っていなければ正当性は認められません。

例えば、**家父長制（patriarchalism）**は家長である男子が持つ家長権によって、家の構成員を支配する制度です。近代日本の家制度は、古来の伝統というよりも、明治政府によって新しくつくられて多くの人々に共有されてきた歴史があります。「伝統の創造」です。何が伝統であるかは、人々

図12-4　支配の関係

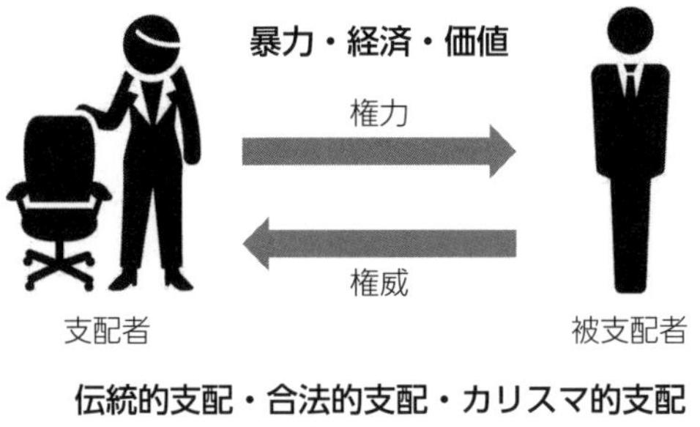

が何を伝統と考えているかによって変わってきます。そのため、現代社会でも伝統的支配は決してなくなったわけではありません。

合法的支配は、近代社会に典型的な正当性です。法の支配、法治主義、議会での立法過程、裁判の手続きなど、主に法的な制度や規則に正当性を認めます。

例えば、区役所の窓口で、担当職員から書類に必要事項を記入するよう指示されたとき、それに従います。また、暗い夜道で見知らぬ人に声をかけられた場合、あまり相手にしませんし、したくありません。ただ、その人物が、身分証明書を提示し、警察官であることがわかれば、対応は異なります。職務質問に応じるでしょう。そのとき、相手の人格を信頼しているのではなく、その背後にある法的な手続きを信頼しているのです。合法的支配は、支配者も法的な手続きによって拘束されます。

カリスマ的支配がほかの類型と異なるのは、伝統や法という非人格的な要素ではなく、**人格的な要素**による支配という点です。カリスマは、もともとは宗教的な意味で、ある人格に備わった**非日常的な資質**のことです。人物に引かれて正当性を感じるものですから、伝統や法的な手続きに則っているのか否かに関係なく、正当性を発揮します。

例えば、「成功するために必要なことは日々の努力である」といった格言は、よく耳にする言葉の１つにすぎません。しかしながら、スポーツで世界的に活躍した人物が述べたとしたらどうでしょうか。ありふれた表現が一瞬にして心をうち、「あぁ、やはりそうだったのか」と目覚めたり、「今日から地道に頑張ろう」とさえ思ったりします。このように感じさせる力がカリスマです。ヴェーバーも、社会科学においてカリスマ的な存在です。

カリスマ的な指導者は、社会の変革期に求められます。これは、閉塞感を打ち破ることを期待されているためですが、カリスマ的な指導者ばかりを待望する社会は、あまりよい状態といえないかもしれません。

カリスマ的支配は、特定の人物に依存するため、支配関係が継続するためには**カリスマの日常化**が必要になります。カリスマの日常化は、主に2つあります。1つは伝統的支配に関係する「世襲カリスマ」です。祖先から続く血統による支配です。日本の天皇は代表的な事例です。もう1つは「官職カリスマ」です。儀礼や手続きなどを通じて、教会などの「組織」によって継承する方法です。

三次元的権力

P. バクラックとM. バラッツによれば、権力は意思決定を強制することもありますが、社会問題を争点化させないように働きかける**非決定の権力**もあります。ある社会問題は隠されたまま、表面化している問題だけを「争点」として意思決定させられているのです。S. ルーカスは、「決定」を権力と定義する**一次元的権力観**と、「非決定」を権力とする**二次元的権力観**とを区別します。ルーカスは、権力が人々には認識されない力であることを指摘し、「決定／非決定」の背景となっている社会制度に注目する自身の権力論を、**三次元的権力観**と呼びました。

規律＝訓練型の権力

M. フーコーが『監獄の誕生』で明らかにした権力のしくみは、**規律＝**

図12-5　パノプティコン

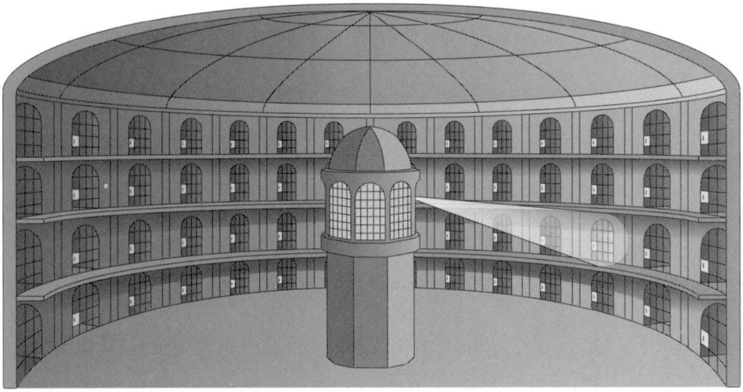

訓練型の権力です。功利主義者のJ.ベンサムによって考案された**パノプティコン**は一望監視施設です。刑務所といえば刑務官が各部屋を巡回する形態が一般的ですが、パノプティコンは中央に監視者がいて管理するため、囚人は常に監視された状態となります。ただ、囚人から監視室は見えないため、監視者が不在でも構いません。囚人たちは監視者のまなざしを内面化してそれぞれの囚人が自分自身を監視し、規律ある態度を維持します。フーコーは社会秩序そのものを権力の作用と捉えています。現代社会に生きる私たちは、パノプティコンで生活しているようなものでしょう。

フーコーによれば、近代社会の権力は「殺す権力／死に対する権力」から「生かす権力」に変容しました。例えば、健康への配慮を通じた生活への介入、出生率や死亡率のコントロール、公衆衛生政策などを通じて、「生」そのものを管理します。フーコーは**生政治**（biopower）と呼びました。

社会システムと権力

「権力と権威」が社会システムによって支えられていると考えます。パーソンズは「社会システムとしての権力」を**目標達成のための資源を動**

員する能力と定義しています。

例えば、政変などが混乱した社会では、選挙を実施することが難しいだけでなく、人々が選挙結果を受け入れないこともあります。ある人物が権力を行使するためには、前提として社会が成り立っていなければなりません。社会があることで、はじめて「権力」が可能になります。権力があることで、人々が望む「社会の目標達成」が実現できるのです。

メディアとしての権力

ゲーム理論には、ゼロサムゲームと非ゼロサムゲームがあります。ゼロサムゲームとは、参加者の得点と失点の総和（サム）が0（ゼロ）になるゲームです。これに対して非ゼロサムゲームは、総和が0にならないゲームです。例えば株式市場では、株価が上昇して多くの人が利益を得ることができます。また、株価が暴落して多くの人が利益を失うこともあります。

パーソンズは、権力や貨幣は**メディア**であると述べています。メディアとは、社会的な関係をつないでいるものです。メディアとしての権力は、**非ゼロサム関係**にあります。

例えば、政府に正当性がないと考える社会は、「権力」の価値が低下した事例です。貨幣だけではなく、権力にもインフレーションやデフレーションが見られるのです。パーソンズは、メディアの変化によって社会変動を観察しました。

3．行政と社会

行政とは何でしょうか。国家や内閣、地方自治に関わる行政の概念について次の３つの定義を紹介します。

第１に、**三権分立における行政**です。立法、司法との比較から、行政は消極的に定義されます（第１章を参照）。第２に、**行政と政治**です。政治は「政策を決定する」のに対して、行政は「決定された政策を遂行」します。M. ヴェーバーは政治家と行政官僚を比較して、その役割が対照的であることを指摘しました。第3に、**行政と経営**です。行政組織と民間企業では異なる特徴もありますが、組織活動の全般で**能率**を重視することは共通した価値観です。アメリカ行政学の祖であるW. ウィルソンによれば、**行政はビジネス（実務・経営）の領域**です。ウィルソンは、「能率は最高の善」と述べています。20世紀前半のアメリカで活躍したF. テイラー、メイヨー、ギューリック、C. バーナードらは、行政学史でも経営学史でも、ともに重要な存在です。

政治行政二分論

「やりたい仕事は何ですか」。公務員試験の採用面接では定番の質問です。もちろん、民間企業でもこのような質問はありますが、公務員試験の場合は意味が異なります。例えば、採用志望者が「環境問題に取り組み、新しい政策を実行できるようにしたい」と答えれば、採用担当職員は「じゃあ、公務員ではなく、選挙に立候補した方がいいですね」と反応する場合もあるからです。政治と行政の違いはここに見られます。

「政治」の領域では、選挙によって選ばれた代表者が、議会で政策を決定します。「行政」の職員に求められるのは、その政策を「いかにして能率的に執行するか」という課題です。このように、政治と行政を峻別すべきという規範を**政治行政二分論（政治行政分断論）**といいます。

政治行政二分論の背景には、**猟官制（スポイルズシステム）**への批判があります。猟官制とは、選挙の勝者が官職を独占的に仕切ることです。例えば、大統領選挙の当選者は、自身の陣営を送り込んで、行政職員を大幅に入れ替えます。選挙によって選ばれるのは、大統領や議員のみではなく、公務員も含まれるのです。

猟官制は、**情実任用制**（パトロネージ）の1つです。**資格任用制（メ**

リットシステム）は、採用試験などを通じて能力が認められた者を採用しますが、情実任用制はいわゆるコネです。主に選挙の支援者など、政治的な利害関係で選出されますので、政治的な腐敗をもたらします。また、行政職員に求められる政策に関する専門的な知識は確保できません。そのため、能率的な業務も期待できません。政治行政二分論は、行政を政治から引き剝がして、公開試験によって採用を決めた方が望ましいという考えがあります。アメリカでは1883年のペンドルトン法によって猟官制が規制されています。

ただ、猟官制は民主的な組織づくりでもあります。なぜなら、選挙の勝者が行政組織を変えることができるため、民意の反映は行政組織にも及ぶからです。例えば、大統領が公約を実現しようとしても「行政職員の抵抗や反発によって政策が実現できない」などの事態にはならないでしょう。実際、現在のアメリカ大統領選挙でも、約3,000の上級の行政職員が入れ替わるといわれています。

政治行政二分論の立場から考えれば、公務員志望者に「やりたい仕事は何ですか」と尋ねる採用担当者の質問そのものが適切ではないのかもしれません。政策を決定するのは「政治」の領域であって、行政ではないからです。

政治行政融合論

「政治と行政」の関係は、政治行政二分論から政治行政融合論へと変化します。契機は1929年の世界恐慌です。アメリカのF.ルーズベルト大統領によるニューディール政策以降、社会保障や経済政策など政府が人々の生活全般にわたって介入することが求められるようになり、行政の役割が拡大します。行政も専門性に基づいて民衆感情に応えることが求められます。能率を機械的に求めるだけでは役割を果たせず、「政治」と協力して諸課題に取り組むことが期待されます。これを**政治行政融合論（政治行政連続論）**といいます。

政治行政融合論の立場から考えれば、先の採用担当者の質問は問題ありません。現代社会では政治行政二分論と政治行政融合論のどちらの理念も重視されています。公務員志望者が採用試験で困難に直面するのは、2つの両立しがたい理念を踏まえて回答しなければならないからなのです。

行政国家化現象

社会問題が多様化、複雑化すると、行政への期待は高まります。景気対策などの経済政策、社会保障ほか、社会政策は中長期的な取り組みが求められます。任期が数年しかない議員では対応が難しい課題も増加します。そのため、立法機関ではなく、行政機関が大きな裁量を行使するようになりました。これは**「立法国家から行政国家へ」**と表現されます。

ただし、民意に応えることを目指したとしても、もともと公務員は民意によって選出されてはいません。選挙ではなく、採用試験によって選ばれています。現代社会では、議員立法は減少し、行政が法案の作成も担うようになりました。行政国家化現象は非民主的な特徴があります。

能率の概念

行政の意味とともに、能率の概念も変化します。「政治行政二分論から政治行政融合論へ」に伴って、行政学は**技術的行政学から機能的行政学**へ、その性格を変容させました。技術的行政学では、いかに時間・経費・労力のコストを最小化するのかという技術が重視されます。技術的行政学における能率を**機械的能率**と呼びます。これに対して、機能的行政学では、科学的な知識に基づく専門性と民衆感情に応答することが求められます。特に科学的な専門性に基づく責任を**機能的責任**と呼びます。これらを背景として機械的能率よりも**社会的能率**が重視されるようになります。

社会的能率は、人々が求める政策を実行することを能率的と考えます。例えば、組織のメンバーの意欲や、サービスを享受する顧客の満足度を高めることです。ただし、社会的能率ばかりを考慮すると、コストの問題が軽視されることがあります。業務の目的や内容に応じて２つ理念を使い分けることを**二元的能率**といいます。

政治責任

ヴェーバーによれば、政治は結果責任です。状況や事情はともかく、公約を実行することを重視します。これを**責任倫理**といいます。信念倫理は、結果ではなく、理念を実現しようとする心情を評価する規範です。「目指したところは間違っていない。一生懸命に頑張ったのだから結果が出なくても評価できる」と考えるのは、責任倫理ではなく**信念倫理**です。

行政責任

行政責任とは、行政機関や行政官の責任のことです。主権者である国民とその代表である議会が「本人（プリンシパル）」で、行政府は、その「本人」から委任を受け、本人のために奉仕する「代理人（エージェント）」です。代理人は、本人の求めに応じて活動する義務を負います。このように、「本人―代理人関係」の観点から「行政責任と行政統制」を重視するのが**プリンシパル・エージェント理論**です。

1940年代にはH.ファイナーとC.J.フリードリヒによる**行政責任論争**がありました。ファイナーは**外在的・制度的責任論**を重視します。ファイナーは、政治行政二分論の立場から議会主義を重視して、行政の外部である議会に対する責任、すなわち議会に対して行政府の制度上の答責性（accountability）を重視し「X（行政府）は、Y（行政任務）について、Z（議会）に説明できなければならない」と表現しました。

C.J.フリードリヒは、**内在的・非制度的責任論**を重視します。政治行政融合論の立場から答責性だけでは足りず、コミュニティの民衆感情に直接に対応する応答性（responsibility）を重視します。行政官にも機能的責任、政治的責任があると考えました。

行政統制

行政統制とは、行政機関や行政官を社会統制することです。行政統制は、「三権分立」や「法治行政の原理」に基づく**外在的統制**と、行政機関の内部で統制する**内在的統制**に区別されます。また、法的な拘束力の有無によって、**制度的統制**と**非制度的統制**に区別されます。C. ギルバートは、この２つの観点から、行政統制を整理しています（図 12-6）。

基本的な統制は「外在的・制度的統制」です。行政は議会での立法によって、また裁判所の違憲立法審査権など司法判断によっても統制されます。三権分立では、行政は内閣によって担われていますが、内閣は「政治と行政」のうち、「政治」です。内閣は国会議員によって構成されているため、外在的と位置づけられます。各省の内部では、大臣が執行管理するため、内在的統制と考えられます。西尾勝は、自己の内面的な良心に従って行動する責任のあり方を**自律的責任**と呼んでいます。

図12-6　ギルバートによる行政統制のマトリクス

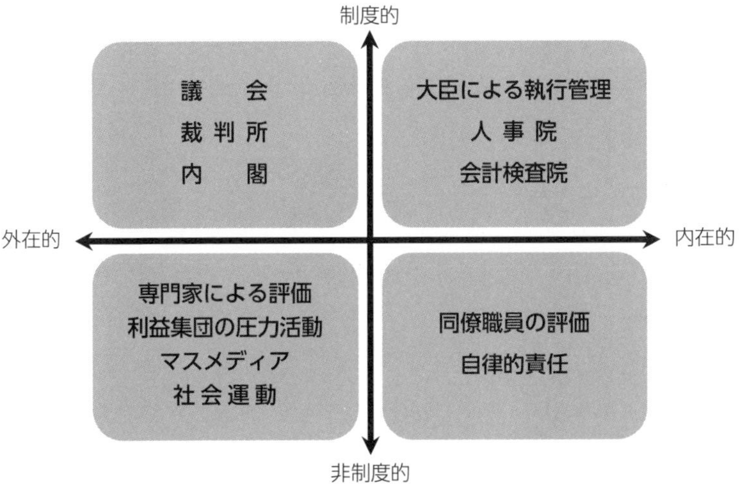

行政と経営

①科学的管理法と人間関係論

F. テイラーは、行政組織論と経営組織論ともに大きな影響を与えました。20 世紀初頭のアメリカにおいて、工場での能率的な労働のために、熟練労働者の作業から時間と動作を研究して「課業」を設定します。この課業に基づいて、賃金を変更する出来高制度を実施します。これは**テイラーシステム**または**科学的管理法**と呼ばれます。

メイヨーとレスリスバーガーは、科学的管理法の実証実験を試みますが、もう 1 つの発見に至ります。それは、組織のフォーマル・グループではなく、インフォーマル・グループが労働者の**モラール（やる気、士気などの仕事への取り組み方）**を左右していたという事実です。

組織の目標は、経営者の決定や上司の指示によるもの、すなわちフォーマル・グループによるものです。これに対して、職場の非公式の人間関係であるインフォーマル・グループによって、どの程度の働き方をするのかが決まります。**インフォーマル・グループは、フォーマル・グループに対して、順機能的にも、逆機能的にも作用します**。すなわち、組織目標を積極的に達成するように働くこともありますし、反対に阻害することもあるのです。メイヨーとレスリスバーガーの組織論は**人間関係論**と呼ばれます。フォーマル・グループは**能率の論理**、インフォーマル・グループは**感情の論理**と区別されることもあります。

②ラインとスタッフ

組織の基本的なしくみはラインとスタッフです。**ライン**は、上下関係である階統性を中心に、地位と役割の分化が見られます。「命令の一元化」は、指揮・命令系統を明確にすることによって「責任の所在」を定める方法です。図 12-7 では、命令系統を線で結んでいます。基本的に直属の上司が 1 名で、これ以外の人物からの指示は受けないのが原則です。トッ

図12-7　ラインとスタッフ

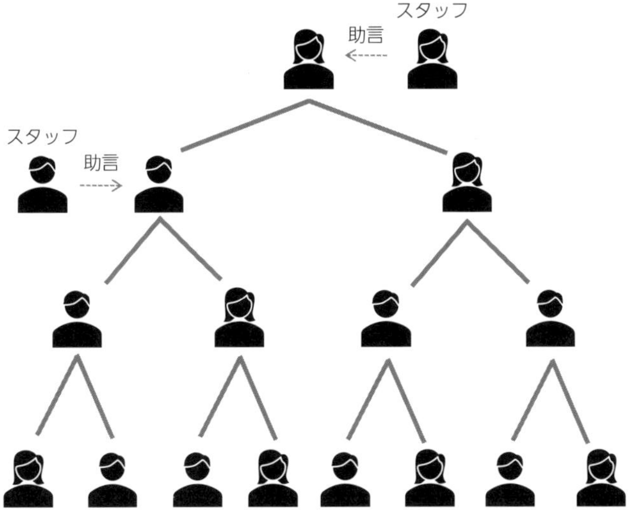

プダウンの意思決定は迅速ではありますが、専門性に欠けること、多くの意見を反映しにくいことなどの課題があります。そもそも、あらゆる専門的な知識を兼ね備えた決定権者は存在しません。

そこで、求められるのがスタッフ機能です。**スタッフ**は、ラインの階統制とは別の存在で、組織の意識決定に直接的には関わらないことを基本とします。ラインと異なる点は、スタッフが決定権者に対して専門的な立場から助言をすることです。もともと軍事組織をモデルとしており、スタッフは参謀の役割です。

L. ギューリックは、スタッフの機能として**POSDCoRB**を挙げました。計画 Planning、組織編成 Organizing、人事管理 Staffing、指揮命令 Directing、調整 Coordinating、報告 Reporting、予算編成 Budgeting の頭文字です。ギューリックの行政学／経営学は、アメリカの大統領制度ほか行政改革につながりました。

意思決定論

意思決定（decision making）とは、問題解決を目的として、特定の状況において選択可能な複数の手段から行為を選択することです。意思決定の主体は、個人のほか、企業や国家など組織もあります。例えば、経営学・行政学・軍事学などでは「組織における意思決定」が主題ですが、看護学では患者の意思決定を支援することも重要な課題です。意思決定論のための目的とともに、決定に至るまでの方法も重要な研究課題です。

①合理性モデル

意思決定に際しては、目的に応じて最善・最適な解決策を選ぶことが求められます。**合理的選択理論、総観的決定モデル、効用の最大化モデル**などの古典的な意思決定論は、あらゆる選択肢を想定するのみならず、決定することによる影響も考慮するなど、人間や組織の合理性を前提にしています。これらは**合理性モデル**と呼ばれます。

例えば、費用便益分析などの計量化によって、負担が少なく、成果が大きい効率的な意思決定を目指します。しかしながら、現実の実務では大きな壁に直面します。代表的なものが、予算編成です。膨大な国家予算の編成にあたり、すべての政策を費用便益分析することは多大な労力を必要とします。また、政策の優先順位は、政治的な駆け引きに左右されるものであって、合理性を判断すること自体が困難です。ゼロベースの予算では、会計年度ごとにすべての項目を検討する必要がありますので、ゼロから編成を考える労力もさることながら、予算を変更した場合の新しいリスクの発生が問題になります。

合理性モデルによる予算編成の代表例として、1960年代のアメリカ連邦政府のPPBS（planning-programming-budgeting system）があります。合理的で長期的な計画を目指して導入された予算編成の方法でしたが、1970年代はじめには廃止されています。

②インクリメンタリズム

合理性モデルによる政策決定の失敗が示しているように、現実の組織や人間は「全知全能」ではありません。すべての選択肢を挙げて、最適な行動を選択する存在として人間を想定することが、むしろ意思決定を阻害することがあります。人間の意思決定が状況によって制約されることを踏まえた意思決定論が、H. サイモンの**限定された合理性**です。

合理性モデルは**最適化原理**であるのに対して、「限定された合理性」はあくまで状況の中で「よりよい選択」を目指すことから**満足化原理**と呼ばれます。2つの原理の背後にあるのは、人間観の相違です。限定的な合理性は、どのような実務的な方法に結びつくのでしょうか。

C.E. リンドブロムは、意思決定における**インクリメンタリズム**（増分主義・漸増主義）を主張しました。インクリメンタリズムの特徴は、合理的な意思決定の非現実性に対する批判を踏まえた上で、前例を踏襲しつつ、とりあえず小幅な手直しをすることを推奨した点にあります。政策決定や予算作成などの意思決定では、人間の理性や労力、時間の限界を前提に考えざるを得ないからです。

例えば、国家の予算編成では、ゼロベースから積み上げるのではなく、前年度をベースにして、新規の増分のみを厳しく査定します。インクリメンタリズムが評価される点は、次の3つです。第1に、現実的な実務の過程をよく説明している点です。第2に、一挙に問題解決を目指すことなく、漸進的な修正を繰り返すことで、意思決定の負担を減らす点です。第3に、審査するのは新規の増分を中心とするため、新しい不確実性は高まらない傾向にあることです。しかしながら、全体を見直さずに前例を踏襲することは、現状の問題点を容認することにもつながります。このため、現状肯定的、保守的な方法であることが批判されました。

A. エチオーニの混合走査法モデルは、合理性モデルとインクリメンタリズムの折衷的な提案です。一部の重要な政策については、合理性モデルで精査するのに対して、その他の多くの政策についてはインクリメンタリズムに委ねる方法です。

③アリソンの政策決定モデル

G.アリソンは著書『決定の本質』(1971年) において、1962年のキューバ・ミサイル危機における米ソ両国の行動を分析し、3つの政策決定のモデルを提示しました。**合理的行為者モデル、組織過程モデル、官僚政治モデル**です。

例えば、「日本の外交政策」を考察する際に、日本の政府が歴史的にどのような方針をもとにしていたのかに注目することもありますが、「日本の政府」も一枚岩ではありません。政権与党や政府内部の競争や調整によって政策は変化します。また、影響力のある特定の人物によって方針転換することもあります。

合理的行為者モデルは、合理性モデルを踏まえた考え方で、政府という1つの中心的なアクターが、明確な目標・価値観に基づいて意思決定することをモデル化したものです。**組織過程モデル**は、インクリメンタリズムからの影響が見られるモデルで、分析単位は政府内の各組織で、政策は組織間での調整に基づいて意思決定されます。**官僚政治モデル**は、分析単位は政治家や行政官僚など政府内の複数のアクターです。決定過程におけるアクターの間の対立や駆け引きが意思決定に影響することがあります。政府全体でも、各部署のセクショナリズムでもなく、個人を単位とした異なる価値観、利害関係に基づいたモデルです。

④ゴミ箱モデル

意思決定の非合理性に注目したのがM.コーエン、J.マーチ、J.オルセンが提唱した**ゴミ箱モデル**です。意思決定は、ゴミ箱に放り投げるような偶然の産物です。何が問題とされるのか、参加者の構成、その状況など、それぞれ独立した「問題・解・参加者・選択機会」という４つの要素の流れによるものであって、必ずしも合理的に一貫したものではないと考えられるのです。

⑤稟《りん》議《ぎ》制

稟議制は、**ボトムアップ**の意思決定です。明治期の日本から、行政組織のみならず民間企業でも見られる意思決定です。稟議書と呼ばれる書類が組織の末端のメンバーから上司に提出され、ハンコで承認されると、その上司からさらに組織の上層部に稟議書が回されてハンコで承認され続け、最終的にトップの判断を仰ぐ方法です。権限のない職員も稟議書を作成することで影響力を持てますから、モラールは高揚します。

ただ、この方法は誰が意思決定しているのかが不明確です。最初の起案は末端職員であって、組織のトップには組織の中で最も情報が遅れて届きます。組織のトップが判断する頃には、その可否はともかくとして、すでに関係各所では周知の事実となっているからです。稟議制の意思決定はトップダウンとは対照的ですが、ある意味で組織末端からの「一元的」な流れは変わらないとも考えられます。ただ、ボトムアップの意思決定は、トップダウンと比較して、時間的な能率の低下、責任の所在の曖昧さ、リーダーシップの不在などが否定的に評価されます。

⑥独任制と合議制

組織の意思決定には、独任制と合議制があります。多くの組織は独任制を採用しています。**独任制**は組織のトップが１人であるのに対して、合議制は複数人です。対等な権限を有する複数の人々による合議によって意思決定されるのが**合議制**です。専門性や中立性を確保すること、多様な意見を反映しながら慎重に検討することが見込める制度です。ただ、独任制と比較して決定までに時間がかかること、責任の所在が不明確になりやすいことが特徴です。日本では、内閣、行政委員会、審議会が合議制の組織です。

⑦合議制的アソシエーション

ラインとスタッフの関係に見られるように専門的な諸課題に対して組織がどのように対応するのかは、多くの組織にとって問題です。**合議制的アソシエーション**とは、合議制の特徴をより組織全体に適用させた組織論です。これを提起したパーソンズは、官僚制組織や寡頭制組織の問題点を踏まえて、組織の階統制はありつつも、専門的な知識や能力があるメンバーが、対等な立場でその責任を果たすことが望ましいと考えました。

パーソンズは主に大学と病院をモデルに合議制的アソシエーションを考えていました。

「医師―患者」や「教員―学生」は、健康や教育・研究といった共通の目標を実現するための関係性です。組織の内部の課題にとどまらず、社会の期待に応えることが求められます。専門的な知識・能力を生かし、構成員の対等な関係性をどのように確保するのかという現代の組織が抱える課題は、大学や病院に限定されません。合議制的アソシエーションは、組織論や意思決定論にとって多くの示唆を与えています。

第 13 章

自由と平等

1．自由と平等

私たちは自由で平等な社会を望みます。不当に干渉されることなく、拘束されない自由、そして平等に扱われるべき存在であることは、人間としての尊厳につながります。しかしながら、自由と平等は両立しがたい理念でもあります。社会的な問題として考えたとき、「自由な社会」と「平等な社会」では、どちらがより望ましいでしょうか。

自由には「精神的な自由」、「経済的な自由」、「身体的な自由」があります。どれも欠かすことのできない人権の１つです。ただ、自由な経済活動が認められた社会では、必然的に経済的な格差が生まれます。これは、時代や社会を超えて共通する現象であるといわれます。自由な社会は不平等を生みやすい。そして、貧困が広がれば、人々は自由な生活が困難となりますから、不自由になります。「自由な社会」を手放しで喜べない理由の１つは、その行き着く先が「不自由な社会」となる可能性があるためです。

では、「平等な社会」に問題はないのでしょうか。第１に、自由ばかりでは不平等になるとはいえ、過度な強制力によって格差を是正するとなれば、不自由さを覚える人もいるでしょう。自らの「努力」によって厳しい競争に勝ったと信じて疑わない人々は、「せっかく自分が頑張ったのに」という不満を述べたり、「向上する意欲を失ってしまう」と主張して自由競争を正当化することもあるでしょう。

第２に、すべての人々が平等であると前提にすることで、不平等を容認することがあります。例えば、能力や環境がすべて同程度であるならば、「本人の努力」によってのみ結果が左右されると考えます。格差が広がったのは、状況や運ではなく、本人の意思の問題として原因が帰属されます。

自由と平等のどちらが望ましいのか。これは別言すれば「自由だけど不平等な社会」と「平等だけども不自由な社会」の比較ともいえるでしょう。もちろん、「不自由で不平等な社会」もあります。それでも「いかにして自由で平等な社会は可能か」を問い続けてきたのが近代社会です。

この問題の中心的なアクター（担い手）が国家です。人々の自由と平等のために国家はどのような役割を果たしてきたのでしょうか。「人権」、「労働と経済」、「階級と階層」の社会問題を通じて、前章から続いて「国家と社会」の関係を考えてみましょう。

積極的自由と消極的自由

自由とは、他者から干渉されないことです。日本国憲法には、思想・良心の自由、信教の自由、学問の自由、表現の自由、職業選択の自由、人身の自由が挙げられています。複数の自由権が明記されているのは、歴史的に国家がこれらを抑圧してきたからです。明文化されていなくても重要な自由権もあります。

いずれにせよ、自由権が**国家からの自由**と表現されるように、他者から、国家から、権力から干渉されないことは自由の本質的な性格です。誰かの視線、他者の存在があることで私たちの行動は制約されます。別に何も悪いことをするつもりがなくても、街中に監視カメラがあることはプライバシー権と対立します。これはプライバシー権が「ほっといてもらう」という自由権的な性格を持っているためです。

それでは、干渉されない、監視されない生活が実現したとしたら、そこでどのような行為を選択するのでしょうか。これが次の問題です。学校が休みであったり、仕事を辞めることができたり、面倒な雑事から逃れることができたのならば、何をするのか。干渉されない状態があるとして、その時いかに自由を行使できるのかが課題となります。

E.フロムは『自由からの逃走』において、第1次世界大戦後のワイマール共和国において、積極的に自由を放棄した人々の心情を記述しています。自己決定するよりも、権威主義的なるものに服従した方が「自由」と考える人もいたのです。当時、世界で最も民主的な憲法を掲げた社会において、自由が実現できなかった事例です。

自由には、2つの側面があります。1つは、**消極的自由**です。干渉されないという意味での自由です。もう1つは、**積極的自由**です。干渉されない状態で、自分自身をどのようにコントロールできるのかという意味での自由です。

自由権に限りませんが、権利は行使し続けないと実現できません。実際には、消極的自由と積極的自由を単純に区別することは難しく、消極的自由が訪れるのを待ってばかりいては、自由を享受することはないのかもしれません。

平等の類型

平等にも複数の類型があります。「機会の平等」と「結果の平等」、「相対的平等」と「絶対的平等」、この4つの平等を概観しておきましょう。

①「機会の平等」と「結果の平等」

機会の平等は、すべての人に平等な機会が開かれていることです。試験に例えれば、受験の機会が確保されていることです。受験できてもその結果として合格できるかどうかは「実力」の問題と考えられています。

所得や学力などの格差の拡大は、**結果の平等**に反する事例です。所得格差を縮小させるための方策に、所得の再分配があります。

「結果の平等」が実現できないと「機会の不平等」につながります。例えば、機会が平等に与えられたとしても、もともと資本や権力がある人の方が競争で有利になります。現代の世界において、初期条件から平等ということは考えにくいものです。生まれながらの環境の違いがあるからです。経済資本や文化資本を有する人々が有利になります。

②「絶対的平等」と「相対的平等」

絶対的平等は人々にそれぞれ個性や立場の違いがあったとしても、同様に扱うことを平等とすることです。例えば100メートルを走る際に年齢や障害の有無、運動の経験を考慮せず一律に競争することです。ただ、この競技は平等といえるでしょうか。

一方、**相対的平等**は個別の事情を考慮した上で、同一の事情であれば平等に扱います。各人の違いを考慮した上で100メートルを走ります。相対的平等はどの程度の事情を考慮するかという難しい問題も残りますが、「絶対的平等」のみが平等ではありません。

例えば生理休暇、産前産後休暇は女性が取得できる休暇です。男性には認められず、女性のみに認められていることは平等でしょうか、不平等でしょうか。絶対的平等の観点からは不平等になるかもしれませんが、状況の違いに応じた平等、すなわち相対的平等の観点であれば、不平等とはなりません。出産を準備する女性の間で休暇が認められる人と認められない人に分かれるのであれば、不平等です。そもそも、生理や出産という大切な時期を過ごす女性に休暇を与えないことの方が問題です。

このように、絶対的平等の基準は、時として不平等を正当化してしまうことがあります。

アファーマティブ・アクション／ポジティブ・アクション

アファーマティブ・アクションは、積極的差別是正措置です。**ポジティ**

ブ・アクションも同様の意味があります。どちらかといえば、日本の行政ではポジティブ・アクションの方が使用されることが多いようです。

例えば、選挙で議員を選出することは、自由な競争です。ただ、その結果としていつも男性議員の比率が高いとしたら、平等な選挙といえるでしょうか。同じ条件のもと、選挙に立候補すること、当選することについて、「機会の平等」が与えられているでしょうか。少なくとも「結果の平等」には反しているといえそうです。

これを是正するために、立候補者をあらかじめ調整する**クオータ制**があります。ジェンダーのみならず、マイノリティにも割り当てる方法です。政党が導入することもあれば、憲法や法律で制定することもあります。立候補者を男性と女性で均等にすることで、現状の格差を是正する試みです。

基本的人権

歴史的には、人権が保障される範囲は、一部の特権的な階級の人々から、「国民」の権利、そして「人類」に普遍的な権利として拡大しました。19世紀までは自由権が中心でしたが、20世紀的な権利として社会権が求められるようになります。1919年のワイマール憲法は世界で最初に社会権を制定した憲法といわれています。

自由権は「国家からの自由」、社会権は「国家による自由」と表現されます。自由権が干渉されないことであるのに対して、社会権は国家が積極的に人々の生活に介入することで「自由」を目指すからです。国民が積極的に国家に関わる参政権は「国家への自由」と呼ばれます。人々は、国民として主権者であり、国家によって保護される存在であり、国家から干渉されない権利を有しています。日本国憲法と基本的人権を図13-1にまとめました。

近代選挙の基本原則として、普通選挙、平等選挙、自由選挙、秘密選挙、直接選挙の5つが挙げられます。**普通選挙**は、性別や納税額など年齢以

図13-1　日本国憲法と基本的人権

包括的基本権	幸福追求権、平等権	
自由権	国家からの自由	精神的自由権（思想・良心の自由、学問の自由、信教の自由、表現の自由）、経済的自由権（財産権、職業選択の自由、居住移転の自由）、人身の自由
社会権	国家による自由	生存権、教育を受ける権利、労働基本権、勤労の権利
参政権	国家への自由	公職の選挙権と被選挙権、公務就任権
受益権 （国務請求権）	自由のための自由	請願権、国家賠償請求権、裁判を受ける権利、刑事補償請求権

外の制限がないことです。対義語は制限選挙です。

平等選挙は、2つの側面があります。1つは「数的平等」です。「1人1票」の制度下では、特定の人のみが複数投票することは認められません。もう1つは、「価値的平等」です。定数と有権者数の調整ができない選挙区で問題になります。例えば、1人の代表者を選ぶ際に、有権者が「200万人」と「1,000万人」と選挙区で異なるとき、「200万人」の選挙区では投票価値が5倍になります。反対に、「1,000万人」の場合は投票価値が5分の1です。「1人1票」でも不平等になるのです。

自由選挙は、不参加の自由を認めることです。対義語は、何らかの罰則を設ける強制選挙です。**秘密選挙**の対義語は「公開選挙」です。どの候補者・政党を選択したのかを秘密にすることで投票の自由を保障します。

直接選挙の対義語は、間接選挙です。アメリカ大統領選では有権者は大統領候補者を直接選ぶのではなく、中間選挙人を選び、中間選挙人が大統領候補を選ぶという段階で選挙が行われます。

2．労働と経済

労働の類型

現代社会では、労働時間が睡眠や親密な人々と過ごす時間よりも長いことも珍しくありません。自分自身にとってやりがいのある仕事を探して人生を充実させたいとの願いは、多くの人が持っています。しかし、労働の歴史をひもとくと、労働にやりがいを求めるのは、それほど単純なことではありません。

労働と政治参加は、両立し難いものです。政治参加のためには、情報を得てそれを吟味したり、講演会やシンポジウムに参加したり、他人と議論するための時間が必要です。労働に日々の時間を費やすようになれば、投票行動やデモへの参加、選挙に立候補するなどの政治参加は難しくなります。

古代ギリシアの都市国家では、労働は奴隷にまかせて、市民は政治参加しました。現代では「働いたら負け」と考える人もいますが、確かに歴史的には階級が高い人々が「働いていない」こともしばしばです。労働はいつの時代も価値あるものではありませんでした。

プロテスタンティズムの宗教的な倫理は、経済的な価値以上のものとして労働を正当化しました。近代社会では、労働を通じて、経済的利益のほか、社会的な価値を実現したり、人間関係を確認したりするようになります。現代では、仕事が多忙であることを理由に、投票などの政治参加に消極的であることもあります。投票は集団的な意思決定です。自分たちの社会が今後どのようにしていくのかを決める投票の機会、参政権を行使しなくても、優先すべき価値が労働にあると認識されているようです。

労働には、生産労働と再生産労働があります。**生産労働**は経済活動として財やサービスを生み出す行為です。**再生産労働**は、家事や育児、介護などの労働です。人間を再生産して、世代的なつながりを実現する行為です。

また、労働には**有償労働**と**無償労働**があります。例えば、家事やボランティア活動は無償労働（アンペイドワーク）ですが、経済的にも、社会的にも欠かせない労働です。

デュルケームは分業が進展した近代社会の**有機的連帯**を理想の社会と考えていました。人々の間に直接的な交流はなくても、分業によって人々がお互い生活を支え合っている状態です。階級対立や苛烈な経済競争は「分業の異常形態」と位置づけられ、デュルケームは**アノミー的分業**と呼びました。

労働統計

2020（令和2）年の国勢調査によれば、15歳以上人口は約1億825万人で、そのうち労働力人口は約6,812万人、非労働力人口は約4,013万人です。労働力人口とは、15歳以上の人口のうち、働く意思と能力を持つ者の数です。非労働力人口は、15歳以上の人口のうち、労働力人口を除いた数です。労働力率は、15歳以上人口に占める労働力人口の割合のことで、男性が72.4％、女性が54.2％です。

完全失業率は、労働力人口のうち完全失業者の割合です。完全失業者とは、次の3つの条件を満たす人のことです。第1に、仕事がなくて、調査週間中に少しも仕事をしなかった（就業者ではない）。第2に、仕事があればすぐ就くことができる。第3に、調査期間中に、仕事を探す活動や事業を始める準備をしていた（過去の求職活動の結果を待っている場合を含む）（図13-2）。

完全失業率の推移（図13-3）を概観すると、1990年代後半から2002年にかけて大きく上昇しました。2000年以降は年齢計と比べて34歳以下、特に15～24歳の層が高い傾向にあります。15～19歳に限れば、1998年から2005年まで10%を超えており、2002年は12.8%でした。

現在の労働の特徴として非正規雇用の増大があります。就業者は、自営業者・家族従業者・雇用者に区別されます。雇用者は、「役員」と「役員を除く雇用者」に分けられます。「役員を除く雇用者」は、「正規の職員・従業員」と「非正規の職員・従業員」に分かれます。「役員を除く雇用者」

図13-2　労働力の状態

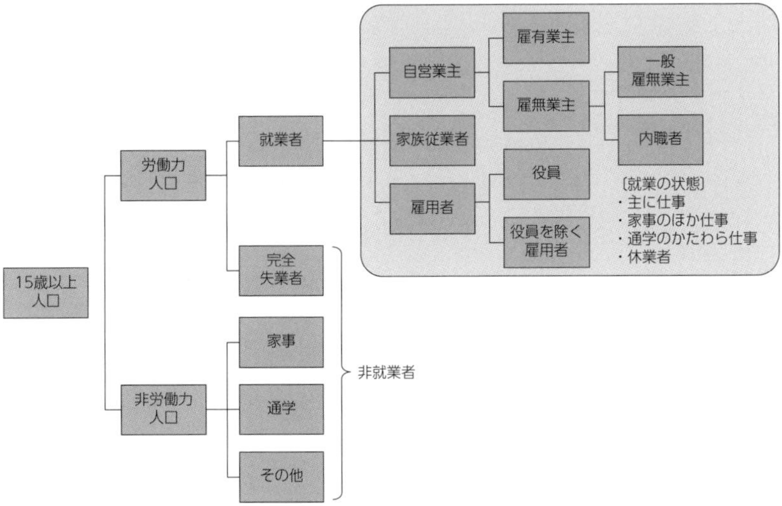

図13-3　日本の完全失業率の推移

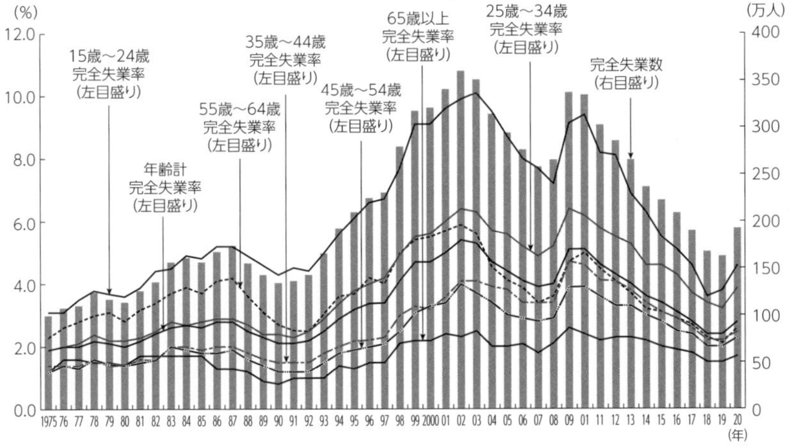

総務省統計局「労働力調査」より
注）2011年は保管推計を用いた参考値

のうち約３分の１が「非正規の職員・従業員」です。

非正規雇用はパートタイマー、アルバイト、契約社員、準社員などの名称で呼ばれる形態ですが、明確な定義はありません。正規雇用でも有期雇用もありますから、雇用の類型は複雑です。フルタイムの正規雇用が中心とする労働概念自体に再考の余地があります。

フリーターとニート

1990年代のバブル経済崩壊以降、日本経済は先進各国の中でも例外的に成長が鈍化し、賃金の上昇が見られない状況にあります。これらを背景に、若年層の雇用環境も悪化しています。その代表的な存在がニートとフリーターです。両概念ともに若年層の労働問題の事例として挙げられますが、その定義は内閣府と厚生労働省でも異なります。

フリーターは労働力人口、ニートは非労働力人口と分類されることもあります。フリーターは、アルバイトやパートと呼ばれる雇用形態で働く人々です。和製英語でフリーアルバイターの略称として1980年代に使用され始めたといわれています。当初は、「あえて」正社員になることなく、「やりたいこと」の準備として、積極的な意味での選択肢の１つとして捉えられることもありました。

ニート（NEET、Not in Education, Employment or Training）は、学生ではなく、仕事もしておらず、主婦・主夫ではなく、職業訓練も受けていない人々です。ニートは、もともとはイギリスでは16～19歳の層を対象にした言葉でした。日本では、フリーター・ニートともに年齢層は15～34歳です。

「中高年のリストラ」と聞くと深刻な社会問題として語られる一方で、若年層の労働問題は「心の問題」として非難の対象となることもあります。34歳以下は完全失業率が高い特徴があります。失業は年齢層に関係なく、社会的排除の１つです。若年層の人々に仕事をする気がないのであれば、そもそも失業しません。仕事を求めることで失業者となることができるからです。

フリーター・ニート概念は、労働統計の用語としての意味だけではなく、現代における典型的なスティグマです。いつの間にか若者を非難する言葉に転化しました。本田由紀、内藤朝雄、後藤和智は、『「ニート」って言うな！』（光文社、2006 年）にて、労働環境の悪化によって生じたフリーター・ニート問題が日本の特殊な雇用環境や不況の問題ではなく、若者の内面をバッシングする言葉となってしまったことを批判しています。

日本の労働市場の構造的な問題ではなく個人の内面的な問題として理解され、ニートとカテゴライズされる人を非難することで、さらに苦しい立場に追い詰めます。このような非難は、構造的な社会問題を見えにくくする作用もあります。労働市場からの逸脱とラベリングされることで、働くことについての逸脱的なアイデンティティが形成されることの懸念があるのです。

日本的経営

日本的経営は、終身雇用、年功序列、企業別組合の 3 つの側面で定義されます。**終身雇用制**は、新卒一括採用で定年まで正規雇用として所属することです。**年功序列**は、主に年齢や勤続年数によって賃金や役職が上昇する体系です。**企業別組合**は、職能別や産業別ではないため、労使交渉も企業内の活動となりやすい労働組合の類型です。

人手が不足する戦後の高度経済成長期に定着したといわれ、組織内での上下関係が仕事以外の私生活にも及ぶなど、会社共同体として社内の人々を包摂する機能を持っていました。**家族主義的なイデオロギー**を含め、日本的経営と呼ばれることもあります。ただし、日本的経営は、大企業の大卒・ホワイトカラーに典型的に見られたもので、そのほかの労働者にとっては必ずしも該当しません。

疎外

労働市場からの疎外もありますが、労働自体が疎外でもあります。資本主義は、資本の論理によって成り立っています。ただ、「お金を稼ぐためにお金を稼ぐこと」は容易なことではありません。生活のため、夢や希望をかなえるために仕事を選ぶこととは違います。人々は豊かさを求めて資本主義になったともいえますが、資本主義の法則に従わないと豊かになれないのかもしれません。このように、**疎外**は、人間が統制するのではなく、人間が統制されている状態一般を意味します。

K. マルクスは**疎外された労働**の例として、人間自身が労働過程や生産したものから疎外される「労働生産物からの疎外」、人間が目的ではなく手段化することによる「自己疎外」、社会的な関係からの疎外である「類からの疎外」を挙げています。また、「人と人」の関係が「モノとモノ」または「商品と商品」の関係に変質することを**物象化**と呼びます。物象化は、経済現象だけではありません。G. リッツァは、労働環境とともに社会全体が合理化される状況を**マクドナルド化**と呼び、各国の地域性や歴史性を薄めていくことを指摘しました。

フォード社はT型と呼ばれる大衆車を普及させました。**フォーディズム**（フォード・システム）は、**テイラリズム**（テイラーの科学的管理法）と並んで20世紀を代表する労働と生産の形態です。ベルトコンベアに象徴される、工場における組立ラインによる流れ作業、熟練の労働者でなくても可能な作業の単純化・細分化などがその特徴です。大量生産・大量消費の基盤となりました。ただ、効率化を優先する職場は、労働者にとっては大きな不満でした。ベルトコンベアによる作業は、効率的だとしても、労働者にとっては疎外です。

R. ブラウナーは、労働における疎外として、無力性、無意味性、孤立、自己疎隔の4点を挙げています。例えば、仕事のやり方を労働者自身がコントロールできないことは**無力性**につながります。また、業務を遂行することの自身の役割と組織全体の結びつきが見いだせない**無意味性**、労働を通じて人間関係の形成、所属意識が醸成されないことによる**孤立**、労働は目的ではなく生活のための手段となっていることによる**自己疎隔**があります。

疎外された労働に対して、**労働の人間化**とは、労働環境の改善を目指すことです。例えば、1960年代以降、職務充実と職務拡大によってモラールを高める試みがあります。職務充実は働く人の権限・裁量を広げることで、職務拡大は担当業務を広げることにより単純・単調な労働を抑制することです。

ブルシット・ジョブ

デイヴィッド・グレーバーによれば、現代社会は**ブルシット・ジョブ**であふれています。これは「クソどうでもいい仕事」と訳されています。やりがいには結びつかなくても、やらざるを得ない業務のことで、「取り巻き」、「脅し屋」、「尻拭い」、「書類の穴埋め」、「仕事の割り当て」などがあります。マック・ジョブ（マクドナルド化）が「合理化」の事例だとすれば、ブルシット・ジョブは非合理的な事例です。

取り巻きは、腰巾着や太鼓持ちのように、誰かを偉そうに見せること、偉くなった気分を味わわせることです。脅し屋は、誰かに圧力をかけることが仕事となっています。このほか、尻拭い、書類の穴埋め、仕事の割り当ても同様に、負担は大きく、無駄に感じても、それなりにやる気を見せる「役割演技」が求められます。またブルシット・ジョブをサポートする業務であるセカンドオーダーのブルシット・ジョブも組織の隅々に浸透しています。ブルシット・ジョブは、特定の職業のことを指しているのではなく、働く人々が社会を支えているとは感じられず、無駄や無益と感じる労働のことです。労働における「無駄の制度化」と考えられます。

仕事と経済の機能分化

近代社会は産業社会でもあるため、労働が過剰な社会となりました。社会問題としての労働に対して、主に２つの解決策が議論されています。１つは、「労働の人間化」など、働く環境をよりよく改善することです。例えば、**ディーセント・ワーク**は1999年にILO（国際労働機関）によって提案された概念で、「労働者の権利」、「雇用の促進」、疾病などの不測の事態から働く人を「社会保護」すること、民主的な社会の実現である「社会対話」を目標として、「人間らしい仕事」、「働く価値のある仕事」を目指します。労働を社会全体で支えるための提案です。

これに対してもう１つは、脱労働を目指すことです。労働時間の長さに見られるように、労働は生活の多くの時間を割いています。例えば、**ベーシックインカム**は、無条件に基礎的な所得を保障する制度です。生活保護制度と異なり、スティグマがない生活保障です。

近代社会は、労働の価値が高まり、労働を通じての自己実現を求めるようになりました。そのため、働くこと、報酬を得ること、他人と関わることなどが、未分化で一体のものとなっています。仕事と経済は機能分化するものとも考えられます。これらは有償労働と無償労働のあり方や、福祉国家と福祉社会をどのように構想するのかという問題とつながっています。

3．階級と階層

階級

「新しく仕事を始めたい」と考えたときに、まず必要な準備にはどのようなものがあるでしょうか。求人情報を検索して、エントリーシートを書き、リクルートスーツに着替えて採用面接に行くことを準備と考える人がいます。他方、市場の動向を見極めて、資金調達の見通しを立てて、必要な人材の確保を考える人もいます。どちらも新しく仕事を始める準備に違いありませんが、決定的な差は労働力を提供するのか、労働力を商品として生産活動するのかにあります。資本主義を含む人類の歴史に「階級の対立」を見いだしたのがカール・マルクス（1818~1883・図 13-4）です。

マルクスは**資本家階級（ブルジョワジー）**と**労働者階級（プロレタリアート）**を区別します。会社や工場など**生産手段**を所有する資本家階級に対して、労働者階級は生産手段を所有していません。労働者階級は労働力を提供することによって家計を維持します。「頑張って成果を出せば、給料が上がる」との発想もありますが、「頑張った人／頑張らなかった人」の差異ではなく、資本家階級／労働者階級の断絶にこそ、「自由」な経済体制である資本主義のもう 1 つの大きな特徴があります。

資本主義は労働力を商品として生産を行う様式であるため、資本家による**搾取**が見いだされます。もちろん、このような事態に気がついている人と、気がついていない人がいます。マルクスは労働者階級を即自的階級と対自的階級とに区別しました。**即自的階級**とは、資本家による労働者階級を搾取する構造に自覚的ではない人のことです。**対自的階級**はこの構造を理解し変革の担い手となる可能性のある人々です。

図13-4　K.マルクス

中間層と中産階級

労働者階級と資本家階級に明確に区別できない**中間層**の人々もいます。中間層は、旧中間層と新中間層に区別されます。**旧中間層**は自営の農業従事者や商工業者など、主に近代資本主義以前からある生業の人々です。**新中間層**は医師や研究者などの専門職のほか、事務職、管理職、教職など、主にホワイトカラーの労働者です。

労働者階級と資本家階級の中間に位置する存在が**中産階級**です。中産階級は中間層のうちの１つです。中産階級は、生産手段は所有していませんが、自らの資産形成ができるため、労働者階級に比べて豊かな階級です。日本の高度経済成長期には中産階級が拡大しました。グローバリゼーションによる世界的な格差が問題になるのは、先進各国の中産階級が激減し、中間層がなく２極化しているからです。

自由主義と民主主義

自由な経済活動によって、不平等が広がることは歴史からある程度見通しがつくことです。にもかかわらず、不平等を生む経済体制を積極的に支持するのはどのような人々なのでしょうか。

１つの例は、自分たちが経済的な競争に勝てると深く信じている人々、その方が有利な立場を維持することが可能な人々です。歴史的には、ヨーロッパにおける自由主義は階級の高い人々によって支持されてきました。

一方、階級の低い人々は民主主義を求めました。経済的な格差が広がれば、政治的・社会的問題が生じたとしても、必要な政策が期待できないからです。自由主義と民主主義は歴史的には階級によって対立してきました。

階層

階級と階層はどのように区別されているのでしょうか。人々を上下関係で捉える概念であることは変わりません。ただ、資本家階級や労働者階級など、階級の概念が経済的な上下関係を意味するのに対して、**階層**は学歴や威信などの**非経済的な指標**も含めて用いられることがあります。

例えば、学歴と所得、威信は必ずしも結びついていない社会もあり、それぞれの指標によって所属する階層が異なる場合があります。これを地位の非一貫性といいます。階層によって社会が分化することを**階層分化**といいます。社会成層は、階層分化した社会を表す言葉です。

社会移動

社会移動は、主に**階層と職業**の移動です。**世代間移動**は、親と子の間に見られる階層・職業の移動で、**世代内移動**は一個人の生涯の移動です。高度経済成長期には、第３次産業が拡大し、個人のライフコースにおける職業の移動が活発に見られます。

親子で職業が変化しないことは、身分制度や世襲が多いことが推察されます。ただ、身分制度がなく、自由に職業選択ができる社会でも、親子で職業が同じになる割合が高まることもあります。専門職や教職など、社会的な選抜が厳しい職業でも世代間移動が見られないのであれば、結果として階級・階層が固定され、身分制のような社会になります。

SSM（Social Stratification and Social Mobility）調査は、社会階層と社会移動に関する国際的な調査です。日本では1955年に第１回調査が実施され、10年ごとに実施されています。SSM調査によれば、1970年代の日本社会は地位の非一貫性が見られました。ただ、1990年代以降は、階層関係が固定化されている傾向が指摘されるようになりました。日本社会は欧米諸国と比較して、必ずしも「機会の平等」が実現されているとはいえません。

貧困とアンダークラス

貧困は社会的に排除された状態です。イギリスの社会学者B.S.ロウントリー（1871～1954）は、**貧困線**を提唱しました。実証的な貧困調査を実施し、栄養学的な知見も踏まえて、生活を維持するための最低限の所得を指標として、貧困線を定義しました。**第１次貧困**は貧困線以下の状態です。貧困線は越えていても、余裕のある生活ではない状態を**第２次貧困**と呼びました。

貧困は、**絶対的貧困**と**相対的貧困**に分けられます。絶対的貧困とは、疾病や栄養状態、死亡率など、生存が脅かされる状態です。相対的貧困とは、社会の生活水準によって変化します。絶対的貧困だけでは貧困は見えてきません。

OECD（経済協力開発機構）は相対的貧困率を貧困線（全人口の家計所得の中央値の半分の額）に満たない世帯員の割合として算出しています。厚生労働省によれば、2018年の相対的貧困率は15.4%です。図13-5は、OECDによる貧困率（相対的貧困率）の国際比較です。

C.L.E.エンゲルは家計調査から食料費について、また、H.シュワーベは住宅費について、所得が増加すると支出の絶対額は増加するものの、家計の総支出に占める割合が低下することを指摘しました。

アンダークラスには２つの意味があります。１つは、経済的な貧困層のことです。もう１つは、社会的に排除されている階層の意味です。経済的な貧困層のほか、障害や宗教、エスニシティ、セクシュアリティなどマイノリティがその対象になることもあります。

やりがい搾取

経済的な関係のみならず、社会的な関係においても搾取は生じます。その代表的な事例が「やりがい搾取」です。教育社会学者の本田由紀によれば、「好きなこと」や「やりたいこと」を仕事にすることが望ましいという社会規範のもと、自己実現を志向する労働者に対して、「働かせる側」がエネルギーや能力、時間を最大限に引き出すしくみです。やりがい搾取

図13-5　貧困率の国際比較

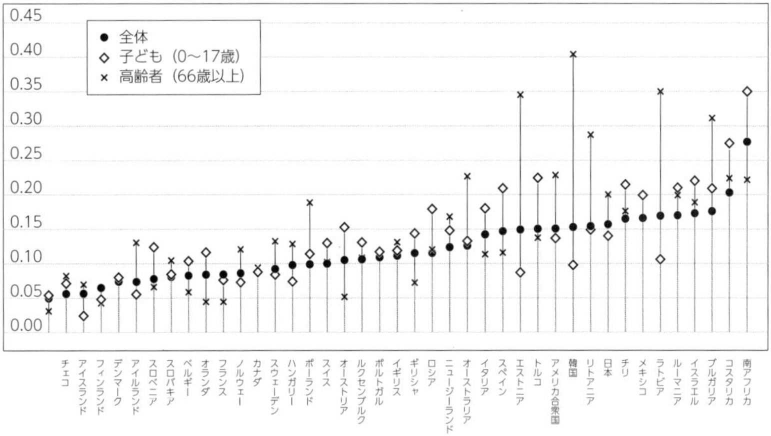

Inequality - Poverty rate（OECD Data）より（2022年11月25日閲覧）

が問題であるのは、こうした労働に対して高い賃金や安定した雇用が保障されているわけではないことです（『軋む社会』2008年／2011年）。

「好きな仕事だから低賃金でもやり抜く」、「愛する家族のためならば不満を言わずに家事労働に従事する」、「社会的に意義のある活動であれば無償労働すべきである」――自己実現という非経済的な報酬を得ること、あるいは得たように見せることで、経済的には不利益を強いることがあります。

4．不平等のグローバリゼーション

世界社会

グローバリゼーションは、国境を越えた不平等を拡大し続けています。エビやバナナがよく知られていますが、比較的に手軽に入手しやすい食材は、国際貿易の中で日本が優位な立場にあり、現地の労働者には十分な賃金が保障されていないことで可能になっています（村井吉敬『エビと日本人』1988年、鶴見良行『バナナと日本人』1982年)。

グローバリゼーションは、経済・金融を中心として、モノや人、または情報の移動によって、世界が画一的な基準によって統合された状態またはその過程を指した言葉です。実際には、覇権国や強国が基準をつくります。世界政府が存在しない国際社会であっても、グローバリゼーションという現象によって、世界が画一化される傾向にあるともいわれます。

国際社会は、国家間の関係性を基本とする世界観ですが、グローバリゼーションは国家という単位を超えた現象や、国家以外のアクターの存在、例えば多国籍企業、国際機構、NGO（非政府組織）などが存在感を増してきている状況です。そのため、グローバリゼーションという現象は、従来の「国際」社会ではなく**世界社会**と呼ばれることがあります。

世界社会にも社会的包摂と社会的排除があります。グローバリゼーションによる社会的排除から人々を保護する役割を国民国家は担っています。一方で、国民国家による保護の機能が弱い場合、人々は激烈な経済的な競争にさらされます。国際貿易において低賃金を強いられるのは、社会的排除の1つと考えることができるでしょう。

従属理論

国際関係の理論のうち、マルクス主義に影響を受けた学説として、従属理論や構造的暴力論、近代世界システム論があります。**従属理論**(dependency theory）は、1960年代にラテン・アメリカで提唱されました。第三世界の低開発や貧困が先進国によってもたらされていることを指摘しました。資本主義社会における「支配と被支配」の関係は、資本家階級と労働者階級のみならず、先進国と発展途上国の関係にも共通します。先進国が「中心」として支配する地位、発展途上国は「周辺」として従属する地位に置かれます。

中心ー周辺は、「周辺」が「中心」に搾取される関係にあります。例えば、発展途上国におけるモノカルチャー経済（単一の農作物だけを栽培する経済体制）は、商品として先進国に供給することが主な目的です。発展途上国は、特定の商品を生産・輸出することを強いられ、これに依存する社会構造となり、自国が豊かになるための生産は難しくなります。このような社会構造は、植民地主義を引き継いでいると考えられます。

従属理論の代表的な存在が、ドイツの経済学者 A.G. フランクです。フランクは著書に、『ラテン・アメリカの資本主義と低開発』(1967 年)、『従属的蓄積と低開発』(1978 年）があります。このほか、エジプト出身の経済学者 S. アミンの『帝国主義と不均等発展』、アルゼンチンの経済学者 R. プレビッシュの『ラテン・アメリカの開発政策』(1963 年)、後にブラジル大統領にもなった社会学者の F.H. カルドーゾの『ラテンアメリカにおける従属と発展』があります。

構造的暴力

J. ガルトゥング（1930～）は、ノルウェーの社会学者で**構造的暴力**の概念による平和研究・平和学で知られています。

ガルトゥングによれば、暴力には、直接的暴力と間接的暴力があります。**直接的暴力**の代表例が戦争で、一般的に物理的な暴力のことです。これに対して、貧困や飢饉、搾取、政治的抑圧や差別などを**間接的暴力**と定義しました。間接的暴力は、社会構造による暴力であることから**構造的暴力**と名づけられています。

暴力の 2 類型によって平和が定義されます。直接的暴力である戦争がない状態を**消極的平和**、構造的暴力のない状態が**積極的平和**です。ガルトゥングは、積極的平和を目指すことを平和研究の理念としました。

近代世界システム論

近代世界システム論は、従属理論の影響を受けた I. ウォーラーステイン（1930年～）による学説です。ウォーラーステインによれば、近代世界システムは**中心ー準周辺ー周辺**の階層構造によって、資本主義的な国際分業体制を展開していると説明しました。**中心**は経済的な優位にある地域のことで、ほかの地域を周辺化し、その経済的な発展を阻害します。例えば、17世紀のオランダ、19世紀のイギリス、第2次世界大戦から1970年代までのアメリカです。**準周辺**は、中心を目指して競争している地域のことですが、その競争にも参加できない状況にある地域を**周辺**と呼びます。グローバリゼーションによる不平等は、国家間の自由な競争の結果ともいえますが、一方で自由競争をさせない構造的な問題でもあるのです。

正義論

自由な社会と平等な社会はどちらが望ましいのか。この問いは、今の自分自身がどのような状況にあるかによって出てくる答えが異なってきます。経済資本や文化資本の所有や相続が見込まれた状態であれば「自由」な社会を望むでしょうし、そうでないならば「平等」を求めることになりそうです。そこで政治哲学者のジョン・ロールズ（1921～2002）は「無知のヴェール」を提案します（『正義論』1971年）。

無知のヴェールとは、それを纏《まと》うことで、自分自身が置かれた現在の社会的、経済的な立場を一旦忘れさせるものです。社会も国家もない**原初状態**を想定する思考実験の1つです。自由と平等の問題を通じて、ロールズは「正義とは何か」を問います。社会契約論は自然状態を想定して、そこから自然権を実現するために社会や国家の成立を要請しました。

ロールズの正義論は現代の社会契約論です。ロールズによれば、「無知のヴェール」を纏った「原初状態」において人々が一致して選択するのは、格差によって最も不利な立場になったとしても尊厳を持って生きていける社会です。こうした立場の人々への是正する措置があるのであれば、格差は許容されると考えます。これを「正義の原理」によって導きました。第一原理は「自由の原理」、第二原理は平等に関する原理で、(a)「格差原理」、(b)「機会均等原理」によって構成されています（図 13-6)。

ロールズの正義論は、**リベラリズム**（liberalism）の代表的な思想です。リベラリズムは、政府による国民生活への介入、所得の再分配など、自由を基礎としつつも平等を目指す「福祉国家」を支える思想の 1 つです。

ロールズが批判するのは、主に 2 つの立場です。1 つは、**功利主義**（utilitarianism）の**最大多数の最大幸福**の原理です。この原理は、古典的な自由主義の思想です。最大多数の人々、すなわちマジョリティは考慮されても、マイノリティにとっては抑圧的な原理と考えられます。

もう 1 つはロバート・ノージックに代表される**リバタリアニズム**（libertarianism）です。その最小国家論は、国家による介入を最小限にとどめるべきとする思想で、経済的な自由のみならず、社会的な自由を主張します。所得再分配の政策は、個人の財産権の侵害と考えます。また、婚姻などの法制度、銃規制など広く社会的な規制をパターナリズム（父性的温情主義）とみなして批判します。

図13-6　ロールズの正義論

第一原理	各人は、平等な基本的諸自由の最も広範な、手広い生活領域をカバーでき、種類も豊富な制度枠組みに対する対等な権利を保持すべきである。ただし最も広範な枠組みといっても、無制限なものではなく、他の人びとの諸自由の同様に広範な制度枠組みと両立可能なものでなければならない。
第二原理	社会的・経済的不平等は、次の二条件を充たすように編成されなければならない。(a) そうした不平等が各人の相対的利益になると無理なく予期しうること、かつ (b) 全員に開かれている地位や職務に付帯するものだけに不平等をとどめるべきこと。

『正義論　改訂版』（川本隆史、福間聡、神島裕子訳 紀伊国屋書店 2010 年）参照

5．階級と規範

なぜ、格差は維持されるのでしょうか。社会的な格差が拡大しているといわれると、下位の階級になりたくないと考える人々もいる一方で、積極的に下位の階級にとどまりたいと考える人々もいます。

反学校文化

ポール・ウィリス（1945～・図13-7）の『ハマータウンの野郎ども』（1977年）は、イギリスの労働者階級の中等学校の少年たち（野郎ども）を対象にしたエスノグラフィーです。エスノグラフィーとは、人々の生活に入り込み、対話を通じて観察する質的研究の1つです。ウィリスは階級と規範の問題に取り組みました。

戦後のイギリス政府は階級的な格差を是正することを目的とした教育政策を試みます。しかし、労働者階級の子どもたちは積極的に勉強しません。学校から離脱すること、卒業することには関心がありますが、その後の職業的なキャリアにも高い関心を示しません。日々の生活の一部として、学校に通い、教室では席に着き、教師の話を聞いて、指定された課題をこなしながら勉強を進めることは、将来の生活につながります。中産階級の子どもたちはそれを信じ実践していますが、労働者階級の子どもたちは学校的な規範に対して抵抗します。

これは学校だけではなく、中産階級への反発でもあります。このような規範は**反学校文化**と呼ばれます。反学校文化は、社会に順応的な勉強や労働よりも、仲間集団との結束的な行動を重んじます。ウィリスは、このような階級の文化は、主に家族を通じて伝えられていると指摘します。

労働者階級の文化は、少年たちの**クラス・アイデンティティ**（階級意識）を形成します。「落ちこぼれ」と呼ばれる少年たちは、仕方なくというよりも積極的に労働者階級を再生産する社会のしくみの担い手となっていま

図13-7　P.ウィリス

す。学校という教育制度は、人々を平等に包摂するものではなく、社会的に排除するしくみでもあるのです。

文化的再生産

ピエール・ブルデュー（1930～2002・図13-8）は階級に基づく規範を**ハビトゥス**（habitus）と呼びました。『ディスタンクシオン』（1979年）では、音楽、スポーツなどの「趣味」がハビトゥスによって異なることを

図13-8　P.ブルデュー

指摘しました。趣味に見られる「好き／嫌い」の感覚は、階級的な社会構造によってもたらされています。

階級的な規範は趣味だけではありません。勉強することに価値がある、大学を卒業することに意味があると考えることもハビトゥスですし、学校に通っても意味がないと考えることもハビトゥスです。

ブルデューは階級が維持される社会のしくみを**文化資本**によって説明しています。一般に、「資本」といえば、経済的な意味で用いられますが、経済的な利益とは別様の社会的な利益を生み出すものです。

文化資本には客体化・制度化・身体化の３つの側面があります。第１に、**客体化された文化資本**は、蔵書や美術品などを指します。第２に、**制度化された文化資本**は、学歴や資格のことです。第３に、**身体化された文化資本**は、言葉遣いや振る舞い、感性や教養などです。ハビトゥスも身体化された文化資本です。言葉遣いは言語資本とも呼ばれます。

なぜ格差が維持されるのかといえば、ブルデューは、３つの文化資本が親から子に**相続**されるからだと説明します。このように階級関係が世代的に再生産されることを**文化的再生産**といいます。経済資本は遺産相続に相続税が必要なこともありますが、文化資本にはありません。文化資本の遺産相続者たちは、相続していることに自覚的ではない場合もあります。それが「普通」のことだからです。

社会的相続

社会的不平等の問題は、所得格差という経済的な問題のみならず、非経済的な問題でもあります。G. エスピン-アンデルセンによれば、**社会的相続**は、親から財産を引き継ぐようなプラスの意味だけではなく、貧困が引き継がれるマイナスの側面もあります。社会的相続は、家族の問題として出現し、主に所得、時間、文化の３つの要素があります（『アンデルセン、福祉を語る－女性・子ども・高齢者』NTT 出版、2008 年）。

第1に所得の問題です。親の所得と子どもの所得には相関があります。所得の不平等は、本人の能力ではなく出自によって社会的地位が左右され、機会平等が実現しにくくなります。このため、所得再分配政策が求められます。しかしながら、この所得再分配政策は、そのほかの取り組みと併せて実行されないと効果を発揮しにくいといわれます。家庭の所得格差が子どもたちに大きな影響を及ぼすのは、国家などによる社会的な介入がないことも要因になっているのです。

第2の時間とは、親が子どもの教育に投資する時間のことです。親が就労して稼ぎがあったとしても、親の就労によって子どもに教育する時間を割くことができない場合は、「所得」があるというメリットは減じてしまいます。

第3の文化とは、文化資本のことです。文化資本は家庭における学習環境に影響します。階層の高い家庭ほど、親が子どもの教育に関わる時間が多いなど、「文化」の効果は「所得」による効果よりも大きいといわれます。例えば、「家庭の蔵書数」と「子どもの筆記能力」の相関が指摘されています。

エスピン-アンデルセンは、所得再分配政策、子どもの就学前段階の学習支援、仕事と子育ての両立支援など、「家族による子どもへの投資」を社会的に支援することを**社会的投資戦略**と呼びました（『平等と効率の福祉革命 −新しい女性の役割』、岩波書店、2022年）。

教育と社会

近年、親の所得が高いほど、子どもの学力も高くなる傾向にあることはよく知られるようになりました。子どもの勉強時間などの「意欲」も、家庭環境に左右されるとの指摘もあります。

苅谷剛彦は、**意欲格差社会**と呼びました（『階層化日本と教育危機：不平等再生産から意欲格差社会へ』有信堂、2001年)。個人の「実力」や「努力」、また「意欲」は、これらを支える社会関係が存在します。

一般的に、教育改革を通じて社会が変わることが期待されています。例えば、「グローバル人材」を養成するような教育を施せば「グローバル人材」が育ち、「グローバルな社会」に対応していけるなどの言説です。しかしながら、階級的な格差がなくならなければ、教育改革をすることさえ困難であることを文化的再生産論や社会的相続論は示唆していると思われるのです。

「なぜ格差が維持されるのか」という問題に対して、階級を維持するための規範と結びつけることによって１つの見方を提示したのが、社会学的な不平等の研究です。教育と階層の問題は、社会構造の問題です。出身階層に関係なく、社会的に「成功」した人物を取り上げて、やはり「本人の努力次第」であると帰責させるところにこそ、自由な社会のイデオロギーがあります。

個人の「努力」では説明できないものによる「格差」に対して、「国家」がいかに「介入」すべきなのか、またするべきではないのか。「自由と平等」、そして「国家と社会」をめぐる諸問題は、それを私たちに問いかけています。

第 14 章

社会的連帯

1．社会関係資本

社会問題への対応

社会学は、個人的な悩みが社会的な問題であると考えてきました。今抱えている悩みはどのように解決したらいいのでしょうか。個人的な悩み、社会的な課題は無数にあるように感じられますが、その解決のためのアクター（担い手）の種類はそれほど多くありません。自分でどうにかする、家族と協力する、行政に相談して必要な手続きを進める、友人または他人に助けてもらうなどです。皆さんが、最も頼りにするのはどれでしょうか。もちろん、悩みや課題によっても解決策の選び方は異なります。問題解決にあたっては、複数の対応策がある方が望ましいでしょう。

図 14-1 は、「生活と支え合いに関する調査」です（国立社会保障・人口問題研究所）。いずれの項目も「家族・親族」が高くなっており、「愚痴」や「喜びや悲しみ」のは、友人・知人が次いで高いことがわかります。

例えば、犯罪に巻き込まれそうになったとき、警察に通報する以外にはどのような対応があるでしょうか。逃げる、戦う、交渉するなどといった自力で問題解決する人もいるでしょう。近所の知り合いを呼ぶ、近くにいなくても友人の助けを求めるという人もいるかもしれません。警備保障会社のサービスを利用することもあるでしょう。地域によっては自警団があります。

災害はどうでしょうか。火事のときに、消防署とともに、地域の消防団

図14-1　頼れる人の有無（サポート種類別）

サポートの種類	合計（n）	いない（%）	そのことでは人に頼らない（%）	いる（%）	いると回答した人の頼れる相手（%）（複数回答）					
					家族・親族	友人・知人	近所の人	職場の人	民生委員・福祉の人	その他の人
子どもの世話や看病	17,138	20.8	12	67.2	75.3	7.2	2.3	1	0.8	0.7
（子ども以外の）介護や看病	17,493	27.6	8.3	64.1	67.5	3.7	1.3	0.6	3	1.1
重要な事柄の相談	18,321	7.2	4.4	88.5	87.3	32.1	1.3	8.1	0.9	1.6
愚痴を聞いてくれること	18,399	6.3	5.6	88.1	79.2	56.9	5	19.5	0.7	1.8
喜びや悲しみを分かち合うこと	18,364	5.3	3.1	91.6	87.3	52.2	4.6	13.7	0.3	1.6
いざという時のお金の援助	18,380	16.2	23.9	59.9	77.2	4.8	0.2	1	0.2	0.5
日頃のちょっとしたことの手助け	18,317	7.4	7.4	85.2	85.1	39	15.8	11.9	0.8	1.2
家を借りる時の保証人を頼むこと	17,711	12.6	28.9	58.5	79.8	6	0.4	1.1	0.1	0.6
成年後見人・保佐人を頼むこと	17,444	23.2	33.4	43.4	63.1	3.1	0.2	0.3	0.8	0.8

国立社会保障・人口問題研究所「生活と支え合いに関する調査」2017年より

が頼りになることもあるでしょう。消防団は地域の防災を担う組織で、消防署と連携して消火活動にあたります。自衛隊による救助活動もあります。中央政府や地方自治体だけではなく、ボランティアによっても復旧・復興が支えられています。阪神・淡路大震災を契機として、1995年はボランティア元年と呼ばれます。

教育を担う人や組織もさまざまです。各国には義務教育などの教育制度があります。このほか、自分のペースで勉強することもありますし、家庭学習が文化資本によって支えられていることもあります。塾や予備校に通うこと、また家庭教師を自宅に迎えることもあるでしょう。ボランティアや NPO によって学習支援が広がっています。

NPO（Non-Profit Organization）は非営利組織、**NGO**（Non-Governmental Organization）は非政府組織です。どちらもさまざまな社会貢献活動をする団体のことです。特定非営利活動促進法に基づいて法人格を取得した「特定非営利活動法人（NPO 法人）」や国連に登録されている NGO もあります。NPO／NGO ともに、収益を目的とした活動ではなく、社会問題を解決するための活動が中心です。

アクターの類型

社会問題解決のためのアクターは次の５つです。第１に、**国家**です。警察や消防、義務教育などの教育制度は、国家権力、行政権力によって社会問題に対応します。福祉国家は、格差や貧困、景気対策などを担ってきました。

第２に、**個人**です。個人の能力によって、問題解決にあたります。しかしながら個人の力で対応可能であるのなら、そもそも社会問題とは呼ばれないかもしれません。

第３に、**市場**です。市場経済のメカニズムによって問題を解決します。市場経済によって効率的な資源配分を目指しますが、それが達成されない場合は**市場の失敗**と呼ばれます。環境問題など「市場の外部性」、政府による「公共財」など、自由競争だけでは別様の問題が生じることもあります。市場のサービスは、必要な利用料などを支払うことで活用できるものです。しかし支払いが難しい場合、活用することはできません。塾や予備校に通う、ベビーシッターを依頼する、警備保障会社のサービスなどは市場による問題解決です。

第４に、**家族**です。社会保障や資産形成が十分でなかったとしても、家族がいれば高齢になってからの生活が安心と考える人もいるでしょう。近年では、「自分の子どもに迷惑をかけたくない」と考える人も増えてきています。ただ、病気や介護など、望むと望まざるとにかかわらずケアを必要とする存在になることは、すべての人に共通しています。「ヤングケアラー」（家族の介護を担う子どもや若者）の存在は、家族のケアが年齢を問わずに家族内で大きな負担となっていることを表す事例です。

国家、個人、市場、家族の４つのアクターを概観しましたが、最後に残ったものは何でしょうか。近所の人々、町内会や消防団、友人、地域外から支援するボランティア、NPO／NGO、自警団など、これらは第５の類型として**社会**と呼ぶことができます。社会は、私たちの人間関係のうち、国家でもなく、個人でもなく、市場でもなく、家族でもない、それ以外の関係性である**残余範疇**と考えてよいでしょう。

資源と資本

「身体が資本」といわれるように、健康は基本的な価値の１つです。T.パーソンズは、健康は「個人と社会」、「身体的なものと社会的なもの」をつなげるものと考え、「健康メディア」と表現しています。問題解決の手段となるもの、また問題に直面することを避けたり、社会生活で有利に作用するものを**資源**または**資本**といいます。資源と資本は厳密に区別せずに、同義語として用いられることもあります。

資本は、貨幣、土地、建物など経済的なものを指すことが一般的ですが、経済以外にも使用されます。資本の概念には、２つの側面があります。１つは、経済的な価値です。健康が資本であることは、人間を労働力として測るものです。資本主義社会では、健康や人脈、能力は経済的な価値として捉えられます。もう１つは、非経済的な価値です。健康は非経済的な価値もあります。「愚痴」を言い合い、「喜びや悲しみ」を分かち合う友人・

知人は、経済的な価値に還元できないものがあります。

社会的な**資源**（social resources）は、社会集団を維持・存続させるため、また目標達成や問題解決のための手段など道具的な価値のことです。主に外部の環境から調達する必要があるもので、自然資源やエネルギーなどの**物的資源**、知識や思想などの**情報的資源**、人材などの**人的資源**、３つを統合する**関係的資源**があります。例えば、ヤングケアラーは「援助資源としての家族」が過小で、国家の支援もない状態で生まれている社会問題と考えられます。

資本の諸類型

経済資本以外にも資本と呼ばれるものは複数あります。**人的資本**は、個人の能力に関することを指します。これは学校教育で涵養《かんよう》されるのもので、また労働者の能力として職場での訓練や研修によって、生産性を上げたり、技能を高めたりすることです。ナン・リンは、人的資本を**個人資本**と呼びました。**社会資本**は、道路や橋、水道、学校、病院、公園などいわゆるインフラと呼ばれるもので、政府による公共投資によってつくられる物質的な資本です。ブルデューによれば、**文化資本**は、客体化・制度化・身体化の３点によって定義されています。

家族は、個人資本に含まれることもあれば、社会関係資本の一部とされることもあります。文化資本は、家族内で相続されるものと考えられています。個人資本や社会関係資本、文化資本と区別するために、**家族資本**も資本の１つと考えられます。

また、社会的な関係性をつなげる資源を**社会関係資本**と呼びます。P. ブルデューは、社会関係資本の例の１つに「人脈」を挙げています。「貨幣」と同じように、経済的な利益につながる資源と考えていました。ブルデューの経済主義的な定義とは別に、J. コールマンは、家族やコミュニティの関係を例に挙げて、社会関係資本は子どもたちや若者の認知的能力の向上にも資するもので、人的資本にも影響することを指摘しています。

R.D.パットナムによれば、**社会関係資本**とは、人々のつながりである**社会的ネットワーク**、そこから生じる**信頼**と**互酬性の規範**です。社会関係資本には2つの類型があります。

1つは**結束型**です。家族や友人、近隣など集団内の類似した環境にあることを中心とした関係性です。例えば、自治的な活動、趣味縁によるサークル活動などの地域での活動があります。もう1つは**橋渡し型**です。集団間をつなぐ役割を果たします。例えば、NPO活動やボランティアほか、地域外の、または地域間の協働を担う活動です。

社会関係資本は、経済的な利益だけではなく、人々の健康、民主主義、犯罪の抑制、子育てしやすい環境への影響が研究されています。

社会問題とアクター

図14-2は5つのアクターと資本の関係です。各領域に関連する代表的な資本を挙げましたが、人的資本、経済的資本、文化資本、社会関係資本などの各資本は、どれも各領域で関係し合うものです。

図14-2に挙げた事例以外にも、5つのアクターはそれぞれの領域で社会問題に取り組んでいます。このほかにもさまざまな活動が考えられますので、身近な事例を考えてみてください。

ここでは、中間的なまとめとして、社会の**定義**を2つ挙げておきたいと思います。1つは**社会関係資本としての社会**です。政治的関係、経済的関係以外の残余範疇としての社会的関係のうち、国家と市場の関係性を除いて、家族と社会の2つが社会的関係ですが、特に社会関係資本を「社会」と考えることができます。もう1つは国家、個人、市場、家族、「社会」の5つのアクターを含めた**全体としての社会**です。全体社会は、5つのアクターの総称と考えることができるでしょう。

図14-2　社会問題・アクター・資本

	防犯・災害	福祉	教育	環境問題	資本
国家	警察・消防署・自衛隊	社会保障制度	義務教育	法的規制・税制・補助金	社会資本
個人	自衛	自己管理	自学自習	ライフスタイルの見直し	人的資本
市場	警備保障会社	私的年金など金融商品	塾・予備校	企業の社会的責任（CSR）	経済資本
家族	家族防災会議	長男の嫁、ヤングケアラー	家庭学習、躾	子どもへの環境教育	家族資本・文化資本
社会	友人、近隣住民、消防団	NPO、宗教	学習支援ボランティア、PTA	NGO	社会関係資本

2．福祉レジーム論

福祉レジーム論

5つのアクターがそれぞれどのような役割を果たすのかを考えることは、どのような「社会のしくみ」が望ましいのかという問題を考える際のヒントにつながります。例えば福祉国家は、「国家」が中心的な役割を担う体制です。福祉国家は「高福祉高負担」といわれますが、国家を媒介として税や保険料を負担することによって手厚い社会保障があるしくみです。

G. エスピン-アンデルセン（1947年～・図14-3）は、『福祉資本主義の三つの世界』（1990年）以降、福祉レジーム論を展開しており、主に3つのレジーム（体制）の基本的な類型を提示しています。**福祉レジーム**は、主に**連帯の支配的な所在**と呼ばれる**中心アクター**によって各国の福祉体制を比較します。エスピン-アンデルセンによれば、**国家**が中心となり、「家族」や「市場」が周辺的な役割のアクターであるレジームを**社会民主主義**

図14-3　G. エスピン - アンデルセン

レジームと呼びます。代表的な例はスウェーデンです。

自由主義レジームの中心アクターは**市場**です。市場によってサービスが供給されます。例えば、医療サービスを受ける際も、どの程度の経済的な負担が可能かによって変わります。家族や国家は周辺アクターとして機能します。代表例はアメリカです。

保守主義レジームの中心アクターは**家族**です。国家は市場とともに周辺的なアクターに位置づけられています。典型例としてはドイツ、イタリアです。図 14-4 に福祉レジームの概要をまとめました。

福祉レジーム論には 3 つの指標があります。1 つは脱商品化です。**脱商品化**とは商品として購入されるものではなく、社会保障制度によって供給されることを指します。福祉サービスが市場化されているのは脱商品化ではない事例です。2 つ目が**階層化**です。職種や社会階層による給付サービスの差に関する指標です。階層化の度合いが低い方が平等な制度です。最後に**脱家族化**です。家族への依存ではなく行政による制度によって福祉が支えられているかどうかを見る指標です。

社会民主主義レジームは、脱商品化が進み、階層化が低い福祉国家のモデルです。自由主義レジームは、脱商品化の度合いが低く、階層化の度合

図14-4　福祉レジーム

レジーム	中心 アクター	周辺 アクター	連帯の様式	代表例
社会民主主義	国家	家族・市場	普遍的	スウェーデン
自由主義	市場	家族・国家	個人的	アメリカ
保守主義	家族	国家・市場	血縁、コーポラティズム、国家主義	ドイツ・ イタリア

いが高いモデルです。保守主義レジームは、脱商品化はある程度進んでいますが、福祉の供給が職業や社会階層によって異なるモデルです。脱家族化していないため、**家族主義レジーム**と呼ばれることもあります。

福祉レジームは3類型を基本として、例外的、混合的な事例もあります。代表例以外の国家や地域は、複合的なレジームと考えられます。

合計特殊出生率と福祉レジーム

図14-5は、1950年以降の主要国の合計特殊出生率の変化を表したグラフです。先進各国は少子化の傾向、例えば人口置換水準に達しない出生率を示す傾向は共通していますが、1980年代後半から日本の出生率に近く低いドイツ、イタリアと、比較的に出生率高めのイギリス、アメリカ、フランス、スウェーデンのようにグループが2つに分かれていくようになりました。なぜ、日本、ドイツ、イタリアは出生率がより低いのでしょうか。エスピン-アンデルセンは、保守主義レジームの家族主義の問題と考えました。

H.L.ウィレンスキーは、福祉への公的支出は、イデオロギーや政治体制ではなく、経済水準によって変化することを指摘しました。経済成長が福祉国家の発展をもたらすとの説です。第2次世界大戦後、先進各

図14-5　主要国の合計特殊出生率の動き

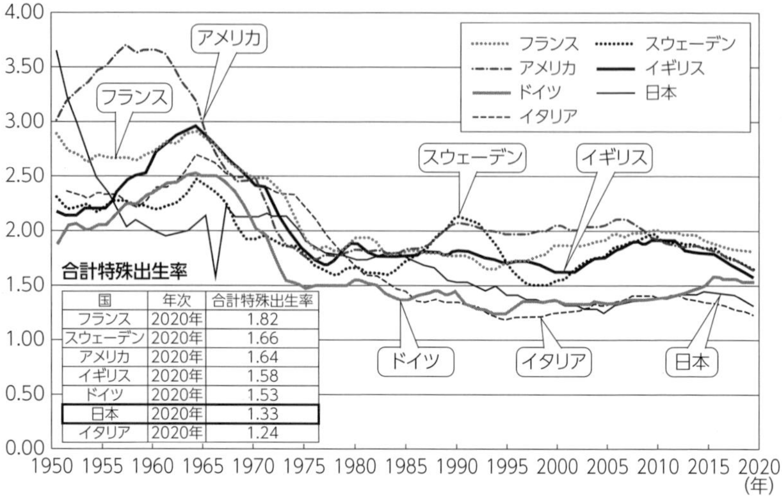

国	年次	合計特殊出生率
フランス	2020年	1.82
スウェーデン	2020年	1.66
アメリカ	2020年	1.64
イギリス	2020年	1.58
ドイツ	2020年	1.53
日本	2020年	1.33
イタリア	2020年	1.24

資料：諸外国の数値は1959年まで UnitedNations "Demographic Yearbook" 等、1960～2018年は OECD Family Database、2019年は各国統計、日本の数値は厚生労働省「人口動態統計」を基に作成。

注：2020年のフランス、アメリカの数値は暫定値となっている。

「令和4年版 少子化社会対策白書」より

国で社会保障が充実したことをよく説明していましたが、オイルショック後の低成長の時代において各国の福祉への取り組みが変化したことを説明できるものではありませんでした。1980年代以降の各国の少子化を「連帯の様式」によって説明したのが、エスピン-アンデルセンの福祉レジーム論です。

福祉国家と福祉社会

福祉国家と福祉社会を比較してみましょう。**福祉国家**が「国家」を中心的なアクターとするのに対して、**福祉社会**はどのように理解したらよいでしょうか。福祉「社会」は、社会全体で福祉を実現することです。社会とは、国家や地方自治体、企業、地域社会やNPO、家族などを含めた全体です。混合福祉（福祉ミックス）、または福祉多元主義とも呼ばれます。

福祉社会は、国家だけではなく市場や家族など、さまざまなアクターが協働することで福祉を実現するといわれれば、多元的で望ましいことのような印象もあるかもしれません。ただ、政府が積極的に「福祉社会」を目指すことは、それまでの国家の役割をほかのアクターが担うことが期待され、「福祉国家」からの転換、脱福祉国家が含意されていることがあります。

福祉国家は、個人、市場、家族、社会それぞれのアクターへの影響について、さまざまな議論があります。第1に、個人との関係では、福祉政策によって人々が働かなくなる、経済的な自立を阻害する、社会保障制度へのフリーライダーなどの懸念から、福祉国家が批判されることもあります。

これに対して、就労を条件とする**ワークフェア**（勤労福祉）があります。ただし、福祉政策によって個々人がその能力を発揮しなくなるエビデンスがあるわけではなく、論争があります。エビデンスに基づいた公共政策とは全く別に「働かざるもの食うべからず」の思想が根強い場合もあります。

第2に、市場との関係では、国家の活動範囲が拡大することは市場経済の効率的な資源の配分を阻害するとの指摘です。政府の役割を小さくして民営化や民間企業の参入を進める**新公共管理**（NPM, New Public Management）による福祉国家批判があります。市場メカニズムでは、実現できない「市場の外部性」や「公共性」を政府が担っていますので、市場化だけが解決策ではなく、政府と市場の関係は現代の資本主義で常に課題となります。

第3に、人間関係の問題です。福祉国家は、納税や社会保険によって制度を成り立たせています。もし、これらによって十分な福祉が実現できたとしたら、家族資本や社会関係資本を必要としなくなるのでしょうか。福祉国家によって「家族」や「社会」の関係を弱くするのではないかとの懸念が指摘されることがあります。

日本の福祉レジーム

日本は1980年代から**日本型福祉社会**を目指してきました。「主婦の年金権」と呼ばれる基礎年金の第3号被保険者制度ほか、配偶者控除なども引き上げられるなど、これらは「家庭基盤充実」の政策と呼ばれました。男性を稼ぎ主とした**性別役割分業**に基づく家族政策です。

日本の福祉レジームは、自由主義レジームと保守主義レジームの混合的なレジームと考えられています。例えば、職業によって異なる年金制度は「階層化」の特徴です。また、公的扶助である生活保護制度は厳しい**選別主義**により、30％以下の低い捕捉率が維持されています。国家による福祉が弱く、男性の勤務先を通じた福利厚生によって支えられていることは「市場」の事例です。「家族」内では主婦が家事や育児・介護を負担することによって、福祉を実現しようと考えてきました。エスピン-アンデルセンは、「長男の嫁」による介護を例に挙げています。「男性は家族外で仕事／女性は家族内で家事」との性別役割分業は、自由主義と保守主義がジェンダーによって分担されていることがわかります。

企業中心社会

濱口桂一郎は、日本的経営の本質は「三種の神器」と呼ばれる「終身雇用、年功序列、企業別組合」ではなく、ジョブ型とメンバーシップ型の区別にあると指摘します。ジョブ型とメンバーシップ型は「職務と人間」がどのように連関しているのかによる区別です。**ジョブ型**は契約において職務が明確に規定されます。**メンバーシップ型**は、契約で職務が特定されておらず、その時々の組織の命令によって決まります。日本の雇用システムの特徴は、メンバーシップ型にあります。「終身雇用、年功序列、企業別組合」は、メンバーシップ型の帰結と考えられます（『ジョブ型雇用社会とは何か』岩波書店、2021年）。

企業中心社会とは、「個人」や「社会」よりも企業の目標や方針が優先される社会のことです。大沢真理によれば、企業中心社会である日本型福祉社会は、男性中心のジェンダー関係を前提にしてきました（『企業中心社会を超えて―現代日本を〈ジェンダー〉で読む』1993年／2020年）。家族における父＝夫の不在、家族を顧みずに労働することが美徳とする価値観の一元化、昇進や昇給などの社内での評価を重視し、地域社会や社会問題への関心の欠如などがその特徴です。企業中心社会は、中間集団が個人と社会を媒介せず、その影響が強すぎる事例と考えられます。会社人間という個人的な性格に注目されがちですが、社会的性格の１つと考えられ、その背景には企業中心社会があります。

3．社会的連帯

現代社会の社会的連帯を示しているのが、社会関係資本です。現代社会における社会的連帯について概観してみましょう。

有機的連帯と中間集団

デュルケームは、個人よりも大きく、国家よりも小さい集団を中間集団と呼びました。『自殺論』では、職業集団によって中間集団の機能が考察されています。その後、デュルケームは、個人・中間集団・国家に国際社会を加えて、相互に拮抗しつつ均衡する社会観を提示しています。

デュルケームは、「分業は私たち自身と、また私たちと社会とをつなげるものである」と指摘します。分業は経済資本だけではなく、社会関係資本とも考えられます。同業組合としての中間集団だけではなく、職業を通じてお互いに知らない者同士それぞれが社会を支え合っている状態をデュルケームは「有機的連帯」と呼びました。

レイモン・アロンは、デュルケームが提案した中間集団を通じて社会を再構成し、個人を孤立させずに支えるという試みを評価しています。ただ、社会主義の社会では国家の官僚制によって、また資本主義の社会においては強い企業・経営者の出現によって、中間集団の存在はデュルケームが理想としていたようには機能しなかったと指摘しています。

個人化と社会化

社会化には、2つの意味があります。1つは、**規範を内面化する過程**のことで、社会統制とともに、社会秩序のしくみを明らかにする概念として使用されます。もう1つは「個人化」の対義語で、**社会的な取り組みがある状態**のことです。

例えば、義務教育は**教育の社会化**です。義務教育の年齢にある子どもたちを教育することは家族の責任だけではなく、社会的に制度化されています。高校や大学の授業料の無償化も「教育の社会化」です。保育園や幼稚園などは**育児の社会化**です。それまで家族、特に女性の責任とされてきた介護は2000年から公的介護保険制度が始まり、**介護の社会化**が進みました。育児と介護の社会化は、まとめて**ケアの社会化**といいます。個人と家族の負担が問題になるのは、社会化されていない領域とも考えられます。

社会保障と宗教

宗教的なつながりも社会関係資本の1つです。宗教が社会的連帯の様式に影響していることも指摘されています。エスピン-アンデルセンは、保守主義レジームの家族主義について、大陸ヨーロッパにおけるカトリック、日本の儒教的な背景など、宗教的な影響を指摘しています。

柴田悠は、現代の福祉政策と宗教的な背景に言及しています。柴田は、宗教改革の際、ルターにより行われた公的基金による給付型の貧民救済策に注目しています。これによってカトリックによる貧民救済や教会との関係を変化させたと述べています。また、「福祉レジーム」と「宗教」の関係として、「カトリックの南欧・西欧の家族主義レジーム・保守主義レジーム」、「ルター派の北欧の社会民主主義レジーム」、「カルヴァン派のアメリカの自由主義レジーム」に整理しています（『子育て支援と経済成長』朝日新聞出版、2017年）。

健康と社会関係資本

経済資本の格差だけではなく、社会関係資本が人々の健康に影響にすることも指摘されています。デュルケームの『自殺論』は、社会や集団との関係、孤立など、今日ではメンタルヘルスなど広く健康の研究であったと考えられます。

社会疫学者のイチロー・カウチは、デュルケームを「人とのつながりと健康」の関係を最初に提唱した人物であり、社会疫学のはじまりと述べています。カウチによれば、自殺のみならず、アメリカにおける他殺・事故で亡くなる可能性について、結婚していなかったり、親族がいなかったり、教会に通っていなかったりなど「人とのつながりが薄い人」は、死亡のリスクが2倍以上になります。背景として、人間関係によって食事や運動など日々の行動が変わること、また他人からの支援が受けやすいことを挙げています（『命の格差は止められるか』小学館新書、2013年／『社会疫学　上・下』大修館書店、2017年）。経済資本、文化資本、社会関係資本の格差は、健康格差に結びつくと考えられます。

金融と社会関係資本

「いざという時のお金」は誰に頼ることができるでしょうか。図14-1「頼れる人の有無」では、「いざという時のお金の援助」として59. 9%が頼れる存在が「いる」と回答し、そのうち家族・親族が77.2%、友人が4.8%でした。また「人に頼らない」との回答が23.9%でした。

金融は、資金を融通することですが、現代では特定の金融機関がそれを担っています。小島庸平は、金融をめぐる社会史の中で1960年代の女性が金融活動の中心であった事例として、質屋を挙げています。「家計のやりくり」は妻の役割であって、そこには「1人で判断して適当に処理」しなければならない規範があったことを指摘しています。

これに対して、同じく1960年代に誕生したサラリーマン金融は、会社共同体で生きる男性のための金融でした。借入は、ギャンブルを含む娯楽費や飲食費・交際費など「前向きな目的」でした。職場の飲み会、接待、ゴルフやマージャンへの参加、部下には「気前よく」おごることなどに使用されたからです。企業の人事考課は、職業的な能力ではなく「人間評価」であって、このような「情意考課」では出世のために独特の資金需要が生まれました（『サラ金の歴史』中央公論新社、2021年）。

テツオ・ナジタは、民衆金融として無尽講を挙げています。無尽講または頼母子講は、相互扶助の関係です。任意に掛け金を集め、抽選や順番、または希望する人に対して融通し合います。飢饉や自然災害への備えとしての機能もありました。相互の信用によって成り立つものですから、道徳的な約束事には拘束力もありました。講は、「経済」と「道徳」を両方含んだ組織です（『相互扶助の経済——無尽講・報徳の民衆思想史』みすず書房、2015年）。

公共性と政治

ハンナ・アーレントは、『人間の条件』・『活動的生』（1958年）において労働・仕事・活動の3つの類型を提示しています。労働は生命の維持のための行動、仕事は物質的な制作、活動は言葉を通じて人々が関係することです。アーレントは、経済的な労働や仕事ではなく、人々の対話に基づく「活動」に公共性を見いだします。公共性は、異質な人々が共存する「生の複数性」の政治を実現するものです。

アーレントに影響を受けたJ. ハーバーマスは、公共性による民主主義論を展開します。ハーバーマスによれば、17世紀後半のヨーロッパで**市**

民的公共性が形成されました。人々が公共的な問題に関心を持って、コーヒーハウスなどで議論したことをその事例として挙げ、理想的な政治社会のあり方と考えました。ただ、マスメディアの影響が広がって、議論よりも消費へと人々の関心が変化し、公衆から大衆社会へと変容します（『公共性の構造転換』1962年)。ハーバーマスは、相互に了解や合意を目指す**コミュニケーション的行為**に期待を託しました。

弱い紐帯の強さ

マーク・S. グラノヴェターは、転職活動における**弱い紐帯の強さ**を指摘しています。家族や親友が「強い紐帯」とすれば、たまにしか会うことのない友人・知人が「弱い紐帯」です。グラノヴェターは、アメリカの転職希望者の調査により、弱い紐帯からの情報によって転職活動をした人々の方が所得を含めた満足度が高いことを明らかにしました。

日常的な人間関係では、共有される情報が同質的になることに比べて、久しぶりに会った友人からは普段は接触しない情報がもたらされる可能性があります。安定した強い紐帯による社会的連帯もありますが、インターネットやSNS（ソーシャル・ネットワーキング・サービス）などが「弱い紐帯」となることも考えられます。

家族主義と脱家族化

両立支援とは、仕事と育児を両立することを支援する政策のことです。なぜ、育児の社会化は進まないのでしょうか。その理由は家族主義にあります。例えば、子どもを預けることができる施設が少ない理由の１つは、家庭内で家族が、実際には母親が子育てを担うことが期待されており、託児施設を増やさない政策的な方針があるからです。企業が積極的に女性を採用・昇進しないジェンダー構造もあります。

また、三歳児神話のように子どもは母親が育てるべきとのイデオロギーもあります。三歳児神話は科学的な根拠のないものですが、性別役割分業を支える機能を果たしました。1990 年代、共働き世帯が半数を超えるようになり、2010 年代から急増しています。2021 年は 3 分の 2 以上が共働き世帯です。

エスピン-アンデルセンは、「家族に頼ることは、逆に家族の絆を弱める」ため、「育児に関する福祉の機能を『脱家族化』させない限り、育児と仕事の両立を図ることはできないであろう」と指摘しています（『アンデルセン、福祉を語る―女性・子ども・高齢者』）。家族主義とは、家族を大切に「する／しない」という意味ではなく、社会問題の中心アクターを家族とすることです。家族に問題解決を担わせればするほどに、人々は家族に過剰な負担を感じることで、家族の形成が難しくなります。

少子化は、全人口における子どもの割合が減少するため、高齢化率を上昇させることにもつながります。急速な少子高齢化の背景には家族主義があります。少子化という社会問題はどうしたらよいのかわからない問題ではなく、答えの 1 つとして**脱家族化**がすでに提起されている問題です。

また、少子高齢化は別としても、家族の負担が大きいこと自体が社会問題です。時代や社会を問わず、人口問題は高度に政治的な問題であり続けています。家事・育児の分担は、夫婦や家族の問題であるとともに社会問題です。この問題に対応するためには、イクメンの推奨、夫婦での協力、家族の絆を強調することよりも、求められているのは**社会化**です。脱家族化は、「個人」や「家族」の問題ではなく「社会問題」です。

本書は、これまで社会学の古典的な問題設定である「個人」と「社会」の関係性について繰り返し言及してきました。個人化やエゴイズムを通じた現代社会の「個人」のあり方をめぐる問題です。また、宗教や社会運動やマスメディアなどの「社会」の領域を取り上げ、逸脱、自殺などの「社会」的原因を考えてきました。ナショナル・アイデンティティ、国家観の

図14-6　専業主婦世帯と共働き世帯

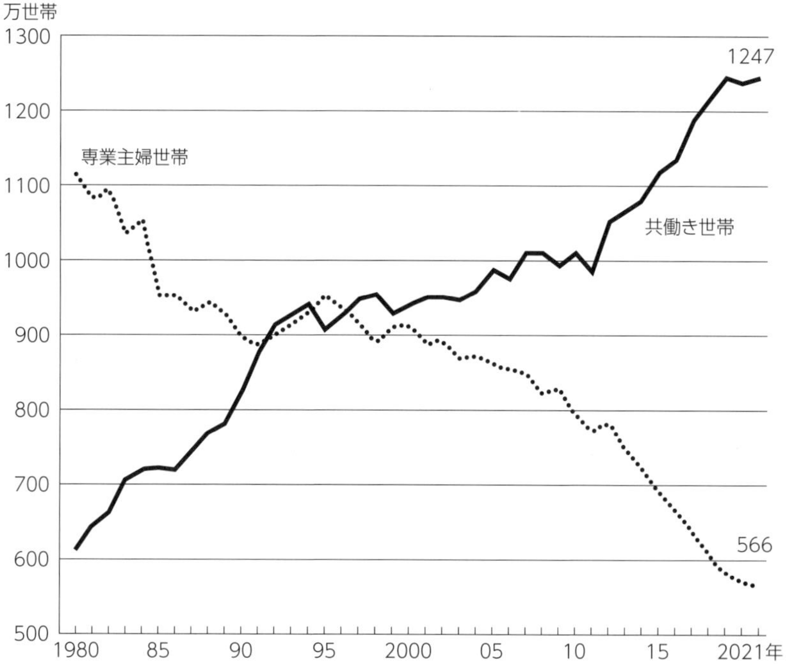

注1　「専業主婦世帯」は、夫が非農林業雇用者で妻が非就業者（非労働力人口及び完全失業者）の世帯。2018年以降は、厚生労働省「厚生労働白書」、内閣府「男女共同参画白書」に倣い夫が非農林業雇用者で妻が非就業者（非労働力人口及び失業者）の世帯

注2　「共働き世帯」は、夫婦ともに非農林業雇用者の世帯

注3　2011年は岩手県、宮城県及び福島県を除く全国の結果

注4　2013年～2016年は、2015年国勢調査基準のベンチマーク人口に基づく時系列用接続数値

独立行政法人労働政策研究・研修機構ホームページ「早わかり　グラフでみる長期労働統計」より

変遷、政治と行政など「国家」の領域も取り上げています。「市場」については、プロテスタンティズムと近代資本主義、資本主義の変容、経済的格差にふれました。

個人、社会、国家、市場、家族のうち、残された領域は「家族」です。

次章は、これまでのテーマの中でも最も身近でありながら遠い存在である家族を通じて、私たちの社会を観察してみましょう。

第 15 章

家族から社会へ

家族はとても身近な関係性と考えられています。当然のことながら、「血のつながり」は家族の一側面でしかありません。「家族のような付き合い」は近隣関係や友人関係にもあります。生物学的なつながりもあれば、婚姻によって形成される関係性もあります。「家族」と「家族のような関係」の境界はどこにあるのでしょうか。人によって、定義や境界はそれぞれですから、親子も夫婦も「家族のような関係」のうちの１つであるかもしれません。

家族は宗教と同じく、あまりに近くにありすぎて見えにくい現象です。歴史的な変化があるにもかかわらず、人類普遍の家族像があるかのようなイメージも広がっています。前章で取り上げました「家族主義」を検討するために、まずは近代社会の家族を振り返りつつ、家族から見えてくる「社会」を考えてみたいと思います。

1．ファミリィ・アイデンティティ

家族の定義

「家族は何人ですか」と質問されたとき、皆さんはどのように答えますか。この質問からわかることは主に２つあります。１つは、家族の人数です。自分自身を含めて家族が 10 人以上と答える人は、少ないかもしれません。もう１つは、家族のイメージです。この質問に対して、難なく回答できるのであれば、日常的に多くの人に共有されている概念だということです。「社会」という言葉がイメージできないことと比較すると、家族にはそうした困難はないようです。

しかしながら、家族は定義することが難しい概念です。国語辞典で調べると、「家族」の定義が掲載されています。国語辞典は、「今」の私たちの言葉の使い方を説明する辞典ですから、新語や流行の言葉が定着してくれば、新しく言葉が追加されることもあります。

これに対して、社会学、民俗学、文化人類学の辞典・事典があります。『事典家族』は、「家族」を中心に扱ったものです（比較家族史学会編、弘文堂、1996年)。これらの学術的な辞典・事典では、「家族」の明確な定義が記述されていないこともあります。

なぜなら、現代日本の家族のみならず、近代以前の日本各地における家族、それからアジア、ヨーロッパ、アフリカ、アメリカ大陸などのほかの国々で、時代や社会を超えて、「家族」を客観的に定義することができないからです。

また、「規範」的な家族、「正常」な家族を示すことによって、そこから当てはまらない家族が「異常」や「逸脱」であると非難されることもあります。例えば、「離婚」や「事実婚」を逸脱とみなすことです。

いわゆる戦後の「標準モデル世帯」とは「夫婦と子ども2人の4人世帯」です。総務省統計局では、「標準世帯」を「夫婦と子ども2人」に加え、「有業者が世帯主1人だけの世帯」と定義しています。1970年代から日本の典型的な家族構成とされました。ただ、1980年には全世帯の20.4％を占めていましたが、2000年には10.0％まで減少しています。一般世帯平均人員は、1970年では3.41人、80年には3.22人、90年に2.99人、2000年には2.67人まで減少しています。

また、ある人間関係を家族と呼ぶかどうかも含めて、親しい関係性を親密圏と呼ぶことがあります。家族も親密圏のうちの1つです。**親密圏**は家族よりも自由な関係性を求めて提起された言葉です。

ファミリィ・アイデンティティ

定義することができない「家族」は、どのように考えていけばよいのでしょうか。その１つの手がかりになるのが、上野千鶴子によって提起された「**ファミリィ・アイデンティティ**」です（『近代家族の成立と終焉 新版』岩波書店、2020 年／初版 1994 年)。

「ファミリィ・アイデンティティ」とは、ナショナル・アイデンティティ、ジェンダー・アイデンティティ、宗教的アイデンティティなどと同じく、アイデンティティのうちの１つです。家族を客観的に定義するのではなく、主観的に捉えられたものとして家族を考えます。例えば、それは「家族は何人か」という答えに具体的に表れています。「自分、夫、娘、息子の４人」が答えならば、それ以外は「家族ではない」と解釈することができます。

では、皆さんが家族として挙げた人々に対して、同じ質問をすることを考えてみましょう。皆さんの「家族」に「家族は何人ですか」と質問した場合、その人はあなたのことを家族として含めるでしょうか。または、あなたはその人を家族とは考えもしなかったけれども、相手は自分のことを家族と感じている人もいるかもしれません。

家族は、血縁による関係もあれば、婚姻による関係もあります。家族は「基礎集団」でもあり、「機能集団」でもある人間関係です。婚姻関係は、選択された人間関係ですから、機能集団です。ただ、ファミリィ・アイデンティティの中に自分と血縁関係にある人々を含めないことは珍しくありません。たとえ基礎集団であったとしても、必ずしも家族には含まれないこともあります。また、結婚していても配偶者を家族に含めない人もいれば、離婚後にもパートナーとして家族と考える人もいます。

死者は家族でしょうか。祖父母や親、きょうだいなど、亡くなっていても、変わらずに家族と考えることもあります。死者との結婚を「冥婚」や「ゴースト・マリッジ」などといいますが、死者も家族である事例は各地に存在します。

家族は人間だけでしょうか。ペットも家族と考える人にとって、家族は人間だけとは限らず、動物を含む場合もあります。野比のび太さんに聞いたら、ドラえもんを家族とお答えになるでしょう。アンドロイドやロボットなども、愛情を持って日々を過ごして家族と認識している人もいるでしょう。ペットロスと同じように、共に過ごした存在が亡くなったときの悲しみは想像したくないほどです。

過去と未来のファミリィ・アイデンティティはどうでしょう。「家族」の人数は、10年前、20年前と同じでしょうか。または、期待や願望を込めてでもかまいませんが、10年後、20年後とも同じでしょうか。ファミリィ・アイデンティティは人々のライフコース（1人ひとりの生涯）において、変化することもあります。

ファミリィ・アイデンティティは、主観的に定義される概念ですから、社会集団論でいえば「内集団／外集団」の考え方といえるでしょう。

家族と法律

結婚記念日とは、何をした日のことでしょうか。家族形成の1つの契機として婚姻があります。プロポーズをして合意した日、神や仏の前で誓った宗教的な儀式の日、親しい人々の前で披露宴をした日、婚姻届を出した日などと答える人もいます。妊娠先行型結婚は、妊娠を契機として、法的に結婚するというプロセスです。

入籍という法的、行政的な手続きが「責任」をとるなどと表現されることもあります。結婚と法律を結びつける規範を、**法律婚主義**といいます。法律上の要件（届出）はない状態で、事実上夫婦としての実態を有する関係に、「事実婚」があります。

法律婚と比較して、事実婚に関する統計資料は少ないのですが、内閣府の各種調査から事実婚を選択している人は成人人口の2〜3%を占めていると推察されます（男女共同参画白書 令和4年版）。例えば、内閣府「家族の法制に関する世論調査」(2022年)では、全国18歳以上の日本国籍を有する者を対象に「あなたは現在、結婚していますか」との質問項目では、「結婚している」69.3%、「結婚していないが、パートナーと暮らしている」2.5%、「結婚しておらず、パートナーとも暮らしていない」27.2%、このほか「無回答」となっています。

渋谷区は2015(平成27)年11月、パートナーシップ制度(「渋谷区パートナーシップ証明」)を全国で初めて導入しました。渋谷区によれば、「パートナーシップ証明は、法律上の婚姻とは異なるものとして、男女の婚姻関係と異ならない程度の実質を備えた、戸籍上の性別が同じ二者間の社会生活における関係を「パートナーシップ」と定義し、一定の条件を満たした場合にパートナーの関係であることを証明するものです」。渋谷区と認定NPO法人虹色ダイバーシティによる「全国パートナーシップ制度共同調査」によれば、パートナーシップ制度を導入した自治体は255です(2023年1月10日現在)。

日本は欧米の先進各国と比べて婚外子が少ない社会になりました。2013年に民法が改正され、嫡出子・嫡出でない子にかかわらず、法定相続分は同等になりました。嫡出は「正統」であるかどうかの価値観がある言葉であるため、婚外子の方が価値中立的な言葉だと考えられています。

第2次世界大戦後、2回のベビーブーム(出生の急増)がありました。第1次ベビーブームは1947(昭和22)年から1949(昭和24)年、第2次ベビーブームは1971(昭和46)年から1974(昭和49)年です。第1次ベビーブーム世代は「団塊の世代」、第2次ベビーブーム世代は「団塊ジュニア」と呼ばれます(「出生数の年次推移」は第10章図10-3参照)。

図15-1は、「婚外子の割合の推移」です。第2次世界大戦の後に大きく減少しています。明治民法においては、養子制度による「後継ぎ」によって家制度が支えられていました。戦後は、「家族の民主化」の1つとして、民法が改正されたこともその一因として指摘されています。

図15-1　婚外子の割合の推移

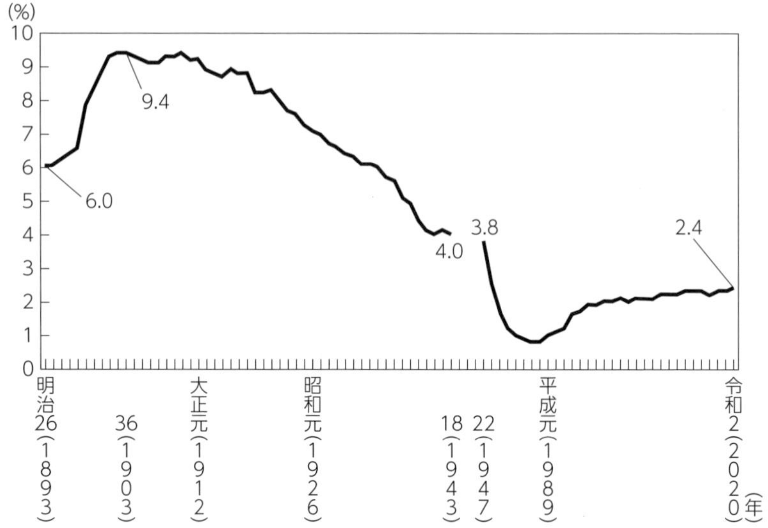

(備考) 1. 明治 26 (1893) 年から明治 31 (1898) 年は内閣統計局「日本帝国統計概要」より作成。
2. 明治 32 (1899) 年から令和 2 (2020) 年は厚生労働省「人口動態統計」より作成。

「男女共同参画白書 令和 4 年版」より

個人の価値観が「多様化」しているといわれる一方で、法律婚主義の規範は維持されていると思われます。法律婚は、法的な利益や保護があります。法律婚以外の関係性についても、人々を包摂する婚姻制度が求められています。

氏名と家族

法務省によれば、現代の世界において、結婚後に夫婦のいずれかの氏を選択しなければならないとする制度を採用している国は日本だけです。強制的夫婦同姓に対して、選択的夫婦別姓は、結婚後の姓について夫婦で同姓にすることも、別姓にすることも選択が可能です。民法などの法律では、「姓」や「名字」のことを「氏」と呼んでいることから「選択的夫婦別氏制度」とも呼ばれています。

近年、結婚による改姓の約 95% 以上は女性です。事実上は、男性の姓に変わるため、女性は結婚を契機として、元の姓である親やきょうだいとは別姓になりやすい状況にあります。日常生活や職業的なキャリアにおいての負担、改姓によって結婚や離婚が明らかになる可能性、アイデンティティの喪失などの不利益が偏重しています。

女性差別撤廃条約（1979 年採択、1981 年発効）を、日本は 1980 年に調印、1985 年に条約の効力が発生しています。条約批准にあたって、父系優先血統主義（父が自国民である場合に子を自国民とする）から、父母両系血統主義（父または母のいずれかが自国民であれば、子を自国民とする）へと国籍法を改正しました。また、男女雇用機会均等法の成立も 1985 年です。ただし、選択的夫婦別姓は議論が続いていますが民法改正には至っていません。

夫婦同姓を「伝統」と考える人もいますし、墓石には「先祖代々の墓」と記されていることもあります。しかし、明治期より前の家族については、お墓に埋葬されていなかったり、家系図がなかったりすることもあります。日本の社会で、多くの人々が「家族の名前」である姓・氏をつけるようになったのは明治以降です。武士階級は別姓が多かったともいわれています。「夫婦同姓」、「夫婦別姓」、または「姓がない」のうち、日本の「伝統」がどれであるかを決めることは恣意的な選択です。

法務省「我が国における氏の制度の変遷」によれば、徳川時代は、農民・町民には苗字＝氏の使用は許されていませんでした。明治 3（1870）年「太政官布告」によって、平民に氏の使用が許されるようになりました。明治 9（1876）年の太政官指令では妻の氏は「所生の氏」（＝実家の氏）を用いることとされました。夫婦同氏制が導入されたのは、民法が成立した明治 31（1898）年です。家族の名称だけではなく、個人が「氏名」によって政府の管理下になったのもこの時期です（https://www.moj.go.jp/MINJI/minji36-02.html：2022 年 6 月 11 日閲覧確認）。

生物学的／社会学的な親

家族に共通する「名称」がない状態で、いかにして家族関係が維持されていたのでしょうか。エドワード・ショーターは、近代以前の家族は、共同体に結びつけられている存在でしたが、共同体から離れた家族を**近代家族**と呼びました。近代家族は、地域共同体と家族の分化によって形成されたと考えられます。家族関係がほかの人間関係と特別視され、社会の基本的な単位が家族であるとの認識自体が近代的な家族像です。家族の一員よりも、共同体の一員であることに意味のある社会もあります。

女性と比較して、男性が生物学的な親であることを「証明」するのは、人類の歴史の中で困難なことでした。現代は、それが可能なこともありますが、すべての親が実践しているわけではありません。親族や家族に関する社会制度が、必ずしも生物学的な関係性に基づいているわけではありません。家系を継続するために、養子も制度化されています。里親制度によって親子関係になることもあります。

親は、「生物学的な親」と「社会学的な親」に分けられます。B.K. マリノフスキーによれば、社会学的な親は、生活を支える役割を担う親です。生物学的な母を「ジェニトリックス」、社会学的な母を「メイター」、生物学的父を「ジェニター」、社会学的父を「ペイター」と区別します。生物学的な父親は必ずしも確定できませんから、これも社会的に決められます。

「生物学的な親」と「社会学的な親」は、一致することもありますが、一致しないこともあります。婚姻制度は、男性の親を決めることがその機能の１つです。非配偶者間人工授精（AID）など、現代の医療の進展によって、親子関係はより多様化しています。「親」をどのように決めるのか、何をもって親とするかは、社会のしくみによって変わってくるのです。

2．家族の構造と機能

マードックの核家族論

「家族」は定義ができない概念だということが前提としてあるものの、社会学ではさまざまな側面から「家族」を分類してきました。古典的な家族研究として、G.P. マードック（1897～1985）の家族類型があります。

マードックは、「定位家族」と「生殖家族」を区別しました。**定位家族**とは、自分が子どもとして、親やきょうだいなど生まれ育った家族のことです。**生殖家族**とは、自分が親の立場になる家族、つまり、結婚し配偶者と築いていく家族のことです。

「定位家族」と「生殖家族」は、自分で選べない家族と、自分で選んだ家族と分けることができますから、「基礎集団」と「機能集団」に対応しています。1人の人間にとって、生殖家族と定位家族が同時に存在することは珍しいことではありません。

マードックの家族類型のうち、最も有名な概念は**核家族**です。マードックが定義する「核家族」は、「**夫婦のみ、または夫婦と未婚の子どもからなる家族**」です。現代の日本では、国勢調査など世帯構造の統計にも核家族の概念が使用されています。

マードックは「核家族」を通じて、親族の体系を研究しました。例えば、三世代世帯について「核家族はいくつあるのか」と考えてみましょう。「サザエさん」の家族のように、同居する家族には複数の「核家族」があります。複数の世代が縦につながり同居する核家族の形態のことを**拡大家族**といいます。

また、婚姻関係が複数ある場合があります。法律で重婚が禁じられている社会でも、事実上は複数の婚姻関係がある事例があります。図15-2にあるように、配偶者のうち一方が複数の婚姻関係を形成する一夫多妻制や一妻多夫制のような場合、核家族は横につながります。この家族のことを

図15-2　核家族・拡大家族・複婚家族

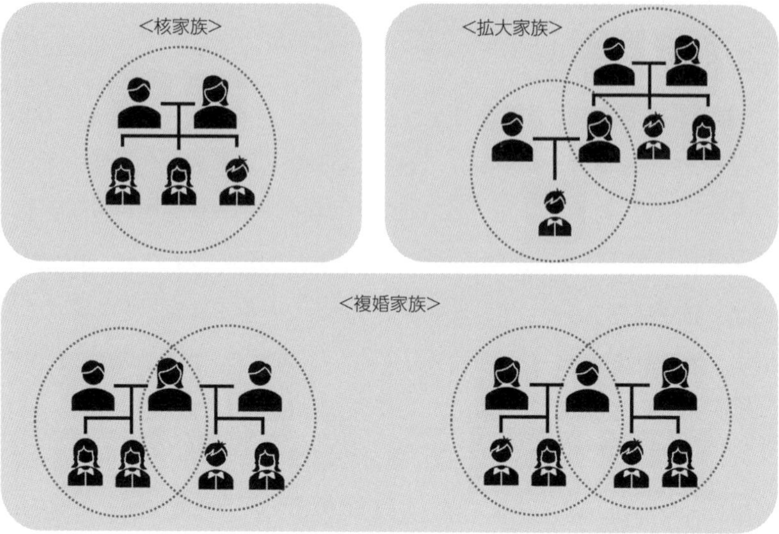

複婚家族といいます。

現代の日本社会は、婚姻件数のうち約４分の１が再婚です。再婚は、それ以前の家族が全く関係なくなるわけではありませんので、複婚家族に近い状態とも考えられています。

複雑な親族体系であったとしても、「核」となる家族をまず定め、その組み合わせによって整理し、理解することが「核家族」という言葉の特徴です。

核家族の機能

マードックは**核家族普遍説**を唱え、核家族の４機能を指摘しました。性の機能、生殖の機能、教育の機能、経済の機能です。マードックによれば、核家族は「最小の親族集団」であり、家族制度において普遍的に見られる核となる形態です。核家族は、社会全体の維持・存続にとっても必要な４機能を担っているのです。

制度的家族と友愛的家族

E. バージェスとH.J. ロックは、産業革命の前後で、ヨーロッパの家族は**制度的家族から友愛的家族へ**と変化したと述べました。友愛的家族は、相互の愛情と合意によって結びつけられた家族です。

これに対して、制度的家族は、伝統とされる慣習によって家族が形成される家族です。例えば、明治以降の「家制度」、家父長制（男子家長が財産と家族成員を支配・統制する制度）などがあります。

家族機能縮小説

W.F. オグバーンは、家族機能縮小説を唱えました。オグバーンによれば、家族が近代以前に有していた機能は多数あります。例えば、経済、保護、教育、娯楽、宗教、地位付与、愛情などです。これらの機能は、近代化の過程の中で、家族以外の機能集団に代替されるようになりました。例えば経済活動は企業に、教育は学校に、宗教は宗教団体が担うようになりました。この結果として、家族に残るのは**愛情の機能**であり、その重要性は増していくと考えられたのです。

子どもの第１次社会化／大人のパーソナリティの安定化

T. パーソンズとR.F. ベールズが家族機能として考えたのは２つあります。１つは**子どもの第１次社会化**です。基本的な社会的価値の内面化です。もう１つは、**大人のパーソナリティの安定化**です。大人の情緒を安定させて社会生活から保護するものです。

また、パーソンズとベールズは、家族を社会システムのうちの１つと考えていました。そのため、ほかの社会集団と同じように２つの役割が重要であると考えます。１つは集団内の問題解決を率先して担う**手段的役割**です。もう１つは、集団内の良好な情緒関係を維持して人間関係を統合する**表出的役割**です。

機能分析の考え方は、**機能的等価項**に注目します。この２つの役割は、特定の性別と結びつけて担われるものではなく、性差にかかわらず集団内で機能しているかどうかが問われるべきものといえます。２つの役割を誰が果たしても構わないものですし、１人の人物が２つの機能を果たすこともあるでしょう。

パーソンズには、家族が社会全体の中で孤立しているという認識がありました。パーソンズの家族論が問題にしたのは、「核家族の孤立化」です。

修正拡大家族

E. リトワクは、パーソンズの核家族の孤立とは異なる家族論を主張しました。**修正拡大家族**です。拡大家族は、「古典的拡大家族」と「修正拡大家族」とに分けられます。「古典的拡大家族」とはマードックの分類による拡大家族のことで、複数の核家族が同居している家族形態です。

これに対して「修正拡大家族」は、同居しているわけではないものの、日常生活では頻繁に交流があり、核家族間のネットワークが強い事実上の拡大家族です。リトワクは「核家族化」したといわれる社会、「家族機能の縮小」が指摘される社会であっても、核家族と核家族の間には、相互に扶助や援助があって、実際には親密なネットワークがあると指摘しました。

3. 統計から見える家族

第10章（図10-4、10-5）では、婚姻件数と離婚件数の推移を概観しました。家族に関する統計から、「社会現象としての家族」を概観してみましょう。

世帯

家族は定義できませんが、世帯は定義されています。世帯は「世帯主」という行政上の手続きとともに、国勢調査など各種統計でも使用される概念です。家族の人数を統計資料で表すことは難しいのですが、世帯ならば可能です。

「世帯」とは、住居および生計を共にする者の集まりで、単身者を含みます。「世帯員」とは、世帯を構成する各人のことです。近年の傾向を見

図15-3　世帯数と平均世帯人員の年次推移

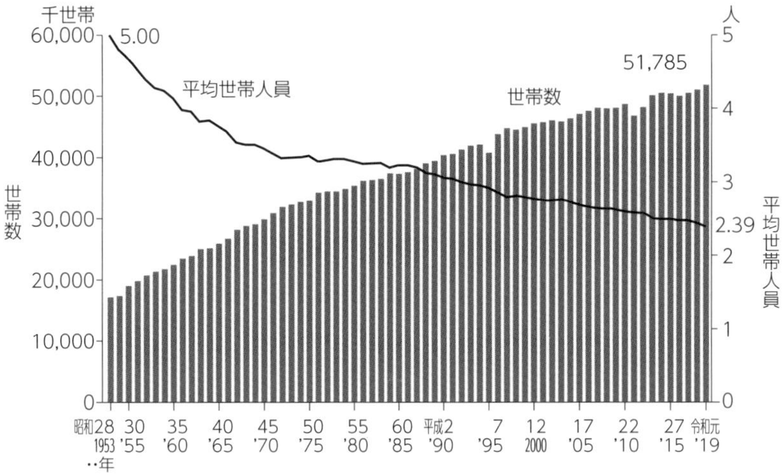

厚生労働省「グラフでみる世帯の状況　令和３年」より

図15-4　世帯人員別にみた世帯数の構成割合の年次推移

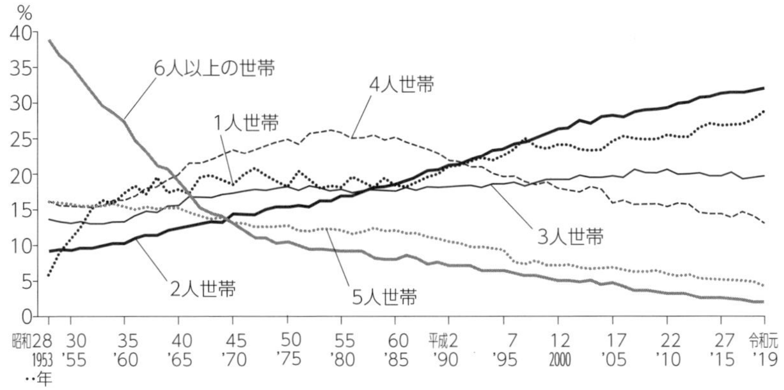

厚生労働省「グラフでみる世帯の状況　令和３年」より

ると、世帯数は約5,178万5,000世帯です。世帯人員別に見ると「2名世帯」が最も多くなっています。

図15-3、図15-4は、「国民生活基礎調査」（厚生労働省）の結果に基づき、日本の世帯の状況をまとめたものです。

核家族化と単独世帯化

核家族は1967年の流行語の1つに選ばれています。社会学だけではなく、一般的に知られるようになりました。

世帯構造は、単独世帯、核家族世帯、三世代世帯、その他の世帯に分かれます。核家族世帯は、「夫婦のみの世帯」、「夫婦と未婚の子のみの世帯」、「ひとり親と未婚の子のみの世帯」をまとめたものです。図15-5にあるように、世帯構造別には、「単独世帯」と「夫婦のみの世帯」が増加傾向にあります。

日本の国勢調査は、西暦の末尾が「5」または「0」の年に、5年ごとに行われています。第1回の国勢調査が実施された1920年の、全世帯における核家族世帯の割合はどのくらいだと予想しますか。

図15-5　世帯構造別にみた世帯数の構成割合の年次推移

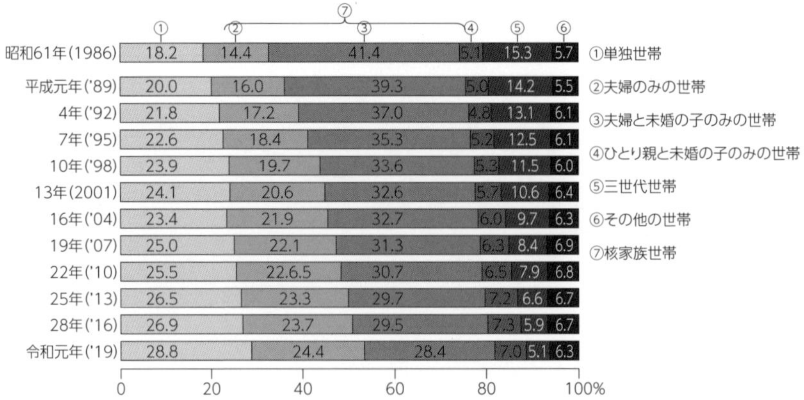

厚生労働省「グラフでみる世帯の状況　令和3年」より

戸田貞三による当時の調査によれば、54％です。その後、1980年の60.3％をピークに低下する傾向にあります。核家族世帯は、確かに2019年は59.8%と多くを占めていますが、世帯構造全体での割合は低下しています。

現代の日本社会において増えているものは、単独世帯です。核家族世帯、三世代世帯ともに減少傾向にあります。

近年、日本社会は人口減少の傾向にありますが、世帯の数は増加傾向にあります。若年層や高齢者の一人暮らしが増えているからです。国勢調査2020年によれば、「単独世帯」の割合が最も高いのは男性は25～34歳、女性は75～84歳です。

世帯数は増えているにもかかわらず、核家族の割合はむしろ減っています。「現代の日本は核家族化している」といわれることもありますが、増加傾向にあるのは単独世帯ですから、単独世帯化は進んでいます。

核家族世帯が増加すれば「核家族化」となるのでしょうか。日本の家族制度は、結婚したすべての子どもたちが親と同居するわけではありません。親と同居するのは子どものうち1人とすれば、親と同居して三世代世帯を形成しない核家族世帯は、きょうだいが多い社会の方が多くなりやすいことも考えられます。現代の日本社会は、少子化できょうだいは増加していませんが、単独世帯が増加しています。また、平均寿命を考慮すれば、長寿になった現代の方が複数世代の同居が長くなること、また四世代の同居の可能性が高まることも考えられますが、三世代世帯は減少傾向にあります（図15-6）。

修正拡大家族は、核家族間のネットワークが強い家族です。世帯としてそれぞれ核家族を形成しつつも、子育てや介護など生活上の課題を共有し、各家族を超えた関係によって対応することもあります。修正拡大家族のネットワークが弱まり、核家族が孤立化していることを「核家族化」と考えることもできるでしょう。

実際に、人々のファミリィ・アイデンティティは、別の世帯で生活することで、親やきょうだい、祖父母などを含めないこともあります。世帯は統計資料によって把握できたとしても、家族は主観的に構成される関係です。統計的な変化が示している事実を、人々がどのように解釈しているのかを観察することが求められています。

M 字カーブ

日本の女性の年齢階級別労働力率は、M 字カーブを描きます。結婚や子育てを契機に離職する人が増え、その後再び上昇します。2021 年は、

図15-6　家族の姿の変化

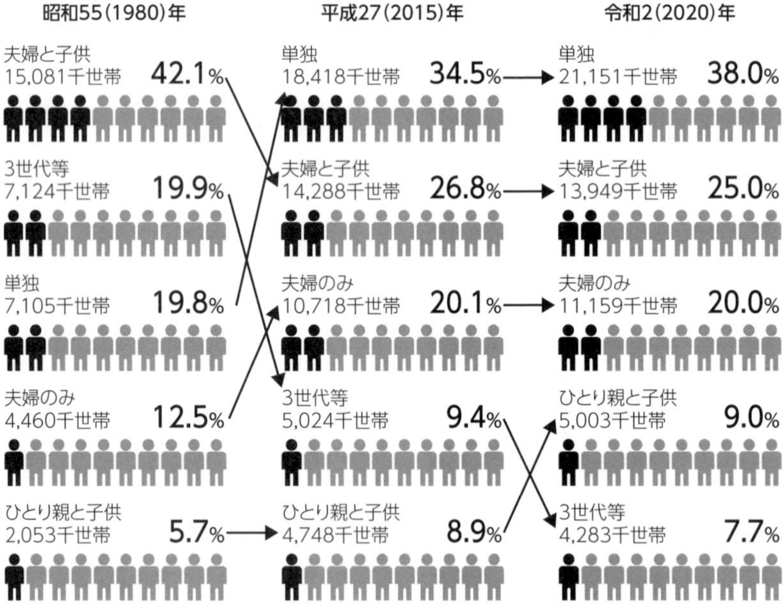

（備考）1. 総務省「国勢調査」より作成。
2. 一般世帯に占める比率。施設等に入っている人は含まれない。「3 世代等」は、親族のみの世帯のうちの核家族以外の世帯と、非親族を含む世帯の合算。
3. 「子」とは親族内の最も若い「夫婦」からみた「子」にあたる続柄の世帯員であり、成人を含む。

男女共同参画局「男女共同参画白書 令和 4 年版」より

30歳代後半を中心に労働力率が減少しています。女性が子育てを理由に仕事から離れることが、統計的に表れています（図15-7）。

欧米の先進各国では、女性は同じ国の男性ほど労働力率は高くないものの、台形または**逆U字型**と呼ばれる、男性と同様の曲線を描きます（図15-8）。

日本の男性の場合、労働力率は学校卒業後上昇し、定年を迎える頃に急激に低下します。日本の男性は、先進各国の男性と比較すると、全体的に労働力率が高いことが特徴です。

日本では大正期に新中間層が形成されて、ホワイトカラー層において主婦が見られるようになりました。戦後の高度経済成長期には「サラリーマンと専業主婦」が大衆化し、M字カーブが見られるようになりました。

日本の女性に見られるM字カーブは、20～30歳代で労働力率の低下

図15-7　年齢階級別労働力率

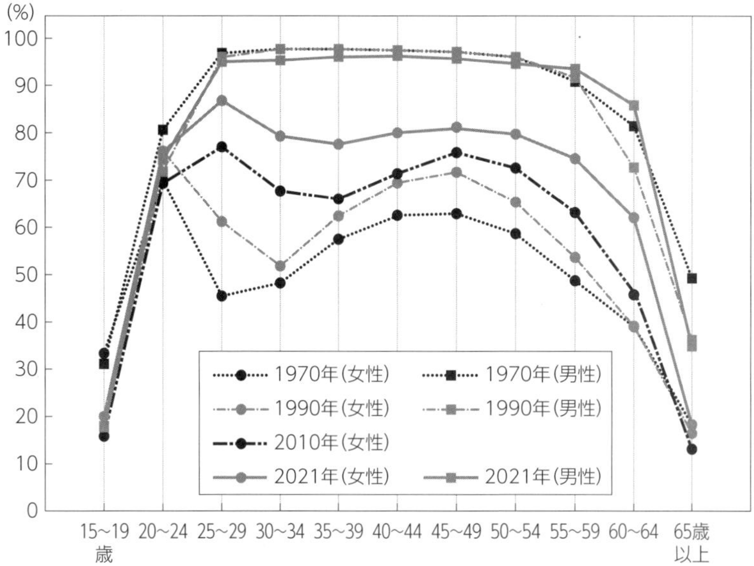

独立行政法人労働政策研究・研修機構「グラフでみる長期労働統計　年齢階級別労働力率」より

図15-8　主要国における女性の年齢階級別労働力率

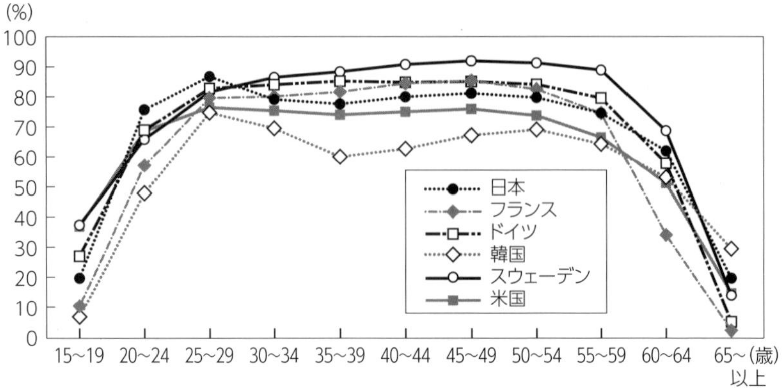

（備考）1. 日本は総務省「労働力調査（基本集計）」（令和3（2021）年)、その他の国はILO“ILOSTAT”より作成。韓国、米国は令和3（2021）年の値。フランス、ドイツスウェーデンは令和2（2020）年の値。

2. 労働力率は、「労働力人口（就業者＋完全失業者）」／「15歳以上人口」× 100。

3. 米国の15～19歳の値は、16～19歳の値。

内閣府　令和4年度「男女共同参画白書」より

が示されます。これは、1970年代に最も低くなっており、これを経験したのが団塊の世代です。高度経済成長を経て、女性が主婦化しました。

男性がサラリーマンとして働き、女性が専業主婦として家事労働をする家族像は、「日本の伝統」でも「世界の常識」でもありません。近年は、共働き世帯が増加して、専業主婦は減少しつつあります。M字カーブから見えてくることは、女性の**主婦化と脱主婦化**です。

統計的差別

日本がM字カーブから逆U字型に移行するのは、いつになるでしょうか。子育ての環境が十分でないことが家族の負担となり、女性の労働率の低下となって表れています。

また、これによって生じたM字カーブが、別の問題をもたらします。企業は、離職する可能性が高い女性よりも男性を採用するのです。これは

統計的差別です。統計的差別は「合理的」な判断として、「不合理」な扱いを正当化する差別です。結果として、いっそう女性の採用は進まず、正規雇用としての採用、昇進や昇給の機会も遠のくことが懸念されます。

ラベリング理論は、根拠のないレッテルであっても、それがアイデンティティとなることを指摘しました。差別されることで、積極的に労働市場で関わることをためらうことにもつながり、むしろ結婚や出産を機に離職する方が「合理的」と考えることもあるでしょう。女性の「専業主婦志向」が個人的な価値観であるのか、社会構造によるものなのかも考えなければならないでしょう。ポジティブ・アクションやアファーマティブ・アクションなど、政策的な取り組みのほか、企業や社会それぞれのアクターによる取り組みが期待されています。

見合い結婚と恋愛結婚

見合い結婚が一般化・大衆化するのは、明治民法における家制度の確立以降と考えられています。家制度とは、直系の男子である家長によって継承される社会制度で、女性は家長を補佐する役割が期待されていました。

家制度が制度化されたのは1898年の明治民法です。家長によって、女性や子どもを支配する制度を家父長制といいます。家制度に代表される、家族を主体とした生活の再編は明治によって確立したものであって、それ以前からの「伝統」とは必ずしもいえません。

上野千鶴子は、家父長制の**家制度**は明治政府の発明品であって、明治以降に武士階級以外の一般の人々に広がったと指摘しています（『近代家族の成立と終焉』）。

これ以前は、村落共同体における仲間組織に支えられた恋愛習俗によって知り合い、結婚に至ることが多かったと考えられています。各地の慣習はさまざまですが、若者の仲間集団がグループ交際を経て1対1の付き合いに移行することが多かったようです。この意味で、見合い結婚は近代以降に一般化された新しい結婚行動です（「恋愛と若者仲間」『民俗学事典』丸善出版、2014年）。

さらに2007年から、「婚活」という言葉も一般に定着しています。婚活は、社会学者の山田昌弘が提案した言葉です。

第16回出生動向基本調査（2022年）によれば、「恋人、婚約者と知り合ったきっかけ」は「学校」が最多で、前回調査と比較して「友人、職

図15-9　結婚年次別にみた、恋愛結婚・見合い結婚の構成割合

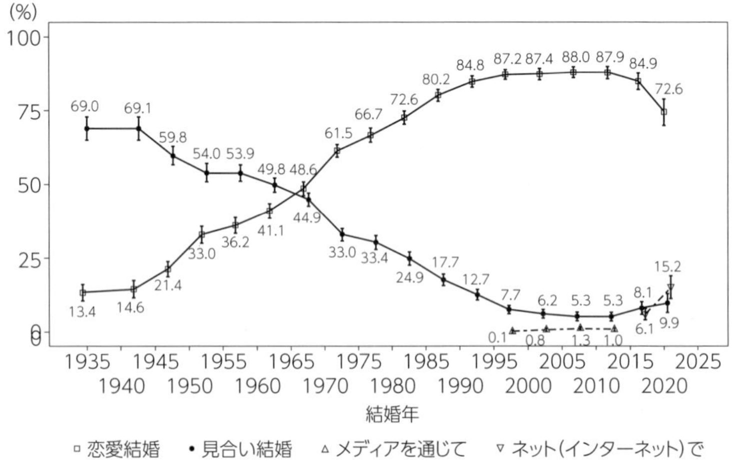

注：対象は初婚どうしの夫婦。第7回は妻の調査時年齢が50歳以上の夫婦を含み、第8回～第15回は妻の調査時年齢が50歳未満、第16回は妻が50歳未満で結婚し、妻の調査時年齢55歳未満の夫婦について集計。第7回調査（1930～39年から1970～74年）、第8回調査（1975～79年）、第9回調査（1980～84年）、第10回調査（1985～89年）、第11回調査（1990～94年）、第12回調査（1995～99年）、第13回調査（2000～04年）、第14回調査（2005～09年）、第15回調査（2010～14年）、第16回調査（2015～18年、2019～21年（6月））による。（中略）夫婦が知り合ったきっかけについて「見合いで」および「結婚相談所で」と回答したものを見合い結婚とし、それ以外の「学校で」、「職場や仕事の関係で」、「幼なじみ・隣人関係」、「学校以外のサークル活動やクラブ活動・習いごとで」、「友人や兄弟姉妹を通じて」、「街なかや旅行先で」、「アルバイトで」を恋愛結婚と分類して集計。「メディアを通じて」は第11回から第15回における「その他」の自由記述のうち、（ウェブ）サイト、インターネットといった内容を抽出したもの。「ネットで」は第16回における新規の選択肢（「（上記以外で）ネット（インターネット）で」）。回答欄の注に「SNS、ウェブサイト、アプリ等によるやりとりがきっかけで知り合った場合をさします。」と記載されている。上記以外の回答（その他・不詳）は、構成には含むが掲載は省略。

国立社会保障・人口問題研究所「第16回出生動向基本調査」より

場経由」が減少して、SNSやアプリなどのインターネットサービスを介した出会いが10%以上を占めています（図15-9）。「配偶者と知り合ったきっかけ」は、「ネット（インターネット）」が追加されており、2015年と比較して増加しており、恋愛結婚の割合が低下しています。

図15-10　高齢化の状況

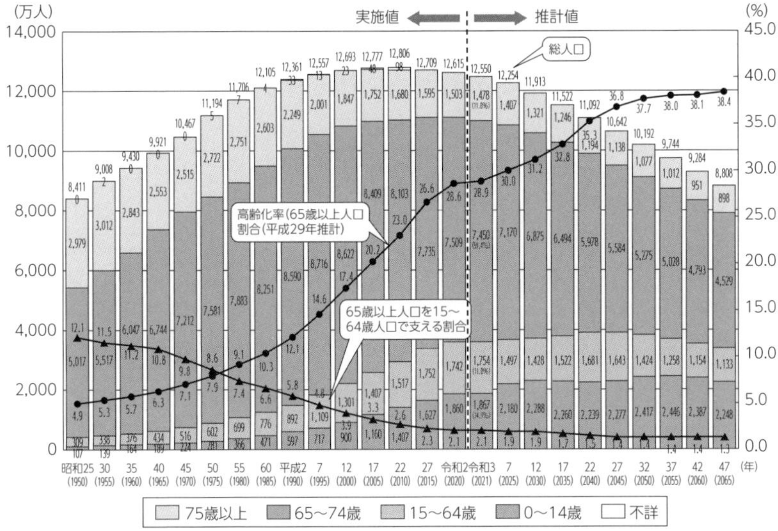

(注1)　2015年及び2020年の年齢階級別人口は不詳補完値によるため、年齢不詳は存在しない。2021年の年齢階級別人口は、総務省統計局「令和2年国勢調査」（不詳補完値）の人口に基づいて算出されていることから、年齢不詳は存在しない。2025年以降の年齢階級別人口は、総務省統計局「平成27年国勢調査　年齢・国籍不詳をあん分した人口（参考表）」による年齢不詳をあん分した人口に基づいて算出されていることから、年齢不詳は存在しない。なお、1950〜2010年の高齢化率の算出には分母から年齢不詳を除いている。ただし、1950年及び1955年において割合を算出する際には、（注2）における沖縄県の一部の人口を不詳には含めないものとする。
（注2）　沖縄県の昭和25年70歳以上の外国人136人（男55人、女81人）及び昭和30年70歳以上23,328人（男8,090人、女15,238人）は65〜74歳、75歳以上の人口から除き、不詳に含めている。
（注3）　将来人口推計とは、基準時点までに得られた人口学的データに基づき、それまでの傾向、趨勢を将来に向けて投影するものである。基準時点以降の構造的な変化等により、推計以降に得られる実績や新たな将来推計との間には乖離が生じ得るものであり、将来推計人口はこのような実績等を踏まえて定期的に見直すこととしている。
（注4）　四捨五入の関係で、足し合わせても100.0%にならない場合がある。

内閣府「令和4年版高齢社会白書」より

高齢化

高齢化率は、65 歳以上である「高齢者」の全人口のうちの割合です。高齢化率によって、次のような類型化があります。**高齢化社会**は高齢化率 7%、**高齢社会**は 14%、**超高齢社会**は 21% です。

日本は超高齢社会で、欧米各国と比較しても高齢化率の高い社会です。ただ、今後はアジア諸国の高齢化率が急激に上昇数すると推計されています（図 15-11）。

日本は、明治以降急速な近代化を遂げてきました。近代化は人口の増加とともに、健康状況の改善によって長寿化が見られます。日本が高齢化率 7% から 14% への移行に要した期間は 24 年です（図 15-12）。欧米各国と比較すると短いのですが、アジアで経済発展した各国はさらに短い期間です。少子高齢化だけではなく、急速な近代化が背景にあります。チャン・キョンスプは**圧縮された近代**と呼びました。

図15-11　世界の高齢化率の推移

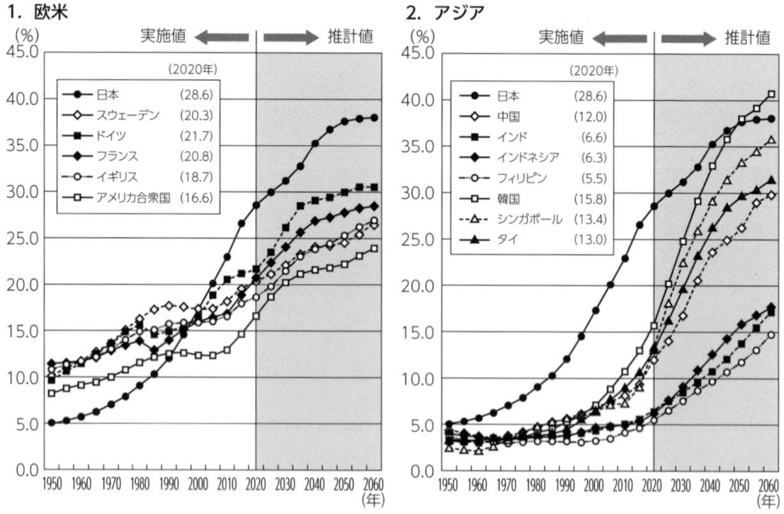

内閣府「令和 4 年版高齢社会白書」より

図15-12　主要国における高齢化率が7％から14％へ要した期間

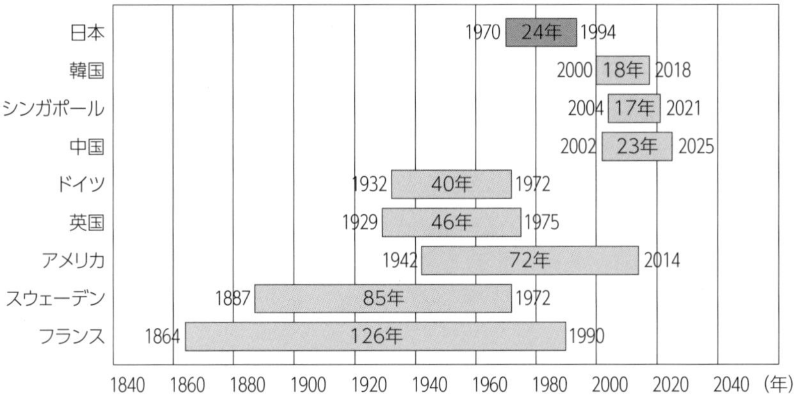

内閣府「令和４年版高齢社会白書」より

４．近代家族

カール・マンハイムは伝統主義と保守主義を区別しました。伝統主義は人々が一般的に持っている旧来のものを守りたくなる反応を示す性質であるのに対して、保守主義とは、何らかの意味を持って選び取るものであるとしています。

明治以降、100年ほどで氏名や家族を表す姓・氏、そして氏名が個人と家族にとってのアイデンティティとなり、1960年代後半からは恋愛結婚が主流化し、この10年ほどは婚活が広がりました。「家族」は大きく変化し、いまだ変化の中にいるのでしょう。

近代家族

家族は定義できないほど歴史的には多様であるにもかかわらず、近代社会では共通した特徴を持つ家族が広がりました。これを近代家族といいます。落合恵美子は、日本だけではなく欧米にも見られる**近代家族**の特徴として、次の８点を挙げています。

①家内領域と公共領域の分離、②家族構成員相互の強い情緒的絆、③子供中心主義、④男は公共領域・女は家内領域という性別分業、⑤家族の集団性の強化、⑥社交の衰退とプライバシーの成立、⑦非親族の排除、⑧核家族（『近代家族とフェミニズム』勁草書房、1989年／2022年）。

落合は、第2次世界大戦後の日本社会の家族の特徴として、①女性の主婦化、②二人っ子化、③人口学的な移行期における核家族化を挙げて**家族の戦後体制**と名づけました（『21世紀家族へ』有斐閣、1994年／2019年）。

小山静子は、**良妻賢母**の家族規範は儒教的な観念によるものではなく、欧米の影響によって明治以降に成立したことを指摘しています（『良妻賢母という規範』勁草書房、1991年／2022年）。

近代家族論は、「伝統」と観念されていた制度が近代以降の現象であったと考えます。良妻賢母や家制度に見られる家族研究が明らかにしたことは、家族が社会の基本的な単位であるということが、国家の政策的な課題として推進されてきたことです。国家が国「家」であるように、日本社会にとって家族政策は特別な意味がありました。

現代においても近代家族の特徴について、「普通」の家族であると感じる人もいることでしょう。ただ、これまで見てきた近代の家族は、歴史的な産物であって、現代は近代家族の変容またはその終焉のプロセスにあるとも考えられます。

家族と夫婦の個人化

社会の基本的な単位が「家族」ではなく、「個人」を単位とした社会の変化を目黒依子は**家族の個人化**と呼びました。個人化は、「自由」を拡大させる側面もありますが、それまで人々を保護した家族の機能が弱くなり、リスクや責任を「個人」が引き受けることにもなります。目黒は、個人を支えるシステムが家族と考察しています。

大和礼子は**夫婦の個人化**を指摘します。結婚によって「夫婦は一体」となる家族像が変化して、「夫は夫親、妻は妻親との関係を優先する傾向」が「夫婦の個人化」です。夫婦の個人化の背景には、男女平等の意識の変化が「父系規範」を弱めていること、少子化できょうだい数が減ることで親子の親密度が上昇したこと、親の長寿化によって未婚の子との関係が長期化し、親密度が上がっていることが指摘されています。

大和によれば、「夫婦の個人化」とともに「女性の親族関係維持役割（夫方・妻方両方の親に同じように援助する人は女性に多い）」の傾向が見られます（『オトナ親子の同居・近居・援助：夫婦の個人化と性別分業の間』学文社、2017年）。

家族の社会史

家族の歴史は、社会史研究として広がりました。社会史は人々の「心性」を扱います。フランスの社会史研究アナール学派を代表するP. アリエス(Philippe Aries 1914～1984･図15-13) は、著書『〈子供〉の誕生』(1960年）にて、中世のヨーロッパでは子どもは「小さな大人」であって、子どもは存在しなかったと述べています。「小さな大人」ですから、大人と変

図15-13　P.アリエス

わらず労働や遊びを共にしており、子どもとして特別視していなかったと指摘します。「子ども」もしくは「子ども期」という概念がなかったのです。17～18世紀から「子ども」と「大人」が分化します。子どもへの接し方は、無垢《むく》な存在としてかわいがり、無知な存在として教育的な配慮をするよう変化します。

アリエスの議論は、子どもだけではなく、主婦、青年、家事、母性などを見直す研究に結びつきました。大人と子どもを区別すると、その間に青年期が生まれました。青年期にはアイデンティティの確立が課題となりました。

「無垢な子ども」観に対して、ウルズラ・ヌーバーは子ども期の「心の傷」が将来にわたって影響するという説に異議を唱えています。ヌーバーの主張は、児童虐待の影響を過小評価するものではなく、虐待が虐待を生じさせる「虐待の連鎖」論に見られる過剰な影響論を批判的に評価する見解です（『〈傷つきやすい子ども〉という神話　トラウマを超えて』岩波書店、2005年）。

E.バダンテールは、**母性**が近代的な観念だと指摘します（『母性という神話』1980年）。母性は日本にも輸入され、「母性本能」として生物学的本質主義と文化的本質主義につながります。

女性に母性があると主張したのは社会契約論のJ.J.ルソーです。社会契約論は、自然権や自然状態から、社会や国家の成り立ちを論じましたが、自然権や社会契約にはジェンダーやセクシュアリティがあることが指摘できるのです。

仕事と家事

資本主義による市場化によって男性は賃労働に従事し、市場化されていない領域である家事労働が女性の役割となりました。アン・オークレーは著書『主婦の誕生』（1975年）において、家事が女性の役割となりましたが、労働とみなされないまま、経済的には依存せざるを得ない状況となることを指摘しました。

ルース・コーワンは、著書『お母さんは忙しくなるばかり』(1983年)にて、家事とテクノロジーの社会史を扱っています。コーワンは、20世紀になって家事にテクノロジーが導入されても、女性の家事労働は少しも楽にならなかったと述べています。男性の家事労働（燃料集め、革細工、粉挽き）はなくなったものの、炊事・洗濯・裁縫・掃除・育児はフルタイムの主婦が担っていたからです。チョア（骨折り仕事）について、女は増加し、男は減少したと述べています。

コーワンが指摘するとおり、「子どもが食事の際に汚した服を洗うこと」の背景には、「衛生観念」の普及や、そのままでは「虐待」とみなされるなど、いくつもの社会的な意味があります。例えば、昔話の「桃太郎」の母が洗濯していたことを想起すれば、現代社会では所有する衣類の数も違いますし、川で洗濯してキレイになるとも考えないことでしょう。

タイムバインド

アメリカの社会学者A. R.ホックシールド（Arlie Russell Hochschild 1940～・図15-14）は、インタビューによる調査、参与観察などの調査

図15-14　ホックシールド

方法によって、アメリカの働く母親のタイムバインドを指摘しました。**タイムバインド**とは、時間に追われるプレッシャーにさらされる状況を意味しています。『セカンド・シフト』(1989年)において、ホックシールドは、「第1のシフト」である「職場での仕事」に加えて、「家庭での仕事」を「第2のシフト(セカンド・シフト)」と呼びました。職場での仕事の後に、母親の方が家事労働の負担は大きく、その不平等の状況を**感情労働**として記述しました(『セカンド・シフト』朝日新聞社、1990年)。

『タイムバインド』(1997年)では、「第2のシフト」の中にある「第3のシフト」を「時間労働」と呼び、タイムバインドを考察しています。職場での時間が長くなればなるほど、残った限られた時間を家庭において効率的に管理しなければなりません。職場だけではなく、家庭内にもテイラー・システム(科学的管理法)が求められると表現されます。ホックシールドによれば、家庭内での時間労働が過剰な負担となった結果として、むしろ人々は職場での長時間労働や休日勤務を求めるようになります。子育てを含めて、家庭内の仕事に価値を見いださなくなる傾向も指摘されました(『タイムバインド』筑摩書房、2022年)。

ホックシールドが調査対象としたのは、ワークライフバランスの実現を目指し、マミートラック(母親であることで、女性を低く評価するキャリアのあり方)があるとはいえない企業でした。それでも、「家族を支援する社内制度」を社員が積極的に利用しなかったのです。ホックシールドは、私的な時間を取り戻すための取り組みを「時間運動」と呼びました。この社会問題は、企業と家族のみならず、国家などを含めた社会全体で、それぞれのアクターが取り組むべきものであることが示唆されています。

5. 家族から社会へ

近代社会の変容

本書では、これまで、社会の各領域における変化を概観してきました。近代化を一貫した変化と考えることもあれば、近代化を 2 段階の変化として捉える社会学者もいます。「核家族化から個人化へ」、「第一の近代から第二の近代へ」、「福祉国家から新自由主義による脱福祉国家へ」など、これらは、近代社会の変化をそれぞれの領域で表現したものです。

例えば、産業構造を研究する分野であっても、労働力がどのように供給されたのかを知るためには、都市化や家族の変容を踏まえなければならないでしょう。そこには宗教の影響もあります。消費社会、私事化、排除型社会などそれぞれが有機的に連関して、現代社会を構成しています。

社会の見方・考え方

本書は全 15 章を通じて社会学の概要を見てきました。心理学の「心」

図15-15　近代社会の変容

第一の近代	—	第二の近代
近代化	—	脱近代化
核家族化	—	個人化
新宗教	—	新新宗教
都市化	—	郊外化
組織化	—	私事化
産業社会	—	消費社会
労働運動	—	新しい社会運動
包摂型社会	—	排除型社会
福祉国家	—	脱福祉国家

と同じくらいに「社会」をイメージできるようにすることが、本書の目指すところでした。これまでを振り返り、社会の見方・考え方を、主に次の10個にまとめてみましょう。

①規範

社会学の最も重要な概念は規範です。ジェンダーやセクシュアリティ、エートス、ハビトゥスなどの社会の諸領域に見られます。また、規範が弱くなった状態は、自由ではなくアノミーという社会の危機的な状態でした。アノミーは、アイデンティティや社会的自殺率に関係します。規範は、「社会化と社会統制」をあわせて「秩序問題」につながります。

②福祉としての社会

個人・集団・組織・反社会的・自然など対義語と比較しながら社会を考えました。また同義語として「福祉と社会」があります。福祉国家と社会国家、自由国家や夜警国家などの国家観と比較することで、社会的連帯によって、社会が支えられていることがわかります。

③残余範疇としての社会

社会の消極的な定義です。人間関係のうち、「政治的」な関係と「経済的」な関係を「除いた」関係性を「社会的」な関係と考えます。このような考え方は「控除説」ともいいます。例えば、「社会は、政治・経済・法律・文化の４つの領域」で成り立っていると、「積極的」に定義されることもあります。「残余範疇」は、定義の方法は「消極的」なものとはいえ、社会の広さを感じることでしょう。

④地位と役割のシステム

個人は「地位と役割」の束であることを確認しました。1人ひとりの「個人」は「地位と役割」を通じて「社会」とつながっています。人々から見れば「地位葛藤」と「役割葛藤」は悩ましいものですが、組織や社会にとっての別の意味や機能があります。「個人的な合理性」と「社会的な合理性」が一致しない事例として「意図せざる結果」、「社会的ジレンマ」があります。

⑤共同体と社会

基礎集団と機能集団の比較を通じて、「共同体」との比較から社会を考えることができます。共同体が機能的に未分化な状態であるのに対して、機能的に分化して、個人化が進んだのが現代社会と考えられます。「共同体から社会へ」の社会変動は、社会学者に共通した近代化の認識です。

⑥社会構築主義

社会現象を社会的に構築されているもの、またはその過程として考えます。自然は社会の対義語です。これまで生物学的本質主義、文化的本質主義の領域として考えられてきた、性、人種、障害などを本質主義ではなく、構築主義によって理解します。アイデンティティは、「個人と社会」、「自然と社会」それぞれに関わるものと考えることができます。

⑦宗教と社会

宗教は、社会を超越した価値観・世界観といわれます。「社会現象として宗教」を考えるとともに、「宗教現象として社会」を捉える両方の視点が社会学にはあります。

⑧社会実在論

「社会は見えないけれどもある」。社会学主義は社会実在論に基づく社会学の方法です。個人的なもの、私的なものと考えられる出来事を、社会現象として捉え直して、「個人的な動機」に還元できない社会的な原因を理解します。

⑨社会関係資本としての社会

社会関係資本は、経済資本、文化資本、人的資本とともに、社会生活に欠かせない資本です。具体的には、友人関係、地域の近隣集団、ボランティア活動、NPO／NGOなど信頼に基づく関係です。社会関係資本は、さまざまな社会問題に取り組むアクターとして期待されています。

⑩全体社会

国家、個人、家族、市場に「社会」を含めて、全体社会と呼ぶことができます。また、政治や経済、宗教、科学などの社会システムとそのシステムの関係性、そして、その環境を含めて「全体社会」と考えます。基本的に、社会問題は社会全体での取り組みが求められます。それは、個人の責任だけではなく、行政や企業などのすべてのアクターに関わることなのです。例えば、現代の日本社会では、「脱家族化」、「ケアの社会化」をどのように実現できるのかという問題が共有されています。

社会は多義的な言葉です。ここに挙げた「社会」の意味は、必ずしも相互に整合性があるものではありませんが、その多様性から、社会の歴史、社会学の歴史を垣間見ることができます。社会学者もそれぞれ生きた時代があり、その時代や社会の価値を称揚し、その実現を理想と考えることもありました。これを時代や社会に縛られていると否定的に評価する人もいます。ただ、時代の価値を実現するという意味では保守的であっても、現実と理念の間を埋めようとしたことで、「現実」の社会には批判的で革新的なこともあります。

各章で見たとおり、国家、行政と政治、市場、宗教、組織などについて何が望ましいのか、その意味するところは 1 つではありません。10 個の意味のどれか 1 つでも、読者の皆さんが社会を考える際の手がかりになればと思います。

あとがき

「社会学は答えのない学問ですね」と、言われることがあります。

ヴェーバーが述べていたとおり、価値判断をすることは控えめなわけですから、ある意味こうした反応は当然のことかもしれません。しかしながら、より正確には「答えのない学問」というよりも「答えがたくさんある学問」と考えた方がよいでしょう。ただ、こうした特徴は社会学のみならず、心理学や政治学、経営学などの学問分野でも共通することです。やはり、他の学問と比べて社会学がこのような印象を持たれるのは、「社会」というものをイメージすることが難しいからではないかと思います。

本書を通じて、好きな社会学者は見つかりましたでしょうか。また社会問題について関心のあるものはどれでしたか。本書で興味のある分野が見つかりましたら、ぜひ、専門書を読んでみましょう。本文中にて参照した文献を挙げています。今後の学習の参考にしていただければ幸いです。

高校生の頃、ヴェーバーの『職業としての政治』はおもしろく読みましたが、デュルケームが『自殺論』で社会構造を問題にしていることがよくわかりませんでした。「概論」、「入門」と名づけられた大学の講義は、初学者向けの内容です。それは、最初に知る、理解するといいことを中心に組み立てられています。「これ、もうちょっと早く知っていたらよかったのに」と感じることは、学習する上でも、仕事でもよくあることかと思います。大学の授業では、自分自身がはじめにわからなかったことをまとめながら、授業を構想します。そして、受講していただいた学生の皆さんの反応を手がかりに、扱うテーマの順番などを再構成してきました。本書は、数々の質問や感想を寄せてくださった受講生の皆さんとの相互作用の結晶です。

ヴェーバーは『職業としての政治』において、ベルーフ（天職）を全うしようとするものは、「にもかかわらず」の精神が必要と述べています。近年の社会の状況を踏まえれば、決して楽観的なことばかりではありません。将来の見通しが明るいときのみ進むのではなく、未来が暗いように思えても、「にもかかわらず」、少しずつ進むしかありません。社会をより社会的なものとするため、社会を強くし、国家を強くし、中間集団を強くして、個人を強くすること、それが国際社会をも強くします。デュルケームが理想としていた社会的連帯とは、このような意味でした。

本書では、多くの社会学者の名前を挙げています。新しい「発見」をした人物の名前を残すことは、その貢献に対する敬意を表す方法の１つです。たくさんの社会学者を挙げてきましたので、できればこの中から「推しメン」を見つけていただきたいと思います。もちろん、「箱推し」も歓迎です。社会学者たちもきっと喜ぶと思います。

科学は「謎解き」です。謎解きは、不思議なことの原因を突き止めることだけではありません。そもそも、どんなことを「謎」と感じているのかを言葉にしてみることも含まれます。社会学は、社会現象の謎を解いてきました。私自身も社会の謎はまだまだわからないことばかりです。本書を通じて、好きな社会学者を見つけて、出会っていただき、次の謎解きと「発見」を皆さんご自身で進めてみていただきたいと願っています。ささやかながら、本書がその試みにつながれば幸いです。

本書を上梓するに際して、お世話になりました皆様に、末筆ながら感謝の言葉を述べさせていただきます。

松本和良先生には、社会学の基礎、特にパーソンズの社会学を教えていただき、社会学に取り組む基本的な姿勢を学びました。また、社会調査を通じて、多摩ニュータウンの方々、東北の福祉を担う社会運動の方々、アイヌ民族の皆さんに出会えたことは、貴重な経験となって現在でも生きています。先生のお人柄にふれられたことで、これまで社会学に関わり続けることができました。

佐々木交賢先生にも温かいご指導をいただきました。『自殺論』を読んだゼミの光景は、今も忘れることができません。

自由が丘産能短期大学の教職員の皆さんには、出版の企画段階から各所でご尽力いただきました。時には、温かい励ましもいただきつつ、見守っていただきました。

佐藤和雄先生、永山祐輔先生には、草稿の一部を読んでいただき、大変有益なコメントをいただきました。

産業能率大学出版部の瓜島香織さんには、刊行までの時間のない中で、スケジュールをご調整いただきました。本文はもちろん、図表が見やすく、またわかりやすくなったのは瓜島さんのおかげです。

心より感謝申し上げます。

最後に、家族にとって本書の執筆は、家族の時間が奪われることでもありました。にもかかわらず、最も身近な存在として支えてくれた家族に対して、感謝の念を禁じ得ません。本当にありがとう。

2023年1月4日

小林孝雄

索引

索引

う

え

お

か

き

く

け

こ

す

せ

そ

た

ち

て

と

な

に

ぬ

ね

の

は

ひ

ふ

る

れ

ろ

わ

■著者紹介■

小林　孝雄（こばやし たかお）

自由が丘産能短期大学准教授。専攻は社会学。

主要著作
『アイヌ民族とエスニシティの社会学』（共著）学文社
『システムとメディアの社会学』（共著）恒星社厚生閣
『シンボルとコミュニケーションの社会学』（共著）恒星社厚生閣
『日仏社会学叢書 第 1 巻 デュルケーム社会学への挑戦』（共著）恒星社厚生閣

社会学概論
社会のしくみを 1 から学ぶ
〈検印廃止〉

著　者　小林 孝雄
発行者　坂本 清隆
発行所　産業能率大学出版部
東京都世田谷区等々力 6-39-15　〒 158-8630
（電 話）03（6432）2536
（FAX）03（6432）2537
（URL）https://www.sannopub.co.jp/
（振替口座）00100-2-112912

2023 年 3 月 30 日　初版 1 刷発行
2023 年 6 月 30 日　3 刷発行

印刷・製本／セブン

（落丁・乱丁はお取り替えいたします）
ISBN 978-4-382-15830-6